芮国强 —— 主编

青春里的苏州记忆

Memories of Suzhou in Youth

苏州大学出版社
Soochow University Press

图书在版编目(CIP)数据

青春里的苏州记忆 / 芮国强主编. -- 苏州：苏州大学出版社，2024.8. -- ISBN 978-7-5672-4852-6

Ⅰ. K925.33

中国国家版本馆 CIP 数据核字第 2024N01U57 号

书　　名：	青春里的苏州记忆
	Qingchun Li De Suzhou Jiyi
主　　编：	芮国强
副 主 编：	周玉玲　杨　晶　徐汝华
责任编辑：	倪锈霞
助理编辑：	周　成
封面设计：	柒整合设计　刘　俊
出版发行：	苏州大学出版社（Soochow University Press）
社　　址：	苏州市十梓街 1 号　　邮编：215006
印　　刷：	苏州市越洋印刷有限公司
邮购热线：	0512-67480030
销售热线：	0512-67481020
开　　本：	850 mm×1 168 mm　1/32　印张：12.625　字数：306 千
版　　次：	2024 年 8 月第 1 版
印　　次：	2024 年 8 月第 1 次印刷
书　　号：	ISBN 978-7-5672-4852-6
定　　价：	48.00 元

若有印装错误，本社负责调换
苏州大学出版社营销部　电话：0512-67481020
苏州大学出版社网址　http://www.sudapress.com
苏州大学出版社邮箱　sdcbs@suda.edu.cn

本书编写组

主　编：芮国强

副主编：周玉玲　杨　晶　徐汝华

编写人员（以姓氏笔画为序）：

　　　　王者愚　吉顺权　朱　琳　刘晋如

　　　　邱　缙　邵　杰　郑　权

序 一

党的十八大以来，以习近平总书记为核心的党中央紧密围绕两个百年奋斗目标和中国式现代化的宏伟蓝图擘画思想政治理论课改革，以培养社会主义事业建设者和接班人的历史担当精神推进思想政治工作，为新时代中国特色社会主义建设事业提供坚实的人才保障。苏州城市学院积极响应党中央的号召，坚持立德树人根本任务，以"融城"为核心理念，打造独具特色的思想政治教育品牌。

融入社会实践、贴近日常生活、充分利用历史文化资源，是深化思政课改革创新，培育堪当民族复兴重任的时代新人的关键途径。2020年9月17日，习近平总书记在湖南考察时强调，思想政治理论课"要把课堂教学和实践教学有机结合起来，充分运用丰富的历史文化资源"。2021年3月6日，习近平总书记在看望参加全国政协会议的医药卫生界、教育界委员并参加联组会时，指出"思政课不仅应该在课堂上讲，也应该在社会生活中来讲"。2024年5月11日，习近平总书记对学校思政课建设作出重要指示，指出要"以中华优秀传统文化、革命文化和社会主义先进文化为力量根基，把道理讲深讲透讲活，守正创新推动思政课建设内涵式发展，不断提高思政课的针对性和吸引力"。

苏州从改革开放以来的"小康构想地"发展到如今的"现代化目标地"，一直在为全国的发展探新路。2023年3月5日，习近平总书记在参加江苏代表团审议时指出，"上有天堂下有苏杭，苏杭都是在经济发展上走在前列的城市。文化很发达的地方,经济照样走在前面。可以研究一下这里面的人文经济学"。人文与经济在苏州相融互促、相得益彰,一如姑苏"双面绣"璀璨千年。习近平总书记对苏州的深切关怀和殷切期望,激励我们深入挖掘这座城市宝贵的人文资源,将其转化为思想政治教育的生动教材。

为此,我们组织了一批骨干教师,共同编写了这本《青春里的苏州记忆》思政实践教材。全书共分为10章,涵盖了苏州在红色文化、经济发展、科技创新、乡村振兴、文化传承、历史遗迹保护、园林艺术、非物质文化遗产、社会治理及名人风采等领域的典型案例,将苏州区域实践与国家整体成就、江南文化与中华文明相融合,生动展现"强富美高"社会主义现代化强市的新画卷,帮助青年学子更深入地理解苏州的多元魅力与发展动力,激发他们与城市双向奔赴的热情,坚定他们与祖国共同成长的决心。

在编写过程中,我们遵循"行走的思政课"的实践教学思路,贯彻"大思政课"的实践教学理念,架起"小课堂"与"大社会"之间的桥梁。我们期望青年学子通过阅读本书能够有所感悟,更期望他们在实践中获得真正的成长。因此,这本书不仅是一本教材,更是一本引领青年学子走出教室、深入社会、了解国情、增长才干的实践指南。

本教材的编撰充分体现了学校"融城思政"的教育改革创新理念。我们坚持思政课程与课程思政的同向同行,紧密结合思政教育与苏州的发展实践,努力强化苏州特有思政元素的育人功能,全力打造"大思政"教育的协同育人新格局。在坚守文化自信的同时,我们强调教材建设的文化主体性,深情讲述中国式现代化在苏州的鲜活实践故事,深刻诠释人类文明新形态在苏州实践的精神意蕴,充分体现马克思主义的魂脉和中华优秀传统文化的根脉。

最后，我要向所有参与本教材编写的教师表示衷心的感谢，他们的辛勤付出和智慧贡献，使得本书成为了一本有深度、有温度、有高度的思想政治理论课实践教材。我衷心希望广大青年学子能够珍视这本书，深入领会其中的内容，从中汲取智慧和力量，为实现中华民族伟大复兴的中国梦贡献自己的青春和才华。

苏州城市学院党委书记

序 二

习近平总书记高度重视青年思想政治工作,以"培养什么人、怎样培养人、为谁培养人"的"教育三问",深刻阐述了青年思想政治工作的本质以及如何做好这一工作的重大时代课题。他在党的二十大报告中深刻指出,"全党要把青年工作作为战略性工作来抓,用党的科学理论武装青年,用党的初心使命感召青年,做青年朋友的知心人、青年工作的热心人、青年群众的引路人"。

习近平总书记指出,只有抓好"帮助广大青年确立正确的理想、坚定的信念"这项工作,才真正抓到了根本上。青年工作抓住的是当下、传承的是根脉、面向的是未来,攸关党和国家前途命运,要让红色基因、革命薪火在青少年中代代传承;红色资源是我们党艰辛而辉煌奋斗历程的见证,是最宝贵的精神财富,一定要用心用情用力保护好、管理好、运用好。宣传阐释中国特色,要讲清楚每个国家和民族的历史传统、文化积淀、基本国情;讲清楚中华文化积淀着中华民族最深沉的精神追求;讲清楚中华优秀传统文化是中华民族的突出优势;讲清楚中国特色社会主义植根于中华文化沃土、反映中国人民意愿、适应中国和时代发展进步要求,有着深厚历史渊源和广泛现实基础。

面对新时代新任务新要求,习近平总书记指出:"做好高校思想政治工作,要因事而化、因时而进、因势而新。""要运用新媒体新技术使工作活起来,推动思想政治工作传统优势同信息技术

序二

高度融合,增强时代感和吸引力。""'大思政课'我们要善用之。""思政课不仅应该在课堂上讲,也应该在社会生活中来讲。"他殷切希望广大青年用脚步丈量祖国大地,用眼睛发现中国精神,用耳朵倾听人民呼声,用内心感应时代脉搏,把对祖国血浓于水、与人民同呼吸共命运的情感贯穿于学业全过程,融汇在事业追求中。

习近平总书记对青年思想政治工作的本质要义、实践创新、目的使命的指示和要求,为做好青年思想政治工作指明了方向,提供了实践遵循。苏州城市学院党委牵头主编的《青春里的苏州记忆》是深入贯彻落实习近平总书记关于青年思想政治工作系列重要讲话精神和指示要求的精品力作,是苏州城市学院"融城思政"品牌建设的创新成果。本教材立足苏州,贴近时代、贴近青年学子、贴近实际,价值导向鲜明、内容体系合理、展现形式新颖,贯通了历史与当代、人文与经济、传承与创新、理论与实践、线上与线下、校内与校外、教师与学生、大学与城市,是新时代创新青年思想政治工作的一项重要成果。

具体来说,本教材的创新体现在六个方面的努力上:

一是努力将青年思想政治引领内容有效供给与呈现方式精准选用有机统一起来。新时代,青年思政教育工作的主旨是引领广大青年听党话、跟党走,奋力投身"强国建设、民族复兴"的时代伟业。只有把青年的理想信念引导工作抓准、抓好、抓出成效,这项工作才真正抓到根本上。为此,要善于运用历史眼光、文化视野、生动实践,找准工作切入点、结合点、着力点,更好地把青年团结起来、组织起来、动员起来,引领青年高扬理想旗帜、建功新时代。本教材将苏州作为一本大书,选取了红色印记、辉煌成就、科技创新、乡村振兴、文脉传承、历史街巷、园林精粹、璀璨非遗、基层治理、

名人殿堂等10个方面100个点位的内容,并结合二维码呈现由100位青年学子在喜马拉雅录制的有声资源,力求在找准情感触发点、思想共鸣点的基础上,帮助青年"系扣子""指路子"。

二是努力将传承中华优秀传统文化、革命文化和社会主义先进文化有机统一起来。优秀传统文化、革命文化和社会主义先进文化都是中华文化的重要组成部分。中华文化是彰显国家文化软实力的最深厚的源泉。铸就中华文化新辉煌是提升国家文化软实力的重要途径和价值旨归。高校青年思政教育工作要善用"文化育人",以文化人、以文育人是高校思政教育取得实效的重要方式。为此要尽力把具有当代价值的文化精神弘扬起来,把跨越时空、超越国度、富有永恒魅力的文化资源活学活用起来。本教材通过纪念馆、历史遗产、名人事迹、新时代辉煌成就等丰富的人文资源,充分挖掘了苏州地方红色文化、优秀传统文化、先进文化的育人元素,并将其充分运用到青年思政教育过程中,涵养青年学子的文化素养,注重发挥文化对青年学子的浸润、感染、熏陶作用,有助于更好地满足青年学子的精神文化生活新期待。

三是努力将思政小课堂与社会大课堂有机统一起来。高校要善用"大思政课"资源,打通校园小课堂和社会大课堂的衔接通道。作为地方应用型高校,在青年思政教育中要充分融入地方特色资源,构建起思政教育的大师资、大平台、大实践,培养更多理想信念坚定、创新实践能力突出、用人单位满意的实干兴邦之才。要让"思政小课堂"在与"社会大课堂"的关联和互动中活起来、实起来、强起来。本教材通过蕴含浓厚思政特色的100个点位载体,运用现代信息技术、新媒体平台、全媒体资源,努力把思政教育的第一课堂和社会实践的第二课堂贯通起来,共同打造"行走的思想政治课"，推进学、思、践、悟一体化。

四是努力将青年思政教育整体统一性与地域特色性有机统一起来。思想政治教育的本质是让受教育者成为契合社会主导价值、适应和服务社会发展的个性化人才，也即成为能在服务社会的过程中发展自我的人才。高校要着力培养为人民服务、为中国共产党治国理政服务、为巩固和发展中国特色社会主义制度服务、为改革开放和社会主义现代化建设服务的建设者和接班人。同时，要善于把地域文化、名人文化、遗产文化、城市文化、红色文化、产业文化等特色鲜活的文化资源融入思政教育教学，增强教育的生动性和实效性。本教材充分发挥青年师生宣讲团的作用，通过深入挖掘并运用苏州丰厚的历史和文化资源，将党的科学理论的大视域、大体系、大道理精准转化为青年学子易于理解、便于接受的微元素、微场景、小故事，引导青年学子更加深入地理解创新理论背后的思想光芒、价值追求和情感温度。

五是努力将青年思政教育"要我做"与"我要做"有机统一起来。青年思政教育工作是主导性和主体性的有机统一，既要明确价值导向和实践要求，又要激发青年学子主动接纳思政教育、主动拥抱思政教育、主动创新思政教育的主体精神和内生动力。只有打动学生，才能引导学生。要注重通过数字技术赋能思政教育的双主体，增强思政教育教学的亲和力和吸引力，让思政教育教学实现移动化、场景化、可视化、主体化。本教材结合新媒体技术，实施线上线下混合式"书香青春"教育，有助于达到从"指尖"直抵"心间"的目的，引导青年学子开展互动式、沉浸式、体验式思政实践，将枯燥的理论融入鲜活故事中，把静态的教材转化为生动的音视频，用青年学子喜闻乐见、可知可感的形式把内容讲生动、讲形象、讲透彻、讲出彩，

润心启智，铸魂育人，彰显思政教育的时代感和吸引力。

六是努力将青年思政工作一方主导与多方协同有机统一起来。青年思政工作是一项系统工程，构建"大思政"工作格局需要各方协同用力。高校是青年学子思政教育工作的实施主体，地方相关部门都要支持配合青年学子思政教育工作，从而推动形成全员、全过程、全方位育人的良好氛围，共同培育担当民族复兴大任的时代新人。

本教材的出版是集体协作的结果，是集体智慧的结晶，是思政教育工作合力的精彩呈现。书中精选的100个典型思政教育点位得到苏州市人大、苏州市委宣传部、苏州市教育局、苏州市委党史工办、苏州市公共文化中心及相关街道、社区等单位的大力支持，形成了青年思政教育创新实践政策贯通、行动协调、资源共建共享、示范引领的一体化局面，提升了市属本科院校青年学子思政教育工作的效能。

我相信，随着中国式现代化苏州新实践的加速推进，《青春里的苏州记忆》这一教材的出版及其系列思政实践资源的活学活用，必将激发青年学子焕发出了解苏州、爱上苏州、融入苏州、服务苏州的强大精神动能，推动新时代高校青年学子思政工作的创新开展，为苏州在"推进中国式现代化江苏新实践中走在前、做示范、当好排头兵"赋能。

写上这些读后感，权当为序。

方世南

苏州大学卓越学者、特聘教授
博士生导师

前 言

"日出江花红胜火,春来江水绿如蓝。能不忆江南?"千年苏州,绝色江南。你记忆里的苏州是什么样的?此刻,这座城市已经深深融入你的生活,不仅她的旖旎风光、璀璨人文及摩登景致令人难以忘怀,而且她将陪伴你度过青春岁月中的点点滴滴,见证你的成长与奋斗。

苏州是一座诗意盎然的城市,宛如一本厚重的书卷,每一页都承载着厚重的历史与绚烂的文化,赋予我们无尽的灵感和动力。当你翻开这本实践教材的那一刻,一场关于苏州的深度探索之旅便悄然展开。

穿梭"时光苏记",细理苏州历史脉络,从三山岛的先民拓垦、春秋时期的吴越争霸、宋元明清的盛世之治,到近现代的芦荡火种,再到新时代的现代化图景,串联起这座城市的厚重与多元;传递"薪火传承"力量,感受传统文化、民族精神与时代精神的交融,增强对党的创新理论的理解与认同,增进对中华文化的传承与热爱;追随"研学足迹",踏遍苏州的沃野阡陌,用双眼饱览山水胜景,用内心丈量文化厚重,亲身感受这座城市的独特韵味。

本教材将引领你追寻"红色印记",重温革命先烈为信仰而奋斗的崇高精神;翻阅"辉煌成就"篇章,感受苏州高质量发展成就;见证"科技创新",体验苏州智造的自信与自强;展开"乡村振兴"画卷,尽览苏南城乡融合的新面貌;沉浸"文脉传承",领悟江南文化的悠长与博大;漫步"历史街巷",追溯姑苏古城的风华印记;细赏"园林精粹",体味江南园林的雅致与意境;品味"璀璨非遗",领略精湛绝伦的苏作技艺之美;聚焦"基层治理",探寻现代化治理模式的示范创新实践;走进"名人殿堂",汲取先贤名流事迹中的品格力量和智慧火花。

传统与现代、科技与人文的完美融合,是苏州独特的魅力所在。她将伴随你留下一生中最美好的青春印记,在你的青春记忆里成为最美好的时光。

在苏州,青春与奋斗同行。在这里,你将深切感受到每个角落都充满为了理想而奋力拼搏的活力与梦想,共同"成就有价值的人生"。

在苏州,青春与担当并肩。在这里,那盏指引你探寻"代表未来发展方向"的明灯也将为你点亮,让你在成长中找到自己的定位和价值。

在苏州,青春与幸福相伴。在这里,你将被城市的温暖与包容紧紧环绕,深刻体会"生活在这里很幸福"

的满足与安宁。

　　奋斗是青春的底色，幸福则是奋斗的果实。在苏州这座美丽的城市里，我们共同谱写着青春的华章，感受着奋斗带来的喜悦与幸福。因此，我想说：大家在苏州，一定要珍惜这段美好的时光，用奋斗去书写属于自己的青春故事，去追寻那份属于自己的幸福！

目 录

第一章　红色印记

苏州革命博物馆	002
苏州烈士陵园	005
新四军太湖游击支队纪念馆	008
中共苏州独立支部旧址	011
五卅路纪念碑	014
铁铃关战斗史迹陈列馆	017
沙家浜革命历史纪念馆	020
中共常熟党史馆	024
沙洲县抗日民主政府纪念馆	027
太仓革命历史陈列馆	030

第二章　辉煌成就

苏州市规划展示馆	036
吴中区规划展示馆	040
太湖科学城	043
苏州工业园区展示中心	046
"与时俱进的昆山之路"成果展展馆	049
张家港城市展示馆	052
苏州文化艺术中心	055
苏州湾文化中心	058
金鸡湖景区	061
苏州生物医药产业园党群服务中心	064

第三章　科技创新

太湖光子科技园	070
姑苏实验室	073
苏州湾数字艺术馆	077
创想科技馆	080
思必驰对话式人工智能科普展示馆	083
苏州协鑫未来能源馆	086
苏州市轨道交通集团有限公司	089
江苏亨通光纤科技有限公司	093
量子科技长三角产业创新中心	097
苏州市智能制造融合发展中心	100

第四章　乡村振兴

蒋巷村	106
永联村	111
康博村	115
长江村	119
冯梦龙村	122
陆巷古村	125
灵湖村	129
旺山村	132
武神潭村	135
树山村	138

第五章 文脉传承

苏州文庙	144
苏州博物馆	148
苏州博物馆西馆（苏州工艺美术博物馆）	152
苏州吴文化博物馆	155
苏州丝绸博物馆	159
中国刺绣艺术馆	163
苏州御窑金砖博物馆	166
苏州园林博物馆	170
苏州民俗博物馆	174
苏州大运河遗产展示馆	177

第六章 历史街巷

观前街	184
莳门横街	187
十全街	190
山塘街	194
平江路	198
丁香巷	201
定慧寺巷	204
九如巷	207
书院巷	210
庙堂巷	213

第七章　园林精粹

- 拙政园　220
- 狮子林　223
- 耦园　226
- 网师园　229
- 沧浪亭　232
- 环秀山庄　236
- 艺圃　239
- 留园　242
- 退思园　246
- 瑞园　250

第八章　璀璨非遗

- 桃花坞木版年画　256
- 苏绣　260
- 洞庭碧螺春制作技艺　264
- 昆曲　268
- 苏州评弹　272
- 古琴艺术（虞山琴派）　275
- 吴门医派　278
- 香山帮建筑营造技艺　282
- 苏州端午习俗　286
- 苏州"轧神仙"庙会　290

目录

第九章　基层治理

新郭社区	296
中街路社区	299
娄葑街道基层社会治理实训基地	302
新东苑社区	306
石湖社区	309
融湾颐湾社区	312
桂苑社区	316
元和街道便民服务中心	320
吴江区社会矛盾纠纷调处化解中心	324
吴江区七都镇"渔你相伴"人大代表工作室	328

第十章　名人殿堂

苏州市名人馆	334
苏州状元博物馆	338
顾炎武故居	342
范仲淹纪念馆	345
孙武纪念园	349
王淦昌故居	353
叶圣陶纪念馆	356
苏州全国劳动模范事迹馆	360
费孝通江村纪念馆	364
柳亚子纪念馆	368

后　记

372

本章相关音频

本章相关视频

第一章 红色印记

革命博物馆、历史纪念馆、历史陈列馆、革命旧址、烈士陵园等红色资源基地，是重要的爱国主义教育基地、党史教育基地，是青年学子追寻历史足迹、感悟革命精神、传承红色基因的重要途径。习近平总书记在主持十九届中央政治局第三十一次集体学习时强调，"红色资源是我们党艰辛而辉煌奋斗历程的见证，是最宝贵的精神财富，一定要用心用情用力保护好、管理好、运用好"。苏州的红色资源在江南具有一定的代表性，将红色文化融入青年学子的思政教育中，能够更好地激励青年学子铭记历史、坚定信念、不忘初心，用奋斗书写新时代的青春华章，用行动践行"请党放心，强国有我"的承诺。

苏州革命博物馆：探索时代发展之路，为中华民族伟大复兴贡献苏州力量

◆ 时光苏记

苏州革命博物馆建成于1993年，总占地面积10 000多平方米。展区分两层，面积4 000平方米，共有3个基本陈列厅、1个主展厅、2个临时展厅，整体建筑具有鲜明的革命纪念主题特色和浓厚的历史文化气息。

基本陈列《光辉的历程——中国共产党在苏州》，通过3个展厅的介绍，借助历史照片、文字解说和革命文物等，系统讲述了在中国共产党的领导下，苏州人民走过的革命、建设和改革开放的光辉历程。大型多媒体半景画演示项目《阳澄烽火》，借助声、光、电等多种演示手段，与1 000平方米的巨型油画、500多平方米的场景模型完美结合，还原了抗日战争时期发生在阳澄湖地区的"洋沟溇战斗"。

苏州革命博物馆是江苏省爱国主义教育基地、江苏省党史教育基地、江苏省社会科学普及示范基地、江苏省国防教育基地、江苏省一级党员教育实境课堂示范点，也是江苏省文明单位。

苏州革命博物馆

薪火传承

在中国共产党的领导下,苏州人民展现了不屈不挠的斗争精神、唯实唯干的奋斗精神和善作善成的创新精神。从革命斗争年代到现代化建设时期,他们铸就辉煌,创造"苏州奇迹",积极探索时代发展之路,为中华民族伟大复兴贡献了苏州力量。

不屈不挠的斗争精神。新民主主义革命时期,苏州人民在中国共产党的领导下,为挽救民族危机和实现人民解放,不屈不挠、英勇斗争,取得了一次又一次辉煌胜利,锻造出不畏艰险、百折不挠的斗争精神。大革命时期,中国共产党在苏州的第一个党组织——中共苏州独立支部建立,推动了苏州城乡各地的建党活动,开启了苏州人民革命斗争的新篇章。土地革命时期,苏州人民发起抵制日货、募捐支援等爱国运动,与国民党反动派展开了殊死斗争。抗日战争全面爆发后,苏州人民在党的领导下协同新四军苏南东路抗日部队,与日本侵略者进行了激烈而坚韧的抗争。解放战争时期,中国共产党组织苏州人民开展反蒋斗争、策应渡江战役,最终实现苏州全境解放。

唯实唯干的奋斗精神。中华人民共和国成立后,中国共产党领导苏州人民恢复发展经济,逐步完成土地改革与社会主义改造,建立社会主义制度,推进社会主义建设,在此过程中,苏州的政治、经济、文化及社会事业都获得了长足发展。十一届三中全会以后,苏州人民在中国共产党的领导下,果断将工作重心转向以经济建设为中心的现代化建设,凭着敢为人先、不断超越的干劲,用双手创造美好生活,孕育出包括"张家港精神""昆山之路""园区经验"在内的苏州"三大法宝",成为推动苏州经济社

会发展不断攀登高峰的精神力量,苏州成功实现"农转工""内转外""量转质"的飞跃。自20世纪末到2012年,苏州地区生产总值连续16年实现10%以上的增速,创造了令人瞩目的"苏州奇迹"。

善作善成的创新精神。党的十八大以来,苏州党员干部和人民群众在习近平新时代中国特色社会主义思想指引下,积极探索发展以创新为核心的新时代开放型经济,苏州主要经济指标位居全国大中城市前列,地区生产总值由2012年的1.2万亿元增长到2023年的2.46万亿元,科技创新赋能经济高质量发展,教育、卫生、体育、养老等基本公共服务均等化水平保持全省领先,奋力谱写"强富美高"新苏州现代化建设新篇章。2023年7月,习近平总书记考察江苏时对苏州的经济社会发展给予了充分肯定,并指出中国式现代化苏州实践"代表未来的发展方向"。苏州将切实担负起"争当表率、争做示范、走在前列"的光荣使命,为全面建设社会主义现代化国家、全面推进中华民族伟大复兴新的胜利做出更大贡献。

◆ **研学足迹**

苏州革命博物馆:苏州市姑苏区三香路1216号。

苏州烈士陵园：用生命守护民族尊严，用血肉筑起新长城

时光苏记

苏州烈士陵园是江苏省爱国主义教育基地、苏州市爱国主义教育基地、江苏省重点烈士纪念建筑物保护单位、苏州市文物保护单位。苏州烈士陵园始建于1956年4月，2000年重新改建，占地面积93 667平方米，建筑面积1 838平方米，绿化面积70 000多平方米。

苏州烈士陵园分纪念瞻仰区和烈士安息区两个区。纪念瞻仰区位于陵园中心位置，沿主轴线对称布局。轴线长约160米，由西向东依地貌呈阶梯形，相应建筑依次为大门、牌坊、烈士英名录、烈士事迹陈列馆、电教馆、悼念广场、纪念碑，由南向北主干道两侧为汉白玉景墙、星火园、党史教育园、芬芳园。纪念碑呈四棱形，碑高27米，寓意1949年4月27日苏州解放日，碑上镌刻陈毅元帅为苏州烈士陵园的题词"为人民事业而牺牲是最光荣的"，碑底柱正面和两侧各刻有一幅浮雕，画面内容分别为"百万雄师过大江""烽火沙家浜""铁铃关大捷"，背面是中共苏州市委、苏州市人民政府重建陵园的纪念碑文。烈士事迹陈列馆为两层仿唐建筑，馆内按历史进程分星火燎原、浴血奋战、迎接曙光、艰难探索、新的征程5个部分布展，展出了不同时期牺

牲的86位烈士的照片、书信、遗物及事迹。悼念广场面积1 000平方米，可容千人凭吊。烈士安息区位于纪念瞻仰区北侧，由烈士墓群和烈士骨灰堂组成。烈士墓群分三坛五区，安葬了258位烈士的遗骸；烈士骨灰堂安放了52位烈士的骨灰。

苏州烈士陵园

薪火传承

英雄是民族的脊梁，烈士是支撑民族命运的不屈力量。苏州红色热土孕育众多英雄，他们用生命守护民族尊严，用血肉筑起新长城。他们的英烈事迹和革命精神是中华民族的宝贵财富，激励着青年学子不断前行。

缅怀革命先烈，传承英雄精神。英雄是照亮历史天空的星辰，是民族最闪亮的坐标。习近平总书记指出，一个有希望的民族不能没有英雄，一个有前途的国家不能没有先锋。包括抗战英雄在内的一切民族英雄,都是中华民族的脊梁,他们的事迹和精神都是激励我们前行的强大力量。苏州这方红色热土,孕育出一批批英雄志士。洋澄县(今阳澄湖地区)县长陈鹤不惧生死,"搞抗日工作是很危险的,我是随时准备牺牲的";新四军战士汤群英勇无畏,"随时随地准备献出我的生命"……他们在民族危难之际挺身而出,用血肉筑起了坚不可摧的新长城,守卫了民族的尊严和人民的利益。

继承先烈遗志,弘扬革命精神。英烈事迹和革命精神是中华民族的共同历史记忆和宝贵精神财富,是激励全党全国各族人民不懈奋斗的力量源泉。张应春烈士曾立志:"要争女权,要以天下为己任。"朱杏南烈士在遗书中写道:"处处去找光明而快乐的路,运用自由自主的权威,将旧社会的一切伪道法都打破它。"天地英雄气,千秋尚凛然。诚如习近平总书记指出:"理想之光不灭,信念之光不灭。我们一定要铭记烈士们的遗愿,永志不忘他们为之流血牺牲的伟大理想。"当代青年学子应肩负起历史的使命,继承先烈的崇高遗志,让革命精神薪火相传,在实现民族复兴的道路上勇立潮头、敢当先锋,用青春的力量书写无愧于时代的华彩篇章。

研学足迹

:苏州高新区(虎丘区)青石路5号。

新四军太湖游击支队纪念馆：携手水乡儿女保家卫国，护佑百姓迎接胜利曙光

时光苏记

抗日战争时期，苏州西部太湖地区孕育成长了一支蜚声江南的新四军太湖抗日游击支队。在中国共产党倡导的抗日民族统一战线旗帜下，这支抗日游击支队满怀拯救民族、造福人民的豪情壮志，铮铮铁骨战强敌，血肉之躯保太湖，前仆后继赴国难，辗转出没于苏州、无锡等敌人心脏地区，在人民群众的支持和配合下，成功开辟了太湖的苏西、锡南、马山抗日游击根据地，在苏州革命史上留下了浓重的一笔。

新四军太湖游击支队纪念馆位于苏州市吴中区光福镇冲山村北山，此地亦是当年新四军太湖抗日游击支队"冲山突围"所在地。抗日战争时期，新四军太湖抗日游击支队是一面插在敌人心脏的血染的抗日旗帜，是吴中乃至苏南人民的光荣和骄傲。新四军太湖游击支队纪念馆于2009年9月开馆，主体占地面积为1 700平方米，馆名由全国新四军研究会会长周克玉上将题写。展厅设在八角形纪念塔——太湖阁的第一层，分为太湖支队初建、太湖支队重建、太湖支队扩建和烈士英名录四部分，同时陈列出游击支队战士们曾用过的生活用品、战斗武器和信件等，辅以抗战时期的太湖芦苇荡、联络站等场景，展现太湖抗日游击支队的

第一章 红色印记

战斗历程和英雄风貌。

新四军太湖游击支队纪念馆是全国老区精神教育基地、江苏省党员教育实境课堂示范点、江苏省党史教育基地、苏州市爱国主义教育基地,是弘扬新四军铁军精神、传承红色基因、开展革命传统和爱国主义教育的重要阵地。

新四军太湖游击支队纪念馆

◆ 薪火传承

在革命战争时期,中国共产党领导下的太湖抗日游击支队及地下工作者在苏南太湖地区顽强抗战、保卫家园,通过开辟水上交通线、开展游击战斗等方式,为抗击日寇、迎接解放做出了重要贡献。

抗日战争时期,携手水乡儿女保家卫国。皖南事变后,新四军东路军政委员会在苏南地区成立。在其指导下,新四军太湖抗日游击支队建立起来,开辟出一条太湖水上交通联络线。太湖

地区抗日武装力量的发展壮大,阻遏了日本侵略者对敌占区的殖民统治和资源掠夺。1944年9月9日,因叛徒告密,正在冲山岛上集训的50多名中共苏西县县区干部、太湖游击队队员和民兵骨干突然被300多名日伪军包围,他们与敌人展开殊死斗争,30多人壮烈牺牲,队员薛永辉、严月洛、王坚、张云及民兵李兴根5人隐蔽在芦苇荡里,以坚强的毅力,在村民掩护下,熬过了敌人20天的合围,最终成功突围,为太湖抗日游击支队夺取抗战最后胜利保存了力量。1944年11月,新四军太湖县总队扩建完成,成功开辟了东山、西山抗日游击区,并先后在夜袭东山俞坞等多场伏击战中取得了胜利,使太湖游击区连成一片。

解放战争时期,护佑百姓迎接胜利曙光。 抗日战争胜利后,太湖县地区我党政军人员共700多人先后奉命渡江北撤至苏北解放区,仅有少数人员留下,组成新四军太湖县留守处,在苏南国统区再次投身秘密斗争。游击队员们顽强拼搏,成功挫败了敌人一次次的进攻和围剿,涌现了众多英勇烈士。面对敌人疯狂的"清剿",太湖县武工队予以坚决反击,打击叛徒、特务、密探、恶霸,有力地保障了苏西人民群众的生命安全。地下党在苏西积极发展党员,在稳步推进党的秘密工作和统战工作的同时,组织开展护村、护路、护镇活动,为迎接解放军渡江、解放吴县做出了积极贡献。

◆ 研学足迹

> **新四军太湖游击支队纪念馆:** 苏州市吴中区光福镇冲山村。

中共苏州独立支部旧址：诠释伟大建党精神，谱写辉煌革命篇章

◆ 时光苏记

中共苏州独立支部是苏州历史上第一个真正发挥作用的党组织，旧址位于苏州市姑苏区体育场路4号原苏州乐益女子中学内。

1925年8月，中共党员、国民党江苏省党部党团书记、上海大学附中校务主任侯绍裘应邀到苏州乐益女子中学任校务主任，中共上海区委决定由他负责组建苏州党组织。8月底，侯绍裘邀请中共党员张闻天及共青团员张世瑜、徐镜平等一起到苏州任教。9月初，侯绍裘、张闻天与已在乐益女子中学任教的中共党员叶天底一起，在乐益女中秘密成立中共苏州独立支部，它是当时中共上海区委（亦称中共江浙区委）下属的外埠9个独立支部之一。它的建立，揭开了苏州人民革命斗争的新篇章。在中国共产党的领导下，苏州人民逐渐汇入新民主主义革命恢弘激荡的乐章中，前仆后继、英勇顽强地谱写出一首首可歌可泣的英雄史诗。

2019年，中共苏州市委决定在此建设市党性教育实训基地，2022年7月1日建成并对外开放。场馆总建筑面积约7 200平方米，展出区域面积为4 666平方米。设有"燃血青春"中共苏州独立支部史迹陈列展示区、"青春誓言"宣誓区、"青春我行"实

践活动体验区、"青春剧场"多功能厅和专题展览展示区等，展现了独具特色的青春红色课堂。特别是沉浸式"青春剧场"，能够让参观者充分感受那段风雷磅礴、波澜壮阔的峥嵘岁月。

中共苏州独立支部旧址

◆ 薪火传承

一个党支部就是一个坚固的堡垒，一名党员就是一面鲜红的旗帜。中共苏州独立支部的成立，为苏州革命斗争提供了强大引擎，使得苏州革命形势焕然一新，也标志着苏州革命斗争迈入了新阶段。

谱写辉煌革命篇章。 中共苏州独立支部的成立，标志着中国共产党在苏州地区建立了一个强有力的地方组织，苏州人民的革命斗争从此有了坚强的领导核心与科学的理论指导。中共苏州独立支部投身反帝反封建的罢工、示威及迎接北伐军等革命活动，为建立国共合作统一战线、迎接大革命高潮的到来做了大量工作，革命队伍经受锻炼，革命力量迅速壮大，为其后更大规模的革命运动奠定了基础，点燃了苏州革命的星星之火，红色火种逐渐在姑苏大地上呈燎原之势。

诠释伟大建党精神。习近平总书记将我们党在百年奋斗历程中形成的伟大建党精神总结和提炼为"坚持真理、坚守理想，践行初心、担当使命，不怕牺牲、英勇斗争，对党忠诚、不负人民"。大革命时期，国民党右派发动反革命政变，导致大批共产党员和革命群众倒在血泊之中。中共苏州独立支部为党捐躯第一人汪伯乐大义凛然："为民众而死，也是死得其所。"支部第一任书记叶天底在杭州陆军监狱就义前慷慨陈词："我决不愿跪着生，情愿立着死！"更多的共产党人以大无畏的革命气概，坚强地从失败中站立起来，顶着腥风血雨，带着初心使命，又继续奔赴战斗前线。1927年6月，中共苏州独立支部改称为"中共吴县县委"，后又改称为"中共苏州县委"，创办县委机关刊物《每日新闻》，党的力量得到了恢复和发展。

研学足迹

中共苏州独立支部旧址：苏州市姑苏区体育场路4号。

五卅路纪念碑：心系同胞，团结一心，民族危难时刻彰显责任与担当

时光苏记

1925年5月，上海发生了震惊中外的"五卅惨案"。受恽代英、侯绍裘派遣，中共党员、国民党江苏省党部秘书长姜长林从上海赶到苏州，与乐益女中教师叶天底（中共党员）、苏州学生联合会主席秦邦宪（苏州工专学生）、博文中学教师许金元（社会主义青年团团员）等取得联系，发动苏州人民支援上海人民的反帝爱国斗争。5月31日下午，苏州学联在北局青年会召开紧急会议，宣布自即日起举行罢课示威活动。自6月1日至30日，苏州学生、市民掀起了四次声援高潮，同声严斥日、英帝国主义屠杀中国民众的暴行。为支援上海工人的罢工斗争，苏州各界发起募捐运动。工人俱乐部发动工人改吃咸菜10天，将节省的资金支援上海工人；学生深入苏州城乡开展募捐活动。苏州各界共募捐近2万元，并将捐款送往上海。罢工结束后，上海总工会把未用完的6 000元捐款退回苏州。7月10日，苏州各界联合会决定将退回的捐款用于翻修公共体育场旁由言桥南至十梓街的道路（原名马军弄），把贯通南北的小路开拓为大马路，取名"五卅路"。1926年5月30日，苏州各界联合会、学生联合会在公共体育场门前、言桥堍筑起两方五卅路纪念界石。

1985年，为纪念五卅运动60周年，苏州市人民政府将五卅

路界石移至五卅路中段民治路口,并镌刻五卅路纪念碑,永志纪念。1995年,苏州市沧浪区人民政府将五卅路命名为沧浪区德育基地,以激励人们永远铭记这段历史并传承五卅精神,为实现国家繁荣富强和民族伟大复兴贡献自己的力量。

五卅路纪念碑

◆ 薪火传承

苏州的五卅路,是全国唯一为纪念五卅运动而命名的道路。它见证了苏州的革命历史,也凝聚了苏州人民的赤子热忱,更承

载了代代苏州人的爱国热情。在五卅运动期间,苏州人民展现出了团结一致、勇敢抗争的精神风貌,他们坚毅不屈的品格充分彰显了中华儿女在民族危难时刻的团结力量和勇敢精神。

心系同胞、胸怀天下的赤子热忱。五卅运动激发起中国人民反帝斗争的炽热激情。为声援上海工人的斗争,苏州全市各界齐心协力、互帮互助、互相鼓舞,积极开展募捐活动,努力帮助缓解上海工人因罢工带来的生活困窘,以自己的方式投身反对帝国主义与封建主义的斗争。五卅路见证了苏州的革命历程,凝聚了苏州人民的炽热忠诚和爱国情怀,承载了中国人民对国家和民族的深厚感情和责任感,彰显出中国人民在争取民族独立和解放斗争中的伟大力量。

团结一心、敢于斗争的浩然正气。苏州人民支援上海人民抗议帝国主义暴行的正义斗争,展现了团结一致、互相支持、互相鼓励的精神风貌,彰显了中国人民在面对外来压迫时的坚定信念和勇敢担当。在斗争中,革命先锋不仅积极参与其中,还积极开展宣传和教育活动,唤醒和提高了广大群众的革命意识、革命觉悟。在中国共产党的领导下,包括苏州人民在内的中国人民成功摆脱了旧民主主义时期零散、被动、有限的斗争方式,以更加团结、组织化的形式争取民族独立与国家富强,体现出强烈的历史自觉和政治智慧。

◆ **研学足迹**

五卅路纪念碑:苏州市姑苏区五卅路与民治路交叉口东北20米。

铁铃关战斗史迹陈列馆：抵御外侮的历史见证，解放苏州的精神标志

◆ 时光苏记

1949年4月27日，是永载苏州史册的一天。这一天，中国人民解放军在铁铃关取得解放苏州古城的首战胜利；这一天，苏州人民迎来光明；这一天，千年古城获得新生。

始建于明嘉靖年间（1522—1566）的铁铃关是江苏省文物保护单位，铁铃关见证了千年古城迎接黎明的历史瞬间，传承着苏州城市的红色基因。铁铃关战斗不仅奏响了革命烽火岁月的英雄壮歌，还承载着人民群众对美好生活的向往和追求。如今，这座古代军事关隘，在建设中国特色社会主义的伟大征程中绽放出无限生机，成为大运河文化带上的一颗璀璨明珠和千年古城的一张亮丽名片。

铁铃关战斗史迹陈列馆以史实为依据，采取多种方式展示苏州解放历史进程中的生动画面，讲述英雄人物的感人故事，深切缅怀为苏州人民解放事业英勇献身的革命烈士，激励人们继承和发扬革命精神，谱写实现中华民族伟大复兴中国梦的苏州篇章。

◆ 薪火传承

铁铃关，又称枫桥敌楼，地处苏州城西水陆交通要冲，控枫

铁岭关战斗史迹陈列馆

桥,扼运河,易守难攻,是历史上重要的军事堡垒,也是解放苏州古城的军事要地。在历史的长河中,铁铃关与苏州人民的命运紧密相连,它不仅是抵御外来侵略的坚实防线,更见证了苏州人民在危难时刻的团结与勇敢,是苏州人民不屈不挠、守土有责精神的生动体现。

守土有责、抵御外侮的历史见证。明嘉靖年间,我国东南沿海地区倭寇肆虐。苏州阊门至枫桥地段,凭借京杭大运河的便利,富饶繁荣,是重要的商贸集散地。倭寇觊觎此地、屡次袭扰,致使百姓遭殃、生灵涂炭。为了抵御倭寇,苏州人民携手互助,先后筑起"三关",即铁铃关、浒墅关、金阊关(如今仅存铁铃关),用智慧和力量守护家园。在铁铃关的护卫下,苏州人民团结一心、众志成城,成功地抵御了倭寇的猖狂洗劫,保卫了一方平安。这座古老的关楼,见证了苏州人民不畏强暴、顽强不屈的精神,成为苏州人民守护家园、捍卫和平的象征。

浴血奋战、解放苏州的精神标志。屹立古运河畔的铁铃关不仅在御寇安民中发挥了重要作用,还见证了千年古城苏州迎接黎明的历史瞬间。1949年4月21日,毛泽东和朱德下达了向全国进军的命令,中国人民解放军百万大军横渡长江。渡江战役中,张家港双山登陆战拉开了解放苏州战斗的序幕。解放苏州的攻城之战就发生在铁铃关。经过艰苦卓绝的奋战,中国人民解放军成功将鲜艳的红旗插上铁铃关,势如破竹地进入苏州城。4月27日早上6点40分,中国人民解放军在市中心察院场胜利会师,苏州正式宣告解放。千年古城重归苏州人民的怀抱,苏州人民开始创造属于自己的美好生活,谱写苏州未来的辉煌篇章。

研学足迹

铁铃关战斗史迹陈列馆:苏州市姑苏区枫桥景区内。

沙家浜革命历史纪念馆：军民团结，鱼水深情，创造水乡抗战奇迹

◆ 时光苏记

沙家浜泛指苏南东路地区，位于京沪铁路武进以东，东抵大海，南临太湖，西至锡澄公路，北濒长江。以沙家浜为代表的苏南东路抗日斗争史是中国人民抗日战争史中的经典一页。抗日战争全面爆发后，根据党的六届六中全会精神，按照"向南巩固，向东作战，向北发展"的战略方针，1939年5月，新四军一部以江南抗日义勇军（简称"江抗"）之名东进抗日，像

沙家浜革命历史纪念馆

第一章 红色印记

一把钢刀插入日伪的心脏,震慑了敌人,鼓舞了民心,但也遭到国民党顽固派的极力阻挠。为维护抗日民族统一战线,江抗部队西撤,在阳澄湖、昆承湖地区留下数十名伤病员。他们坚定信念,重建武装,坚持斗争,与当地人民群众结下鱼水深情。1940年4月,东路军政委员会成立,抗日军民在日、伪、顽军互相夹击的险恶环境中战斗、发展、壮大,开创了苏南东路抗日游击根据地的崭新局面,为抗日战争的伟大胜利做出了重要贡献。

抗日战争时期,中国共产党领导的新四军,依靠当地人民群众,利用天然地理条件,开展艰苦卓绝的抗日武装斗争,夜袭浒墅关、奇袭虹桥机场、血战张家浜、激战洋沟溇、伏击八字桥等历史事件至今仍广为传颂。军民团结,不畏艰险,顽强奋战,谱写了水乡抗战奇迹和鱼水深情篇章。

沙家浜革命历史纪念馆坐落于常熟市东南,沙家浜镇域内,由横泾公社于1971年初建,当时叫"沙家浜革命传统教育陈列室"。1990年5月,原新四军六团团长叶飞参观展览馆并题名"沙家浜革命传统教育馆"。2001年纪念馆迁至沙家浜风景区,正式定名"沙家浜革命历史纪念馆",后再次迁建布展。今馆于2006年建成开放,总占地面积6 400平方米,建筑面积4 492平方米,馆内主要展示抗日战争时期沙家浜地区(苏南东路)抗日斗争的历史,是全国爱国主义教育示范基地。

◆ 薪火传承

沙家浜人民与新四军并肩战斗,共同谱写了军民团结、鱼水深情的壮丽篇章,创造了水乡抗战奇迹。其光辉历程和英雄事迹,铭刻在中华民族的史册上,激励着我们赓续江抗精神,传承芦荡薪火。

赓续"江抗"精神,传承芦荡薪火。1939年5月,"江抗"部队遵照中共中央的战略方针,向常熟、苏州分兵发展,拔除伪军据点,消灭土匪武装。1939年10月,"江抗"部队受到国民党顽固派的军事挑衅。为了顾全抗日统一战线大局,"江抗"部队奉命改向苏北一带发展,在阳澄湖畔的后方流动医院留下了36名伤病员。当地人民群众冒着生命危险,想方设法掩护、照料新四军的伤病员。这些被当地人民群众保护的伤病员们在康复后成为革命的火种,组建了江南抗日义勇军东路司令部(简称"新江抗"),利用阳澄湖地区水网密布的天然地理条件,开展英勇顽强的抗日武装斗争,打开了苏南东路地区抗战新局面,创造了水乡抗战的奇迹。

弘扬鱼水深情,共筑军民团结。来自人民、为了人民,始终与人民血肉相连、生死与共,是我军的制胜之本、力量之源。抗日战争时期,沙家浜的百姓不畏艰险、不怕牺牲,采取各种办法保护新四军战士的事迹,印证了军民唇齿相依、骨肉相连的鱼水深情。军队为人民而战斗,人民为军队打掩护、做靠山,苏南东路人民与新四军在沙家浜并肩战斗的光辉历程永远铭刻在中华民族的史册上。

坚定理想信念,矢志奋斗精神。苏常太游击根据地民运女干部朱凡,在1937年亲历日寇疯狂轰炸上海后选择投身于抗日救亡运动,告别亲人,加入"江抗"部队。部队撤离时,作为区委书记的她主动留下来与敌人继续斗争,并承担起转移部队伤员的任务。1941年7月,她遭叛徒出卖,落入日军手中,面对酷刑,依旧坚贞不屈,绝不叛党,后惨遭杀害。她用自己的生命捍卫了党组织的秘密和自己崇高的信仰。

◆ 研学足迹

沙家浜革命历史纪念馆:常熟市沙家浜镇沙家浜风景区内。

中共常熟党史馆：传奇与奉献相辉映，理论与实践相结合

◆ 时光苏记

中共常熟党史馆暨李强（曾培洪）革命历程展位于常熟市通江路11号，总占地面积约2 100平方米。1926年2月，李强与周文在等革命先驱在此建立了常熟历史上第一个中共党组织——中共常熟特别支部。馆内共有53间清代建筑，包括李强故居、亦爱庐等革命遗址，亦爱庐和清代厅堂为文物保护单位。馆内特设2间多媒体展示厅，3间小型会议室，2间小型休息室，并有亦爱庐讲堂、海棠书屋等服务设施。

馆内有两条专题展参观线路。第一条是中国共产党常熟历史展，主要

中共常熟党史馆

展示 1926 年至今中国共产党在常熟的百年辉煌发展历程，共分为新民主主义革命时期、社会主义革命和建设时期、改革开放和社会主义现代化建设新时期、中国特色社会主义新时代四个部分。第二条是李强革命历程展，展示无产阶级革命家、常熟第一个党组织创建人李强一生为党为国波澜壮阔的革命经历，共分为李强与常熟特支、李强与隐蔽战线、李强与外贸事业、李强与家乡建设四个部分。

◆ 薪火传承

李强是中国共产党难得的复合型人才，他在科研、军工生产、广播电讯和外经贸领域都取得了奠基性的成就。他的一生充满传奇色彩，他尽忠职守、为党育才的生动事迹展现了一名共产党员的崇高风范。

传奇与奉献相辉映，一生为党尽忠职守。李强一生秉持着"党让干什么就干什么"的信念。1926 年，李强成功试制出我党第一批火药和手榴弹，在上海第三次武装起义中建立奇功。1928 年，李强按照周恩来的指示，自学研制出我党第一部无线电收发报机，为建立和维护各地党组织联系做出了杰出贡献。1941 年，李强在陕甘宁边区设计制造出我军历史上第一支步枪。因为业绩突出，李强被授予"边区特等劳动模范"光荣称号，毛主席为其亲笔题词"坚持到底"。1949 年，李强克服技术难题，圆满完成开国大典现场扩音及实况转播的重要任务。1955 年，李强当选中国科学院学部委员（院士）。

理论与实践相结合，一心为党培育英才。革命年代，我党亟需大批无线电通信技术人才，李强按照周恩来的指示，负责中央

特科举办的无线电训练班工作,为党的各根据地培养了一批无线电工作人员。1931年,李强赴苏联深造,他结合我党特科工作的实际需要,深入研究无线电理论,用数学分析法研究菱形天线的发射原理,并用英文完成论文,在苏联无线电界引起震动,成为当时苏联七位无线电专家之一,其研究成果被苏联百科词典命名为"李强公式"。1944年,李强担任我党创立的首所理工科综合学府——延安自然科学院第四任院长。他大胆提出将学院与工厂相结合,走理论与实践相结合的道路,结合斗争实际,先后开设爆破学、兵器学及炸药与爆炸学等课程,为我党、我军培养了大批精通军工和理工的人才。

◆ 研学足迹

中共常熟党史馆:常熟市辛峰巷与通江路交叉口西北20米。

沙洲县抗日民主政府纪念馆：保卫家园的红色堡垒，同仇敌忾的坚固防线

时光苏记

沙洲紧邻长江，土地沃腴，芦荡青翠；河塘清澈，鱼虾肥美；吴侬软语，民风淳厚。然而，20世纪30年代，日本侵略者的入侵使得山河破碎，满目疮痍，家园不再安宁。在中华民族生死存亡的危难时刻，英勇的沙洲儿女在中国共产党的领导下，建立沙洲县抗日民主政府，军民携手，前仆后继，抛头颅，洒热血，为祖国的独立、民族的解放、人民的幸福，做出了艰苦卓绝的伟大斗争和惊泣天地的巨大牺牲，在中华民族争取独立、和平的史册上谱写了光辉篇章。

沙洲县抗日民主政府纪念馆坐落于风光旖旎的沙洲新城。该馆占地面积 4 000 平方米，以文字、照片、影像、实物等为主要载体，运用声、光、电等技术手段，通过中华怒吼、国耻家恨、"江抗"东进、众志成城、浴血奋战、百折不挠、沙洲光复、名录 8 个部分，以沙洲地区抗战为背景，以沙洲儿女抗战史实为线索，记录和还原了勤劳、勇敢、智慧的沙洲儿女在中国共产党领导下，不屈不挠、共御外侮的光辉足迹，生动形象地展示了抗日军民反侵略、求解放的斗争历程，激励我们缅怀过去，珍惜和平，为建设繁荣、文明的张家港积蓄强大的精神力量。

沙洲县抗日民主政府纪念馆

◆ 薪火传承

沙洲儿女的抗日历史,是中华民族抗日斗争史中不朽的一页。面对日军的暴行,沙洲军民同仇敌忾,开展敌后斗争,以顽强毅力和高超智慧与敌人周旋,直至胜利曙光到来。

抗击侵略、保卫家园的红色堡垒。抗日战争时期,日军侵入沙洲境内,实施洗劫、屠杀、淫掠等野蛮行径,制造了恬庄"千人坑"惨案等一系列令人发指的暴行。据不完全统计,抗战时期,沙洲境内伤亡2 533人,财产损失严重。面对国仇家恨,沙洲大地涌现出一支支游击武装队伍。苏南地区区域面积最大、人口最多、存在时间最长的抗日游击根据地——沙洲县抗日民主政府于1941年2月2日正式成立,随即组织粮食生产,创办社会教育事业,扩大地方武装力量,开创了抗日斗争的新局面。

第一章 红色印记

日伪军对沙洲抗日根据地实行"清乡"期间，县委、县政府领导军民与日伪军斗智斗勇。直至日本政府宣布无条件投降，沙洲县委成功收缴所有日伪据点，党的力量得以发展壮大。

军民合力、同仇敌忾的坚固防线。沙洲县抗日民主政府积极领导民众开展抗日运动，设立港口贸易，税收不仅满足了东路部队及地方所需，还为新四军军部提供了支援。日伪军对沙洲抗日根据地实施"清乡"行动后，到处搜捕共产党员，残害抗日群众，企图截断沙洲这一战略通道。然而，沙洲县抗日民主政府毅然承担起掩护新四军党政干部北撤的重任。当地的党员和群众积极安排食宿、准备渡船，冒着生命危险全力护送，分批把北撤干部输送到苏北，直至全部安全转移。当地民众还在家中开挖地洞，掩护地下党活动。沙洲县的众多热血青年踊跃前往苏北参军。其间，新四军多支部队重返沙洲，开展反击"清乡"的军事行动。许多战士不幸牺牲，把自己的一腔热血洒在了沙洲大地上。

● 研学足迹

沙洲县抗日民主政府纪念馆：张家港市华山路与清源路交会处。

太仓革命历史陈列馆：国家兴亡，匹夫有责，组成广泛的抗日民族统一战线

◆ 时光苏记

太仓，不仅是有着深厚文化底蕴的江南水乡，更是具有光荣爱国主义和革命传统的热土。翻开太仓革命斗争史册，展现在大家眼前的是硝烟弥漫的战斗岁月，是震撼人心的英雄业绩，是无数革命先辈用鲜血和生命谱写的一页页可歌可泣的壮丽诗篇。

太仓革命历史陈列馆位于太仓博物馆四楼，以照片、实物、纪录片等形式，讲述了太仓自1840年至1949年的革命斗争史。陈列分"长夜求索""星火燎原""浴血八年""迎接黎明"四个单元。"长夜求索"讲的是鸦片战争后，太仓的有识之士和广大民众先后投入太平天国农民革命和辛亥革命的洪流之中，反抗封建主义和帝国主义的统治，求索救国救民之道。"星火燎原"讲的是五四运动揭开了中国新民主主义革命的序幕，太仓人民紧随时代步伐，满怀激情地投入革命运动。九一八事变后，太仓又掀起了

第一章 红色印记

抗日救国运动新高潮。"浴血八年"讲的是抗日战争全面爆发后,太仓人民积极配合中国抗日军队在长江沿岸的反登陆作战。"迎接黎明"讲的是抗日战争胜利后,国民党反动统治集团背信弃义,撕毁停战协议,发动反革命、反人民内战,中共太仓地下党组织紧紧依靠人民群众,组织开展反"清剿"和抗租、抗丁、抗捐斗争,直至太仓解放。

太仓革命历史陈列馆

◆ 薪火传承

素有"国家兴亡，匹夫有责"爱国传统的太仓人民，在中国共产党的领导下，开展敌后游击战，组成广泛的抗日民族统一战线，建立了抗日游击根据地，不畏艰苦地坚持反"清乡"斗争，为夺取抗日战争胜利谱写了可歌可泣的壮丽华章。

掀开太仓爱国统战新一页。日寇入侵、太仓沦陷后，国民党部队流散人员和各区乡人士自发组织了各种各样的"游击队"。这些"游击队"抗日无力，却扰民有余。1939年6月，"江抗"副总指挥何克希、吴焜率部东进上海途经太仓时，主动与太仓国民党县党部沟通联系，寻求团结协作、共同抗日，在方家桥（今浮桥的方桥村）召开联席会议，就合作抗日问题达成协议，在太仓团结各界爱国人士，开创了统一战线工作成功的范例，保障了总指挥部和后续部队顺利挺进到上海近郊。此后，太仓成立各界临时联合委员会，县常备队扩建为人民抗日自卫队（简称"民抗"），太仓抗日游击根据地呈现全民抗战新局面。1940年6月，"江抗"二支队在太仓县境内一日三战皆捷，沉重打击了日伪军的嚣张气焰，推动了太仓的抗日救国运动。

打响苏南"清乡"反击第一仗。抗日战争时期，日军利用汪伪政府，策划了对大江南北抗日根据地进行"清乡"的阴谋。地处上海外围且作为前哨的太仓，成为日伪重点控制的据点之一。1941年7月，日伪在太仓长江沿岸及太浏公路沿线设置了一条长达54千米的封锁线，以竹篱笆和铁丝网为屏障，并部署兵力3 000余人，对太仓地区的抗日游击武装展开梳篦式"清剿"。新四军六师五十五团七连深入日伪控制区，与中共太仓县机关人员会合，开展武装反"清乡"斗争，在太仓方家桥打响了苏南敌后的反"清乡"斗争第一仗。方家桥战斗有效地牵制了敌人的兵力，成功地打乱了敌人的"清乡"部署。这场战斗的胜利，不仅为苏南地区的反"清乡"斗争树立了光辉榜样，也为我党在江南农村发动群众、开展武装斗争方面积累了宝贵的经验。

◆ **研学足迹**

太仓革命历史陈列馆：太仓市上海东路100号。

本章相关音频

本章相关视频

第二章
辉煌成就

　　苏州经济社会发展的辉煌成就是中国改革开放以来，尤其是新时代以来国家发展的一个缩影，是观察江苏乃至全国高质量发展、现代化建设的一个最佳窗口。深入了解苏州发展历史、真切体验苏州发展成就，对塑造青年学子对社会主义道路的认同感和中华民族的自豪感，引导青年学子坚定"四个自信"，坚定理想信念，树立正确的世界观、人生观、价值观具有重要的意义。

　　改革开放以来，苏州牢牢把握历史发展的机遇，完成产业的转型升级，实现古典与现代的完美融合。从"勾画现代化目标"到"勇立潮头、当好排头兵"再到"为中国特色社会主义道路创造一些经验"，习近平总书记十分关注江苏的发展，对苏州寄予厚望。当代青年学子生逢其时，正是在中国式现代化发展中大展身手的时候，必须紧紧抓住时代赋予的宝贵机遇，充分利用这个广阔的舞台，深入学习专业理论知识，勇于攀登科技创新的高峰，为中国式现代化建设和中华民族伟大复兴贡献青春力量。

苏州市规划展示馆：绘姑苏蓝图，展美好愿景

◆ 时光苏记

苏州市规划展示馆是苏州市重要的标志性公共建筑。展示馆位于阊胥路东侧，东接万年桥，南濒胥江，东临护城河，由古代馆、现代馆、沿河辅助用房三部分组成。展示馆占地面积约35 000平方米，建筑面积约20 000平方米，展示总面积约9 000平方米。2004年6月第28届世界遗产大会在此召开，2005年6月展示馆正式对外开放，是2010年上海世博会苏州案例馆。

展馆通过桥、塔、牌坊、窗、厅、阁、石、匾等体现了苏州的历史变迁，直观展现了千年古城苏州从古至今的发展变化。古代馆由苏州古城春秋的建成、唐宋的兴盛、明清的繁荣、城市变迁中的亮点四部分组成，展示了苏州的历史变迁和东方水城的特色风貌。现代馆有苏州市城市总体规划、城市未来发展建设项目规划、苏州市规划展示馆方案等内容，全面介绍了苏州姑苏区、吴中区、相城区、高新区（虎丘区）、工业园区及吴江区等规划建设的成果和未

来规划建设的宏伟蓝图。

展馆通过图片文字、实景体验、互动查询、影像记录等传统展陈方式与高科技相结合的手法，全方位展示了苏州的昨天、今天和明天，并运用全息投影、声光电等先进技术，展示了苏州的城市规划与发展历程。借助现代科技设施，青年学子能更直观地了解苏州历史沿革和古代姑苏的繁盛。在交互式体验区，青年学子还可以亲身感受苏州的城市建设成果，身临其境地游览苏州的名胜古迹和美丽风景。通过参观体验，青年学子不仅能充分感受到苏州作为一个现代化城市的独特魅力，也能更深刻地领悟苏州历史文化传承与保护及城市规划的先进理念和宝贵经验。

苏州市规划展示馆

◆ 薪火传承

苏州秉持"一张蓝图绘到底"的战略远见,铸就了古今交融的文明典范,以不懈的追求,诠释了"生活在这里很有福气"的发展真谛,以坚定的步伐,向着"代表未来的发展方向"的目标迈进,书写着新时代的辉煌篇章。

彰显"一张蓝图绘到底"的战略定力。 始建于公元前514年的苏州城,已有2 500多年的历史,仍保持着当初"水陆并行,河街相连"的双棋盘格局。在1982年成为首批国家历史文化名城后,苏州旋即提出"全面保护古城、跳出古城发展"的理念,倡导保持宋代《平江图》描绘的姑苏肌理与风貌,下好古城保护这盘"大棋",在城市规划中坚持传统与现代相结合、文化传承与高质量发展并进,贡献出古城保护与新区建设协同发展的城市文明形态样本。始建于1994年的苏州工业园区,是中国改革开放的试验田,是中国和新加坡两国政府合作的旗舰项目,30年来始终坚持"一张蓝图绘到底",以"规划即法"的定力不断耕耘,从一片阡陌农田蜕变为一座具有国际性的现代化新城。

展示"生活在这里很有福气"的发展成就。 新时代以来,苏州牢牢把握高质量发展这个首要任务,推动城市发展。在创新驱动发展方面,苏州取得了显著成效,以质量效益导向下的增长韧性和发展活力得到进一步彰显,可持续发展能力进一步提升,取得了令人瞩目的成就。习近平总书记在苏州考察时,给出"生活在这里很有福气"的评价。立足新时代,苏州坚持民之所望、政之所向,以不断增进民生福祉为发展的根本目的,着力打造"10分钟文化圈"与"15分钟生活服务圈"交相呼应的城乡生活场景,建成空间形态美、内容品质优、服务效能高、运营机制新的"江南公共文化特色空间",在更高层次上增进民生福祉,以为民服务的优秀答卷托举了民生"好福气"。

展现"代表未来的发展方向"的美好愿景。 苏州要迈向"强富美高"新境界,无论是在高质量发展还是为百姓创造高品质生活上,都要更上一层楼。为此,苏州以高质量发展为引领,协调推进历史文化传承与高科技创新和谐发展,促进人文与经济、技术与艺术的相融共生。苏州从中华优秀传统文化中汲取发展的理念和智慧,保持韧性、耐心和定力,全面提升产业基础高级化和产业链现代化水平,加强科技创新与产业创新对接,提高科技成果转化和产业化水平,推进数字经济核心产业发展,不断培育壮大新兴数字产业,推动苏州制造向苏州创造转变,全力构建以先进制造业为骨干的现代化产业体系。

◆ **研学足迹**

苏州市规划展示馆:苏州市姑苏区阊胥路32号。

吴中区规划展示馆：智慧科技共舞，生态人文交融

时光苏记

吴中区规划展示馆于2017年4月28日正式面向公众开放，建筑面积4 000余平方米，由城市展区、规划成果展示区、"智慧吴中"展区三部分组成，是一个以"阳光规划、简约、节能、智慧"为展示理念，给公众提供城市规划科普的平台。展示馆一层至四层依次布局"奋楫争先的典范之美""江南文化的底蕴之美""产城融合的格局之美""苏州制造的创新之美"四大展区，将吴中区生态禀赋突出、文化底蕴深厚、产业基础扎实的发展优势一一呈现。借助现代多元科技，将艺术与科技结合，立体生动地展现了"大美吴中"的全景画卷。

吴中区规划展示馆

展示馆通过富有节奏的光影氛围,结合简约明朗的设计风格,运用图文展示、板块模型、科技互动等多种模式,使青年学子在馆内纵览苏州市吴中区的城市万象,感受活跃的城市发展之力。吴中区规划展示馆作为大众了解吴中的一扇窗口,旨在以更为公共与开放的态度融入城市的公共生活,以更具多样性与复合性的展示方式诠释人与城市的深层关系,以更具特征性与关联性的语言智慧地体现城市的内在性格与精神特质,从而成为城市文化精神的栖息之所。

◆ 薪火传承

吴中区是吴文化的发源地与江南文明的摇篮,是非物质文化遗产和历史名人的聚集地,是生态与科创融合发展的战略高地。通过打好"生态+人文+科技"组合拳,吴中区将生态优势转化为发展动力,成功走出了一条生态美、产业强、人文兴的绿色发展之路。

人文荟萃镌刻吴中底蕴。吴文化是江南古文明的源头,而吴中区正是吴文化的发源地,这里拥有2项世界级非物质文化遗产,2项国家级非物质文化遗产,4个国家级历史文化名镇,5个中国历史文化名村,12处中国传统村落。吴中区孕育了兵圣孙武、草圣张旭、塑圣杨惠之、绣圣沈寿、北宋著名政治家范仲淹等一大批历史名人,具有重要的历史地位和丰厚的文化底蕴。太湖文化、江南文化、大运河文化在这里交相辉映,"长三角一体化""环太湖科创圈""大上海都市圈协同规划"等多个国家战略在此交会叠加,吴中区焕发出前所未有的发展机遇与人文光彩。吴中区围绕"天堂苏州"的发展愿景,发挥区位优势,连通南北、横贯东西,推动苏州太湖国家旅游度假区与上海佘山国家旅游度假区深度合作,打造生态文旅服务载体和科技创新产业板块,联动构建环太湖生态文旅湾,打造江南水乡古镇与特色田园乡村双重品牌,奋力建成璀璨夺目的江南文化高地。

山水交融共绘最美篇章。 吴中区有着得天独厚的生态禀赋,坐拥五分之四的太湖峰峦、五分之三的太湖水域、五分之二的太湖岸线,73.8%的湿地保护率,30%的林木覆盖率,3个国家级水产种质资源保护区,2个国家级畜禽种质资源保种场,原生物种超1 190种,生态是吴中区最大的发展底色。吴中区深入实施太湖生态岛"一号任务",加快提升太湖沿线环境质量,构建集生态观光、文化创意、体育康养、民宿度假、会展节庆等多元素融合发展的新业态,连续三年位居全国市辖区生态系统生产总值(GEP)百强首位。吴中区坚持"生态美"与"产业强"双线作战,"绿金双高"协同并进,将自然生态禀赋转化为吸引科创人才和培育产业集群的优势,积极打造新型工业化"雁阵",布局培育新一代信息技术、机器人与智能制造、生物医药及大健康三大主导产业,成功创建苏州首家国家级"绿水青山就是金山银山"实践创新基地。

◆ 研学足迹

> **吴中区规划展示馆:** 苏州市吴中区东苑路1号。

太湖科学城：贯彻新发展理念，打造科技创新和生态人文融合发展新样板

时光苏记

党的十八届五中全会提出了创新、协调、绿色、开放、共享的新发展理念。在这一理念的引领下，我国经济实现了从高速增长阶段向高质量发展阶段的历史性转变，经济实力实现历史性跃升。苏州积极响应这一发展理念的号召，自觉肩负起了"争当表率、争做示范、走在前列"的光荣使命，充分发挥"为全国发展探路"的引领作用，成为江苏省在高质量发展方面持续走在前列的生动缩影。

作为全国首批国家级高新区、苏南国家自主创新示范区的重要组成部分，苏州高新区奋力拼搏、敢为人先，创造了众多"第一""唯一"，努力将太湖科学城功能片区打造成

太湖科学城展示中心

一个面向全球的开放之区、产业兴盛的活力之区、创新涌动的智慧之区、生态宜居的魅力之区。

◆ 薪火传承

苏州高新区太湖科学城功能片区作为全国首家部、省、市共建的大型研发创新基地,依托全国首家部、省、市共建的大型科技研发创新基地,瞄准国家级科学城、国家级旅游度假区"双国"目标,构建一流的大科学装置,打造一流的国家级平台,发展一流的高水平研究型大学,吸引一流的高层次人才及团队,成立一流的成果转化中心,形成一流的产业创新集群,创造一流的营商环境,赋能数字经济产业创新集群建设,全力打造科技创新和生态人文融合发展新样板。

抓牢创新发展,引领科技前行。创新是引领社会发展的首要驱动力,创新发展注重的是解决发展动力问题。我们必须坚持创新在我国现代化建设全局中的核心地位,全面提升创新能力和效率,牢牢掌握创新发展主动权。自主创新是我国攀登世界科技高峰的必由之路,实现高水平的自立自强,必须增强自主创新能力。太湖科学城功能片区加快引进高端创新要素,增强创新主体活力和内生动力,秉持"发展高科技,实现产业化",着力打造光子、数字与智能、高端医疗器械为主的三大具有国际竞争力和全球影响力的产业创新集群,集聚知识产权、检验检测、云服务、研发设计等各类创新支撑平台100余家,以科技服务高质量发展推动产业创新集群加快建设。

兼顾生态发展,创造美好生活。绿色是可持续发展的核心要素,它不仅代表了永续发展的必要条件,更是人民追求美好生活的重要体现。绿色发展的核心理念在于促进人与自然的和谐共生，它要求我们在推动经济社会发展的同时，必须注重生态环境保护，确保二者能够协同共进。太湖科学城功能片区就是绿色发展的一个典范。该片区坚定秉承绿色发展的生态建设理念，全面落实"一湖一策、一山一策"，充分利用其"真山真水"的优质生态资源，将"科技、山水、人文"融为一体。太湖科学城功能片区所属的苏州高新区拥有得天独厚的自然环境，28千米太湖岸线、56座山体、72个保留村庄，自然湿地面积超110平方千米。不仅为居民提供了宜人的居住环境，推动了乡村旅游的建设，实现三产融合发展，为当地居民创造了丰富的就业机会，引领他们走向富裕。

研学足迹

太湖科学城展示中心： 苏州高新区（虎丘区）嘉陵江路198号太湖光子科技园8号楼。

苏州工业园区展示中心：争第一创唯一，走在前做示范

时光苏记

苏州工业园区位于苏州市城东，1994年2月，经国务院批准设立，同年5月实施启动，行政区划面积278平方千米（其中，中新合作区80平方千米），是中国和新加坡两国政府间的重要合作项目，被誉为"中国改革开放的重要窗口"和"国际合作的成功范例"。2018年，苏州工业园区入选江苏省改革开放40周年先进集体。2023年，苏州工业园区地区生产总值3 686亿元，成为全国开放程度高、发展质效好、创新活力强、营商环境优的区域之一，在国家级经济开发区综合考评中实现八连冠，跻身科技部建设世界一流高科技园区行列。

苏州工业园展示中心位于苏州工业园区档案大厦D区，建筑面积15 000平方米，布展面积12 000平方米，集中展示苏州工业园区开发建设以来的经济社会与城市建设的主要成就和未来发展规划。一层为苏州工业园区开发建设综合成果专题展区，分为序厅、园区概况、高质量发展、合作机制、聚力创新、聚焦富民等板块。二层展示苏州工业园区的总体规划、重点片区规划，包括规划模型、数字沙盘等。三层从专项规划角度对苏州工业园区规划进行纵向贯穿演绎，以"work、live、play"为主题引出我的园区我的家、以水为魂的城市空间、生态园区、产业规划、基础设施、综合交通、智慧园区、立体有机城市八大板块。

苏州工业园区展示中心

◆ 薪火传承

苏州工业园区自创立以来,凭借"借鉴、创新、圆融、共赢"的独特经验,在经济发展的道路上后来居上,成为中国开发区建设的典范。它注重科技创新和高质量发展,坚定不移地朝着建设具有国际影响力的科技创新中心这一目标迈进,为中国式现代化道路注入了新的活力。

展示园区经验内涵。苏州工业园区创立于1994年,当时在苏州全市160多个乡镇排名中,苏州工业园区开发建设所涉及的5个乡镇位居中下,属于经济相对不发达地区。其建立比中国首批经济技术开发区整整晚了10年,但是凭借"借鉴、创新、圆融、

共赢"的"园区经验"后来居上,仅用10年时间实现了区域主要经济指标达到1993年苏州全市域的水平,相当于"再造一个新苏州"。苏州工业园区遵循"产城融合"理念,保持"创业、创新、创优"的勇气和胆略,全区上下形成"勇于争第一,敢于创唯一"的发展氛围,三十年砥砺前行,建成了一座以优质产业为基石、以科创平台为阵地、以创新生态为底色的现代化园区,书写了中国开发区建设史上的宏伟传奇。

勇当科技创新尖兵。习近平总书记考察江苏时,赞叹苏州工业园区在科技创新、高质量发展上走在前列,"值得看,看了让我对实现高水平科技自立自强有了底气",并再次嘱托"要把苏州工业园区建成具有国际影响力的科技创新中心"。苏州工业园区坚持走科技现代化与中国式现代化道路,规避西方工业城市转型陷阱,坚守实体经济根本,推动产业向价值链中高端迈进,横向嵌入国内国际大循环体,服务构建新发展格局,努力打造具有世界聚合力的双向开放节点,纵深嵌入先进技术及高端产品体系,塑造以战略性新兴产业、未来产业为新的支撑的产业发展格局,打造具有世界竞争力的现代产业高地。

◆ 研学足迹

苏州工业园区展示中心:苏州工业园区苏州大道328号。

"与时俱进的昆山之路"成果展展馆：弘扬精神内核，激发经济活力

时光苏记

作为苏州"三大法宝"之一的"与时俱进的昆山之路"成果展展馆位于昆山科技文化博览中心的东区二楼，中心其他部分还有西区的昆山市人大代表之家，东区三楼的新时代文明实践中心、昆仑堂美术馆，东区四楼的昆山市党员政治生活馆、清廉教育馆等。

"与时俱进的昆山之路"成果展全面展示了昆山深入贯彻落实习近平新时代中国特色社会主义思想及党的二十大精神，完整准确全面贯彻新发展理念，生动体现"昆山之路"的精神内涵、发展历程和显著成就，以及新时代高质量发展的昆山探索与实践。展览共五个篇章：峥嵘岁月——精神内涵与发展历程；春华秋实——贯彻新发展理念；走进新时代——推动高质量发展；党建引领——不忘初心、牢记使命；2035城市规划——全新一跃。青年学子可以从中直观地了解昆山改革开放40多年来在峥嵘岁月中的起步与发展，深刻地领略在不同时期"昆山之路"精神所具有的时代内涵，全面理解昆山打造"生态宜居的科技之城"的美好愿景。

"与时俱进的昆山之路"成果展充分运用声、光、电及场景复原、LED天幕、纱幕影院等现代展示技术和手法，生动诠释

了"敢想、敢当、敢为""不等、不靠、不要""唯实、扬长、奋斗"的"昆山之路"核心内涵,全面展示了昆山经济社会发展的历史和成就,是大众了解认识昆山的重要窗口,也是昆山广大干部群众重温奋斗历程、不忘初心、牢记使命的重要场所。

昆山科技文化博览中心

◆ 薪火传承

"昆山之路"是一条以"敢闯敢试、唯实唯干、奋斗奋进、创新创优"为精神内核的发展之路,它指引昆山实现从农业县到全国百强县首位的蜕变与跃迁,彰显了昆山人民永不自满、永不停步的进取精神。在新的历史征程上,昆山将以更高的目标、更大的决心,开创新时代的发展篇章。

弘扬"昆山之路"的精神内核。 习近平总书记指出,推进中国式现代化是一个系统工程,首先要处理好顶层设计与实践探索的关系。昆山坚持改革开放,大胆探索、敢为人先,自主筹措资金建设开发区,积极争取中央和上级政府的授权与放权,实现"从单一的农业经济向农副工全面发展、从产品经济向有计划的商品经济、从内向型经济向外向型经济"的"三大转移"。昆山人坚定理想信念，坚持发展为第一要务，坚持薪火相传，在接力中加速，在加速中创新，在创新中发展，走出了一条"以改革开放为时代特征、以创业创新创优为精神动力、以人民幸福为不懈追求"的"昆山之路"。

领跑县域经济的先行典范。改革开放之初，昆山是典型的农业县，经济在苏州市下辖各县中排名末位。昆山从零起步，风雨兼程，披荆斩棘，实现了农转工、内转外、散转聚、低转高、大转强的跨越，甩掉了苏州市辖县"小六子"的末位帽子，连续19年坐稳了全国百强县第一的位置。2009年4月，习近平总书记在江苏调研时指出，"昆山的发展现在已经处于一个标杆地位""像昆山这样的地方，包括苏州，现代化应该是一个可以去勾画的目标"。昆山以不足全国万分之一的土地，贡献了全国4‰的GDP，使用了全国9‰的外资，创造了全国1.6%的进出口额。在新的历史征程上，昆山保持永不自满、永不停步、永不懈怠的进取精神，不断追求更高更远的目标，持续推进机制创新和环境优化，打造投资创业的首选地，开创新时代"昆山之路"。

◆ 研学足迹

"与时俱进的昆山之路"成果展展馆：昆山市前进中路109号。

张家港城市展示馆：创新促发展，文明展魅力

◆ 时光苏记

"张家港精神"是张家港的城市之魂、力量之源，也是苏州"三大法宝"之一。张家港城市展示馆是张家港市文化中心"六馆一院"的重要组成部分，是大众了解张家港城市发展、参与城市规划、展示城市形象、传播城市文化的重要载体，还是张家港市对外交流、接待来访的重要场所。

张家港城市展示馆建筑面积 7 000 平方米，共 3 层。其中展示区面积 3 800 平方米，划分为公示厅、巡礼·城市印象厅、溯源·城市记忆厅、聚焦·城市经济厅、揽胜·城市建设厅及筑梦·城市未来厅，向公众全方位地展示张家港市的昨天、今天和明天。

展示馆借助香樟树型柱、《张家港赋》、城市壁挂地图、张家港城市荣誉 LED 墙等，直观立体地介绍了城市概况；并通过时间轴、艺术图文集、金村庙会幻影成像、历史名人墙，全方位展示了张家港的历史沿革、古代遗址、社会文化和名人名贤；还采取新型的布展模式，大量采用高科技手段，将动态的显示设备、便捷的导览系统、多媒体、地面多点感应、电子翻书、多通道投影等现代声光电技术融入多项展示环节，形象地展示了张家港的历史变迁和城市风貌及"一城、双核、五片区"的城市规划，全

面展示了张家港市"两区一园"城市建设所取得的主要成就和五片区的规划建设成果及未来张家港规划建设的宏伟蓝图。同时注重大众的参与互动,专门设置了立体

张家港城市展示馆

地图演示查询和 3D 虚拟影院、多款互动游戏等,颇具专业性、知识性、互动性、趣味性和艺术性。

◆ 薪火传承

　　张家港是文明与精神的融合之地,是梦想与拼搏的交会之城。在改革开放的春风中,张家港人民以不屈精神和创新魄力,实现了从贫弱到繁荣的历史性跨越。他们负重奋进,创造了令人瞩目的"张家港速度"。同时,注重物质文明与精神文明协调发展,积累了丰富的"张家港经验"。

　　敢于争先为核心的"张家港精神"。张家港的前身是 1962 年由常熟、江阴各划出部分边远公社建立而成的沙洲县,底子薄、经济基础薄弱。但沙洲人民吃苦耐劳、敢闯敢拼,胸怀对美好生活的向往。1992 年,张家港相继提出"三超一争",全市上下破

釜沉舟、背水一战,抢建全国第一家内河港型保税区、修通全国县级市第一条高等级公路、建起全国第一条城市步行街。改革开放的实践孕育了"团结拼搏、负重奋进、自加压力、敢于争先"的"张家港精神","张家港精神"又催生了令人惊叹的"张家港速度",创造了一个又一个"张家港奇迹",张家港实现了从"苏南边角料"到明星城市的精彩蝶变。

两个文明相协调的"张家港经验"。张家港在负重奋进的历程中,物质文明上去了,精神文明也没落下。1994年通过国家卫生城市验收后,张家港率先开展群众性精神文明建设活动,激起了大江南北创建文明城的热潮。一年后,中宣部、国务院办公厅在张家港召开全国精神文明建设经验交流会,向全国推广"一把手抓两手,两手抓两手硬"的"张家港经验",张家港成为全国文明城市的策源地。历届市委、市政府把深化文明城市创建作为"一把手"工程,一棒接着一棒传,一任接着一任干。自2005年10月荣获首届全国文明城市的"金字招牌"以来,张家港成为唯一连续六次蝉联全国文明城市的县级市。张家港的成功不仅在于将干净整洁打造成城市的亮丽名片,更在于切实提升了当地居民的幸福感,同时也让每位到访的外来人员都能深切感受到这座城市的魅力。

◆ 研学足迹

张家港城市展示馆:张家港市东苑路288号。

苏州文化艺术中心：古与今交融，中与西碰撞

◆ 时光苏记

苏州文化艺术中心坐落在风景秀丽的金鸡湖景区，是苏州标志性的文化高地、多元化的艺术殿堂、国际化的交流平台，也是百姓的精神家园。苏州文化艺术中心是苏州市地标性的文化艺术综合体，占地面积近15万平方米，集合了大剧院、大道喜剧院、金鸡湖音乐厅、映剧场4个剧场，以及苏艺影城、美术馆、文化馆、苏艺培训和餐饮商业，同时也是苏州交响乐团、苏州芭蕾舞团的驻地。作为苏州的文化地标，苏州文化艺术中心已成为助力美好生活、生产和普及高雅艺术的重要基地，同时也是传播主流意识形态、弘扬主旋律、传递正能量的重要思想阵地。

苏州一直在全力打响"江南文化"品牌，推进文化产业倍增计划。苏州文化艺术中心力争建成"繁荣江南文化、打造百剧之城"的最新、最美窗口，赋予城市空间新的灵魂与活力。2022年，苏州文化艺术中心创新升级，推出"苏艺演艺文化集聚区"，以文旅融合为指引，改造新增8个小剧场，在金鸡湖边形成"好戏天天有"的"12+N"戏剧部落，引领潮流时尚新消费。还推出"艺创空间"，推进文化产业转型升级，为演艺行业品牌落户、创业孵化、内容创制、人才培育、业务发展等提供全方位的服务，实现人才、内容、渠道、资本的汇聚与共享。

苏州文化艺术中心

◆ **薪火传承**

新时代以来,苏州深入贯彻习近平总书记对江苏提出的"文化建设迈上新台阶"的重要指示,不断构筑文化高地,为高质量发展凝聚强大精神力量。苏州文化艺术中心坚持高起点定位,建成文艺新地标,提升城市新能级,汇聚优秀传统艺术与现代高雅艺术,以其创新的理念和多元的文化活动,为苏州乃至全省的文化产业注入了新的活力,成为引领文化发展的风向标。

普及高雅艺术的文化殿堂。改革开放以来,苏州城乡居民收入水平大幅提高,多年来均位居全国前列。在物质生活不断改善的基础上,苏州人民的精神文化需求日益增强,形成了多层次、多样化的文化需求格局。苏州文化艺术中心坚持服务大众、普及高雅艺术、助力美好生活的初心,成为苏州乃至全省文化产业示范基地与表演艺术中心。为了满足苏州人民对高品质文化的追求,苏州文化艺术中心积极引进世界一流的艺术团体,如德国德累斯顿国立管弦乐团、匈牙利布达佩斯节日交响乐团、德国巴伐利亚广播交响乐团、德国法兰克福广播交响乐团及芬兰拉蒂交响乐团等。这些顶级艺术团体为苏州人民带来了震撼心灵的艺术盛宴，潜移默化地提升了其文化素养和审美水平。

传承江南文化的姑苏雅集。法国建筑师设计师保罗·安德鲁巧妙地以珍珠、丝绸和园林这些苏州元素为基础提出了设计的核心理念，"一颗珍珠、一段墙和一个园林"。苏州文化艺术中心建筑整体外观呈月牙形，开口伸向湖心，"月牙"当中怀抱着娇艳欲滴的"珍珠岩"，展现了建筑美学的深邃立意。这座中心不仅是一个汇聚活力和创意的文化高地，也是一个融合露天广场、集市、灯光音乐秀、昆曲、舞蹈等多元文化表演的古风民乐下的苏州雅集。人们可以身临其境地体验苏州传统文化的深厚底蕴，感受东方美学的独特韵味。随着苏艺雅集的开市，以"千姿百艺'国际貌'，熏光柔影'苏州心'"为主题的庭院艺术演艺光影项目也同步呈现，将新苏式生活的惬意与东方传统美学相融合，散发出人间烟火的气息，为人们带来视觉与心灵的盛宴。

◆ 研学足迹

苏州文化艺术中心：苏州工业园区观枫街1号。

苏州湾文化中心：享自然馈赠，受艺术熏陶

◆ 时光苏记

临湖而建的苏州湾文化中心位于吴江区太湖新城东太湖旅游度假区，拥揽苏州湾大剧院、苏州湾博物馆、苏州湾数字艺术馆等，是一座具有江南韵、国际范、未来感的文化地标。

苏州湾文化中心总面积为 215 000 平方米，沿着城市轴线在其南北两侧分布南北两个片区。北侧包括 1 个 1 600 座的歌剧院，1 个 600 座的戏剧厅，10 余间排练厅、1 个圆形艺文空间；南侧包括博物馆，展览中心，会议中心。两者通过地下一层的车库和一层的购物中心连成一个整体，从湖上的行人轴线处展望，两侧就像两片"翅翼"。有别于现代主义的方盒子，建筑师设计了一根长条状的"飘带"，形如"∞"，从建筑顶端的一片"翅翼"绕至另一片，接着越过立面，在距地面 40 米处与行人轴线交叉，以构筑通往湖水的视觉开口，高低两条钢结构"飘带"交织成标志性的建筑特征，它既是大剧院的屋顶，也是博览中心的侧壁。同时，看似柔软的"飘带"充当了桥梁和沿太湖观景台，"飘带"的两个环圈覆盖了行人轴线与湖泊交汇处的中央大道，这一中心位置便于大众自由访问分布在轴线南北两侧的众多文化设施，"飘带"将人从湖畔带到空中再到地面，与伸入太湖的"8"字形阅湖回廊垂直汇合。

第二章 辉煌成就

苏州湾文化中心如同一个巨大的城市露台，大众可以随意抵达，亲近湖水和天空，同时被"飘带"环绕。作为将大剧院、影院、博物馆等场馆和功能融于一体的城市文化综合体，是大众体验太湖自然风光和文化艺术的好去处。

苏州湾文化中心（摄影：倪浩文）

◆ 薪火传承

苏州湾文化中心是融传统与现代于一体的建筑杰作，它凭借独特的空间意象和丰富的文化元素，成为城市的新地标。这里不仅是艺术的殿堂，也是公共文化的聚集地，展现着现代城市的品位与活力。

融合传统文化元素的现代建筑空间意象。 苏州湾文化中心建筑体由建筑大师克里斯蒂安·德·包赞巴克设计，他将法式浪漫融入水韵苏州和丝绸江南的理念，在苏州湾大剧院的屋顶，用银色金属"飘带"在湖滨构造出"莫比乌斯环"，流动的线条

勾勒出江南水乡，也体现出中国传统哲学中的阴阳交替之意，隽秀灵动而又气势磅礴。设计师将中华文化的精神符号融入这座苏州人的城市艺文新地标之中，寓意江南文脉的现代诗意栖居之所。

彰显现代城市品位的公共文化服务空间。苏州湾文化中心既是吴韵江南的鲜活呈现，也是公共文化服务现代化先行的生动实践，以新场景、新内容、新业态，打造演艺、会展、文化、艺术、旅游、餐饮于一体的文旅融合体验空间，创新推动演出文化、数字文化、历史文化等产业的高质量发展，以艺术为媒，实现大众与艺术的双向奔赴，满足他们对美好生活的向往。从江南曲巷的城市肌理一路延伸，苏州湾向太湖敞开胸怀，作为城市演化的前沿要地，苏州湾文化中心以一种新的尺度回应人文传统与现代性之间的关系，展现古老而富有活力的城市性格，演绎"天人之际"的中国哲学与诗意，开启新的城市历史。

◆ **研学足迹**

苏州湾文化中心：苏州市吴江区东太湖大道 12000 号。

金鸡湖景区：邂逅 YOUNG 苏州，情定金鸡湖

时光苏记

金鸡湖景区是开放式国家 AAAAA 级旅游景区，位于苏州工业园区金鸡湖商务区。景区总面积 11.5 平方千米，其中水域面积 7.4 平方千米。作为全国唯一"国家商务旅游示范区"的集中展示区和核心区，金鸡湖景区与园林古城交相辉映，共同构成苏州旅游"古韵今风"的双面绣。

金鸡湖景区拥有十大景观——"苏州中心""东方之门""音乐喷泉""文化艺术中心""月光码头""诚品书店""圆融天幕""国金中心""望湖角""李公堤"，14 千米的环金鸡湖步道串联其中，漫步于此，可享低碳健康生活。5 座风格迥异的水上栈桥，让青年学子走进金鸡湖，在湖中观景，感受人湖合一的浪漫。中国大陆首家诚品书店，注入文艺、时尚，已然成为文艺青年的时尚打卡胜地；位于李公堤的姚建萍刺绣艺术馆、蔡云娣江南三雕艺术馆、中国基金博物馆、明美术馆等 10 余家展馆，带来苏州传统与现代相结合的文化体验；苏州"小鸟巢"文化艺术中心，是中国电影金鸡奖永久评奖基地，苏州交响乐团、苏州芭蕾舞团、金鸡湖美术馆等聚集于此，带来文化的饕餮盛宴。如珍珠般散落在金鸡湖畔的苏州国际博览中心、圆融时代广场、久光百货、新光天地、中茵皇冠假日酒店、洲际酒店、凯悦酒店等商业载体，

为大众提供一站式服务。

金鸡湖景区见证了苏州由古老传统向现代开放的转变，是苏州抓住历史机遇，从轻工业、代加工产业转型升级为电子信息、生物医学、材料科学等一系列高新技术产业以及与传统江南文化相融合的现代化旅游产业的最好诠释。

金鸡湖景区

薪火传承

金鸡湖景区，集古今文化之大成，绘现代江南之风华。立足"大旅游"视野，融合多业态之精髓，展现苏州"古韵今风"之独特魅力，构建本土与国际的对话交流，共绘文旅融合新篇章。

文汇古今打造文化体验新场景。"园区即景区、商务即旅游"，金鸡湖景区立足"大旅游""大经济"格局，金融、文化、旅游、会展、体育、商业等多业态高度集聚、多要素充分融合，勾勒了蓬勃大气的现代江南画卷。景区在管理上推进智能交互系统普及，无人小巴、无人清扫、无人售卖及智能网联公交场景布局已经完成，为青年学子提供精细、便捷、高效的旅游公共服务，以及传统与现代相结合的文化体验，在这里既可以感受到苏州传统文化的细腻温婉，又可以体会到苏州现代化发展的澎湃活力。

接轨世界探索文旅相融新方向。景区内一系列国际性文化品牌IP和活动在湖畔轮番上演，iSING!Suzhou国际青年歌唱家艺术节、"我中意你"中意文化交流节、苏州金鸡湖中法文化艺术周等接轨国际活动彰显城市文化影响力。节庆活动丰富，亮点纷呈，每年定期举办的金鸡湖艺术节、金鸡湖国际半程马拉松、金鸡湖龙舟赛、金鸡湖帆船赛、金鸡湖桃花节、金鸡湖双年展等节庆活动，已成为景区亮丽的旅游名片，生动展现了"创新之城、非凡园区"的澎湃活力。金鸡湖通过多元文化交会、时尚潮流的跨国交流文旅活动，搭建起国际化的跨国交流互动平台，成为园区看世界、世界观园区的最佳窗口。

◆ 研学足迹

金鸡湖景区：苏州工业园区星湖街、星港街、现代大道、金鸡湖大道之间及周边范围。

苏州生物医药产业园党群服务中心：党建引领，科创聚力

◆ 时光苏记

苏州生物医药产业园党群服务中心坐落在苏州生物医药产业园一期A1南座1楼，于2019年3月正式启用，总面积300多

苏州生物医药产业园

平方米,是集活动、培训、参观、交流等功能于一体的党建服务平台。服务中心设有中心展示区、学习交流区、培训活动区,为苏州生物医药产业园内企业和"两新"党组织提供免费活动场地,与苏州工业园区律协共同为企业和个人提供免费法律咨询服务。2019年被评为苏州市国资系统"海棠花红"先锋阵地。

近年来,苏州工业园区将生物医药产业作为引领未来发展的"一号产业",聚焦发展新药研发、高端医疗器械、生物技术及新型疗法三大重点领域,集聚最优资源,集中最优政策,营造最优环境,保持强劲发展势头,近三年创新型龙头企业数量、创新型人才规模、获批生物创新药临床批件数量、生物大分子药物总产能、企业融资总额5项指标均占全国20%以上,综合竞争力位列全国第二,产业竞争力、人才竞争力位列全国第一。在2023最新中国生物医药园区竞争力排行榜中,苏州工业园区综合竞争力保持第二,产业竞争力跃居第一,稳居全国第一方阵。截至2023年年底,园区生物医药及大健康产业产值达1 523亿元。

产业园载体面积3.5平方千米,入驻企业620家,其中上市企业24家,累计融资金额超1 000亿元,正朝着世界一流的生物产业生态圈迈进。2021

年 3 月，科技部批复同意以苏州市生物医药产业创新中心为主体建设国家生物药技术创新中心，这是我国生物医药领域首个获批的国家技术创新中心。苏州生物医药产业园是苏州最具代表性和竞争力的产业园之一，是苏州经济发展和科技创新的一个缩影。

◆ 薪火传承

苏州生物医药产业园聚焦核心领域，优化资源配置，汇聚顶尖人才与创新企业，以卓越的综合竞争力领跑全国。党群服务中心作为精神堡垒，通过多维度服务激发企业活力，推动产业与社会和谐共进。

党建助力科技创新。依托于苏州工业园区党建链与产业链的融合发展，园区生物医药领域延伸出助力科技创新的党建新生态，充分发挥党建对于生物医药产业的赋能作用，涵盖生产要素汇聚、产业链上下游对接、人才与政策支持等方面。以党建为引领，打通政府、科研机构与平台、企业、银行等各单位的资源，实现园区生物医药产业"政产学研金服用"的全方位协同发展，汇聚起更为高效的创新联合体，更好地为生物医药产业的企业创新发展赋能增效。

党建引领产业发展。苏州生物医药产业园党群服务中心由苏州工业园区生物产业发展有限公司党委建设运营，依托"双螺旋"党建品牌，推动党建工作、产业发展螺旋上升式健康发展。党委融合打通党群服务中心、生物医药产业展示中心、一站式客服中心、金鸡湖路演中心，创新"四位一体"党建工作模式，从"党建引领产业、党建服务企业、党建服务人才、党建服务社会"四个维度发力，切实将组织优势转化为发展优势，为打造最具代表性标识度、最具影响力竞争力的中国药谷提供先锋力量。

◆ 研学足迹

> 苏州生物医药产业园党群服务中心：苏州工业园区星湖街128号。

本章相关音频

本章相关视频

第三章
科技创新

科技兴则民族兴，科技强则国家强。习近平总书记高度重视科技创新，指出"在激烈的国际竞争中，我们要开辟发展新领域新赛道、塑造发展新动能新优势，从根本上说，还是要依靠科技创新"，"我们能不能如期全面建成社会主义现代化强国，关键看科技自立自强"。为此，习近平总书记围绕实施创新驱动发展战略、加快推进以科技创新为核心的全面创新，提出了一系列新思想、新论断、新要求。作为工业大市、经济强市，苏州积极发挥产业优势，着力优化科创布局，始终以推动高水平科技自立自强为主线，持续推进自主创新和开放创新，不断加快高水平创新型城市建设。同时，苏州加速集聚人才，夯实科技创新的人才根基，更好地引进人才、留住人才、用好人才。2023年7月1日起，《苏州市科技创新促进条例》正式施行，这是苏州市首部科技创新综合性地方法规，标志着苏州将用法治护航，从科学技术研究、科技成果转化、科技金融服务等多个维度，激发科技创新的更大活力。

太湖光子科技园：聚焦光子产业新发展，打造光子产业新标杆

时光苏记

太湖光子科技园，坐落于太湖科学城核心区域，占地面积约 120 000 平方米，总建筑面积约 500 000 平方米，共 11 幢建筑。

太湖光子科技园由研发创新区、科研中试区、产业示范区、中央配套区等四大功能区构成，涵盖产业研发、科技孵化、商务办公、展示平台和国际交流等功能，是苏州市特色产业园区、省服务业重大重点项目、苏州市数字经济产业十大园区之一。作为江苏省乃至全国重要的光子和信息产业基地，以及科技创新型人才、研发机构和高科技企业的集聚辐射平台，太湖光子科技园重点引进、培育和发展云计算、人工智能、大数据、集成电路等新一代信息技术等战略性新兴产业。目前，科技园已入驻翼鸥教育、美云智数、克诺尔集团、莱斯能特等近 30 家企业。

面向未来，太湖光子科技园将打造成苏州市创新创业发展高地和智慧产城社区标杆、长三角地区服务业和自主创新的重要载体，全力推动信息领域核心技术的突破，助力长三角及中国参与全球资源配置和竞争能力的提升，为中国在新一轮科技变革与产业变革中抢占国际竞争制高点贡献苏州力量。

太湖光子科技园

◆ **薪火传承**

习近平总书记在江苏考察中指出，高科技园区在科技自立自强中承担着重大而光荣的历史使命。随着科技的不断进步，光子产业作为新兴产业，正逐渐成为推动经济发展的新引擎。苏州凭借前瞻的战略眼光，通过产业融合、数字化赋能和产学研深度融合，以高新区为全市光子产业发展的重要基地，依托太湖光子科技园等高质量载体，合力建设一流太湖光子中心，打造千亿级光子产业集群，引领产业未来发展新方向。

聚焦顶层设计，打造产业发展高地。 2022年8月，苏州市委、市政府决定在太湖科学城设立太湖光子中心，聚焦光芯片、光器件等领域，进一步强化全市资源协同联动，打造全国光子产业发展高地，通过集结全市的光子产业核心企业、院校机构等力量，共同组建苏州市光子产业联盟。同时，太湖光子中心协同创新平台的启用，为产业内的协同创新提供有力支撑。自太湖光子中心创立以来，苏州高新区注重发挥政府的引导作用，成立由主要领

导担任"第一组长"的太湖光子中心建设专班,组建光子公司,出台"高光 20 条"政策,并设立总规模百亿元的产业投资基金。在产业载体建设方面,规划建设太湖光子科技园,为企业落户和发展提供优质载体保障。创建光子领域国家级创新中心和全国重点实验室,进一步提升苏州在光子领域的研发能力和品牌影响力。在产业生态构建方面,推进光子产业基础工艺和创新服务平台建设,增强产业服务和创新对接能力,做优光子产业集群生态。

做好架桥铺路,促进成果就地转化。太湖光子科技园加大与各大光机所、重点实验室等科研院所机构的合作力度,提升科技创新和产业创新的对接效率,提升科技成果转化的水平。2023 年 9 月 14 日,第二届江苏省产学研合作对接大会——苏州光子产业创新集群产学研专题对接会在太湖光子科技园举行,对接会聚焦产学研融合发展,瞄准产业科技创新中心目标,通过促进高校、院所、企业开展产学研合作对接,提高科技创新能力、促进科技成果转化,推动苏州光子产业高质量发展。

◎ 研学足迹

太湖光子科技园:苏州高新区(虎丘区)嘉陵江路 198 号。

姑苏实验室：抓住战略机遇，发展自主创新

◆ 时光苏记

姑苏实验室坐落在苏州工业园区，占地面积约 330 000 平方米，规划总投资 200 亿元，是面向材料领域、瞄准国家实验室建设标准和国际一流水准建设的新型研发机构，是苏州市委、市政府举全市之力打造的重大科技创新平台，已获批"省属科研事业单位"和首批"江苏省实验室"。

作为国家战略科技力量的重要支撑，姑苏实验室围绕国家战略布局，积极参与重大课题凝练、重大任务承接、攻关团队组建和人才梯队培养，努力提升创新策源能力。同时加快推进技术研发接力和科技成果转化，为国家战略科技力量和地方产业创新发展提供有力保障。聚焦苏州市四大主导产业和园区三大新兴产业，根据产业需求，凝聚攻关方向。组织整合高校院所、新型研发机构、企业研发机构等科技创新力量及科研平台资源，对接支持国家技术创新中心特别是第三代半导体国创中心，构建雁阵形创新体系，促进创新资源开放共享，共同推动产业转型升级，提升城市创新能级。

姑苏实验室的设立不仅是承接国家战略的需要，更是支撑苏州未来发展的需要，有利于提升苏州的区域竞争力，发挥苏州的产业优势。立足江苏省实验室建设使命，姑苏实验室将以省市重

大产业需求为牵引，集聚高端资源，创新体制机制，做好应用基础研究和高新技术研究。姑苏实验室通过探索科学研究与技术研发、技术咨询与服务、高层次科技人才培养、科研基础平台建设与开放共享、科技成果交易转化、国内外科技合作交流等新模式、新路径，力争成为省实验室的特色标杆和优秀示范。

姑苏实验室

◆ 薪火传承

在科技强国的征途上，姑苏实验室秉持创新驱动理念，深化体制改革，破解科技与产业脱节难题。通过汇聚全球顶尖人才、推进颠覆性技术研发，姑苏实验室在材料科学领域取得显著突破，为国家战略安全和社会经济发展提供了有力支撑，正逐步成为世界一流的科技创新高地。

遵循创新发展规律，履行科技自主创新使命担当。习近平总书记指出，"中国要强盛、要复兴，就一定要大力发展科学技术，努力成为世界主要科学中心和创新高地"。姑苏实验室与上百家科技行业企业、高科技公司展开紧密合作与深入交流，共同探索科技创新的边界。在此过程中，姑苏实验室取得了一系列令人瞩目的原创性成果，攻克了一批制约我国战略安全和社会经济发展的"卡脖子"技术，进而跻身世界一流材料实验室行列。姑苏实验室在重大颠覆性技术项目方面也取得了突破性进展。例如，"固态纳米孔 DNA 测序仪"项目的成功研发，为基因测序领域带来了革命性的变革；"基于纳米气体传感器的人工嗅觉平台"的创建，则为人工智能赋予了新的感知能力；"三维智能视觉芯片与系统"的研发，更是为智能视觉处理领域开辟了全新的应用前景。

利用科技管理规律，聚力苏州创新做强产业建设。习近平总书记指出，"坚持以深化改革激发创新活力，推出一系列科技体制改革重大举措，加强创新驱动系统能力整合，打通科技和经济社会发展通道，不断释放创新潜能，加速聚集创新要素，提升国家创新体系整体效能"。姑苏实验室作为苏州科技创新的重要载体，自成立以来就致力于破解科技与产业"两张皮"的难题。通过坚持"科技创新"和"制度创新"双轮驱动，姑苏实验室不仅瞄准国家战略需求和地方产业需要，更直接对接市场需求，实现产学研的高效融合。在体制机制创新方面，姑苏实验室探索出了一系列有效的做法。例如，通过建立实验室矩阵式管理模式，实现科研资源的优化配置和高效利用；通过搭建开放式合作研究平台，吸引众多国内外优秀科研团队和企业的参与，推动科技成果的快速转化。

根据人才成长规律,打造高水平创新动能策源地。 习近平总书记指出,"坚持创新驱动实质是人才驱动,强调人才是创新的第一资源,不断改善人才发展环境、激发人才创造活力,大力培养造就一大批具有全球视野和国际水平的战略科技人才、科技领军人才、青年科技人才和高水平创新团队"。姑苏实验室实行"全员聘用制",在项目攻关团队的负责人及核心骨干人员的选拔和任用上,探索更加灵活高效的模式。姑苏实验室在短短 5 年左右的一期建设中,成功吸引了超过 1 000 名的科研、技术及管理精英人才加盟。展望未来,姑苏实验室制定了雄心勃勃的发展规划:力争到 2030 年,骨干人员规模翻番,达到 3 000 名以上;同时,集聚并造就 30 个以上在国际上享有盛誉的顶尖人才(团队)。

◆ **研学足迹**

姑苏实验室:苏州工业园区若水路 388 号。

苏州湾数字艺术馆：科技与文化的碰撞交融，高质量发展的文化名片

◆ 时光苏记

苏州湾数字艺术馆位于苏州吴江区苏州湾文化中心南区，总建筑面积约 14 000 平方米，展厅面积约 5 000 平方米，包括 2 个常设展厅、2 个特展厅，并配有公教中心、多功能厅、艺术商店、艺术餐饮等多业态空间。苏州湾数字艺术馆是一座集数字艺术展览、演出、科技创新、文化交流于一体的现代化文化科技馆，也是吴江文化产业高质量数字化发展的典型成果。

在视觉艺术、视觉健康、视觉典藏及智慧科技等方面，苏州湾数字艺术馆为公众呈现了一个多业态、多功能、多感知的数字艺术空间。数字艺术展"灵境——未来灵感世界"，以极具创意和交互性的呈现形式创新打造了一个虚实融合的元宇宙空间，生动展现人类历史文明景观、万物多元的超大陆奇观，并构建出充满生机、无限丰盈的未来新世界的灵感空间；视觉健康艺术展"灵眸——瞳趣视界"，融合视觉艺术、眼科学、视光学、脑科学、显示及人机交互等技术，打造出极具科技感的眼健康科普体验空间；"画游千里江山——故宫沉浸艺术展"，围绕传世国宝级长卷《千里江山图》进行数字化演绎，用光影变幻诠释青山绿水，营造身临其境的沉浸式体验，展现中华文化瑰宝的深厚底蕴。这三大创新展览，极具科技感、艺术性

苏州湾数字艺术馆

和科普性。

苏州湾数字艺术馆以独有的全场景数字化体验,打破传统展览空间的限制,展示虚拟的数字艺术作品和交互式、沉浸式艺术展览,成功打造出科技领先、内容丰富、功能多元的具有行业标杆性意义的数字艺术空间。

◆ 薪火传承

苏州湾数字艺术馆是智慧旅游的新标杆,它依托先进数字技术,重塑了苏州的文化艺术体验,让科技与文化深度融合、传统与现代交相辉映。馆内的创新展示与互动体验,为观众开启了一扇通往未来灵感世界的大门。

用数字技术让文旅资源智慧转化。苏州湾数字艺术馆作为文化和旅游部首批全国智慧旅游智慧式体验新空间培育试点项目,以"探索多元,创造连接"为使命,依托 H.629.1 数字艺术显示国际标准产业联盟,将新型显示、VR/AR/XR、传感、AI 算法等领先技术与文化艺术充分融合,加速推动科技与文化融合创新,打造长三角区域数字文化产业新高地。随着文化数字化工作的系统推进，越来越多的数字文化企业在东太湖地区集聚。京东方艺云、落蒂文化、元上跳动、甜橙树影视等企业以中央商务区（CBD）为载体，聚焦数字显示、虚拟直播、数字微电影、元宇宙营销等前沿技术，加快数字技术与本土文化的相互交融和集成创新。在数字技术的助力下，苏州湾数字艺术馆和东太湖地区的数字文化企业共同塑造了一种"更江南"的文化业态。这种业态以数字技术为核心，以江南文化为底蕴，通过创新的方式展现出江南文化的独特魅力和时代价值。

用数字艺术让非遗文化焕发新生。苏州湾数字艺术馆的数字技术新赋能，为苏州非遗保护、传播及推广开辟了新的天地。馆内常设的"灵境——未来灵感世界"展览，以其沉浸式的体验、科技化的手段和互动性的设计，打造出了一个充满未来感的中国式元宇宙空间。在这个元宇宙空间中，"感知苏州"板块通过虚拟与现实的完美融合，将古今姑苏的山水园林、民间风物、以全新的方式呈现。馆内的艺术公共教育品牌"艺术盒子"采用STEAM教学模式，将科技与艺术相结合，探索跨学科的教育理念。2023年5月，馆内启动了"数字园林"项目，该项目通过数字化建模技术，对苏州传统的园林进行了元素解析和重构，让更多人能够领略到苏州园林的独特魅力和深厚内涵。

研学足迹

苏州湾数字艺术馆：苏州市吴江区东太湖大道12000号。

创想科技馆：发挥科普教育基地优势，积极承担科普社会责任

◆ 时光苏记

创想科技馆是以机器人为主题，集展、学、研、游于一体的综合性场馆。作为科沃斯实践社会责任的窗口之一，创想科技馆以科技教育、创新实践、社会科普为责任初心，馆内藏品丰富，聚集了中、美、英、法、日、韩等国家的前沿智能机器人。

创想科技馆拥有六大核心馆区，分别为历史发展区、智慧生活馆、互动体验馆、技术应用馆、机器人实验室、机器人影像馆。创想科技馆内提供丰富多彩的机器人互动体验、展览教育、科普讲座、实践活动等服务内容，通过场景化营造、互动式体验、启发式教育，青年学子在领略机器人奇妙世界的同时，了解机器人发展中的重要技术突破和成就，在与机器人的互动中体验人工智能、运动控制等机器人核心技术，感受科技魅力。

创想科技馆用精心的设计和科学的运维，为机器人行业的快速发展搭建成果展示与技术交流的平台，成为机器人时代的孵化器。创想科技馆通过前沿科技布置呈现、参观交流、馆校合作等方式，打造将当代前沿科技与人类交互场景呈现于大众视野的机会，并围绕机器人主题制作了多部原创影片，使青年学子对机器人行业、产品、应用等能有直观清晰的认识和理解。创想科技馆通过前瞻性的布局，让前沿科技触手可及，让未来看得见。

第三章 科技创新

创想科技馆

◆ **薪火传承**

创想科技馆是青少年科普教育的重要基地，承载着培养青少年科学兴趣和科技素养的使命，它通过丰富多彩的科普实践活动，传递创新理念，激发青少年的创造潜能，为科技人才的培育奠定坚实基础。

履行科普社会责任。作为科沃斯集团旗下的公益项目，创想科技馆承担着向社会公众普及科学知识、展示科技魅力的重任。创想科技馆通过生动有趣的展览和互动体验，让大众深切感受到前沿科技为生活带来的翻天覆地的变化。特别是针对青少年群体，创想科技馆注重引导他们思考、实践和创新，帮助他们树立正确的价值观和科技观。为了更有效地推进科普教育，创想科技馆不仅开展了丰富多样的科学实践活动，还与国内多所学校建立了紧密的合作关系。这些合作不仅激活了优质科普资源的流动性，更使得创想科技馆成为广大青少年的校外实践基地，极大地

扩大了科普教育的覆盖面和影响力,越来越多的青少年得以接触到先进的科技知识,他们的创新思维和创造能力也在这里得到了充分的锻炼和提升。

注重科普能力建设。作为以机器人科技为主题的科普场所,创想科技馆不仅致力于向社会大众普及前沿的机器人科技知识,更传递出一种始终以用户需求为研发导向、不断追求创新的精神。这种精神与科沃斯公司的创新理念相契合,充分展现了科技创新在促进经济社会高质量发展和满足人民群众对美好生活向往中的核心支撑作用。在科普能力建设方面,创想科技馆尤为注重教师团队的专业化建设和优质教育理念的引入。经过精心打造,创想科技馆形成了以中科院博士为核心的专业师资队伍,确保了科普教育的权威性和前沿性。此外,创想科技馆还以科技培育为主题,研发了超过100项的科普课程。这些课程通过公益形式向社会推广,让更多人了解并掌握了机器人科普知识和编程技能。

 研学足迹

创想科技馆:苏州市吴中区友翔路18号。

思必驰对话式人工智能科普展示馆：技术创新与应用落地结合，满足多样化的民生需求

◆ 时光苏记

　　思必驰对话式人工智能科普展示馆由智能家居、智能车载、智慧教育、智慧医疗、智慧金融、AI 生态等展示单元组成，目前已形成以语音语言技术为主干、以声音为核心，将语音技术场景化的展示模式。展示馆展示了语音技术的未来应用前景和科技价值，普及了人工智能语音技术知识，为人工智能产业发展助力。

　　思必驰具备原始创新和应用创新的双轮驱动能力，围绕"云+芯"战略，以对话式 AI 为核心，将 DFM-2 大模型技术与综合全链路技术进行结合，不断提升 AI 软硬件产品的标准化能力和 DUI 平台的规模化定制能力，快速满足数字政企行业场景客户的复杂个性化需求，打造行业语言大模型，赋能产业升级。从 2019 年进入汽车前装领域，思必驰至今已累计"上车"1 000 万辆，量产车型达 160 余款。2022 年，思必驰获批建设"语言计算国家新一代人工智能开放创新平台"，涵盖"语音+语言"全场景对话技术，是江苏省首家获批企业。

　　思必驰始终坚持技术产业报国的初心，高度重视展示馆的

思必驰对话式人工智能科普展示馆

科普效用,未来也将不断致力于人工智能语音技术产品展示、不同领域语音技术产品体验、深度协同人工智能上下游产业,携手产业级合作伙伴共建生态,助力打造中国 AI 命运共同体,推动经济高质量发展。

◆ **薪火传承**

随着人工智能技术的深入发展,智能化生活与工作方式正成为新趋势。思必驰响应国家战略,以科技创新服务民生,推动 AI 在多方场景的实际应用,成功将智能语音技术融入多个生活场景,为社会带来实际效益,展现了科技与民生的和谐共生。

科技创新为人民创造美好生活。习近平总书记指出,"要加强人工智能同保障和改善民生的结合,从保障和改善民生、为人民创造美好生活的需要出发,推动人工智能在人们日常工作、学习、生活中的深度运用,创造更加智能的工作方式和生活方式"。思必驰始终坚持以科技创新为支撑,以社会责任为导向,致力于将最先进的技术应用于民生领域。通过持续的技术创新,思必驰成功将全链路智能语音语言交互技术、方言识别技术等应用于政务、金融、医疗、轨道交通等多个领域，实现了科技与生活的无缝对接。他们的智能化设备不仅能够随时倾听、主动推送、实时交互，更能深入理解方言，打破了语言障碍，让科技更加贴近人民生活。针对老年人和残疾人等特殊群体，思必驰打造了更具适老化和普适性的行业智能化方案。这些方案简单易用，让特殊群体也能轻松享受科技带来的便利。思必驰的努力不仅体现了科技的"向善"力量，更为人民创造了更加美好的生活。

科技创新赋能经济高质量发展。习近平总书记指出，"要推进互联网、大数据、人工智能同实体经济深度融合，做大做强数字经济。要以智能制造为主攻方向推动产业技术变革和优化升级，推动制造业产业模式和企业形态根本性转变，以'鼎新'带动'革故'，以增量带动存量，促进我国产业迈向全球价值链中高端"。思必驰团队一直深耕人工智能技术产业落地，不断升级人机对话系统。2023年，思必驰正式发布DFM-2语言大模型。这意味着我国在人机对话系统自主研发领域取得了重大突破。它将能够快速响应智能汽车、智能家居、消费电子以及金融、轨交、政务等数字政企行业场景客户的复杂个性化需求。这不仅提升了我国在这些领域的服务水平和竞争力，更为产业升级提供了强大的智能支持。

🔷 研学足迹

> 思必驰对话式人工智能科普展示馆：苏州工业园区新平街388号腾飞创新园14号楼。

苏州协鑫未来能源馆：打造数字经济新赛道，激发科技发展新动力

时光苏记

作为2016年国际能源变革论坛的参观场所之一，苏州协鑫未来能源馆，以参观者体验为中心，采用先进的展示技术和手段，集多种最新能源科技为一体。它是中国能源行业首家以全息式立体交互体验为落脚点，以科技化、艺术化、知识化为策展手段，以全方位展示能源与人类文明发展的关系及未来的影响为主要内容的能源高新科技场馆。该馆于2022年被评为"全国科普教育基地"。这一荣誉不仅是对协鑫集团在可再生能源领域科普工作的肯定，更是对其在推动全民科学素质提升方面所做出的重要贡献的认可。

苏州协鑫未来能源馆从光伏产业、创新材料、清洁能源、科技创新、数字能源、智算中心、企业荣誉等方面展现了协鑫集团在促进能源变革上的突破和成就。

协鑫集团所具有的强大核心竞争力，离不开对"科技协鑫、数字协鑫、绿色协鑫"的不懈追求。科技是协鑫集团的第一能源，一直以来，协鑫集团立足新能源、新材料行业一项项创新科技的突破，充分彰显了中国企业在新能源和高端材料领域的自立自强、与时俱进。把协鑫建立在数字的土壤上，以人工智能、物联网、云计算、大数据和区块链等新兴技术形成全新的创造力，通过数字变革、数字思维、数字业务,让数字基因融入协鑫血液,把绿色能源带进生活。协鑫集团始终恪守低碳绿色发展定位,致力于实现绿色技术、绿色产品、绿色服务等一体化发展。

苏州协鑫未来能源馆

◆ 薪火传承

协鑫集团是绿色转型的领军企业,它积极响应国家号召,将绿色低碳理念深植于业务与文化中。通过打造未来能源馆等举措,普及低碳知识,提升公众科学素质,共筑绿色未来。

践行绿色低碳发展理念。习近平总书记在全国生态环境保护大会上指出,要加快推动发展方式绿色低碳转型,坚持把绿色低碳发展作为解决生态环境问题的治本之策,加快形成绿色生产方

式和生活方式，厚植高质量发展的绿色底色。作为积极响应国家号召的先锋企业，协鑫集团一直致力于能源新材料领域的研发与产业发展。该集团不仅将科技创新作为实现"双碳"目标的关键手段，更是将绿色制造理念深植于企业的每一项业务之中。在日常工作中，协鑫集团大力推行低碳办公理念，通过无纸化办公等具体措施，减少碳排放，实现绿色可持续的办公方式。这种理念不仅体现在企业的运营管理上，更融入了企业的文化之中，成为全体员工共同遵循的价值观。

提高公众科学文化素质。作为可再生能源领域的领军企业，协鑫集团注重推行低碳绿色文化，倾力打造苏州协鑫未来能源馆，让公众体验新能源行业现在及未来的发展趋势，感受能源革命驱动文明进步的巨大动力和人类在历次能源革命中的创新实践，增强公众对可再生能源行业的认知，为可再生能源领域科学技术的普及发挥重要的推动作用。

◆ 研学足迹

苏州协鑫未来能源馆：苏州工业园区新庆路28号。

苏州市轨道交通集团有限公司：树立服务大局意识，建设"轨道上的苏州"

◆ 时光苏记

苏州市轨道交通集团有限公司（以下简称"苏州市轨道交通集团"）为市直属大型国有企业，主要承担苏州市轨道交通规划、建设、运营、资源开发及物业保障等工作。苏州市轨道交通集团秉持"为苏州加速，让城市精彩"的使命，让苏州这座古老的园林城市更有魅力，让老百姓的生活更加美好精彩。

苏州市轨道交通集团致力于打造中国经典轨道交通集团，把经典做到极致和典范，做到在中国领先，让世界赞叹。首先，敢为人先，实现了三个全国第一，使苏州成为国内首个建设轨道交通、首个开通轨道交通、首个实现网络化运营的地级市。其次，创新担当，积极打造百年民心工程，立足苏州特殊地质环境及古城保护需要，探索总结了具有特色的"苏州经验"。再次，精致服务，擦亮人文轨交品牌，根据城市发展和市民需要，不断完善公共服务功能。

长期以来，苏州市轨道交通集团充分应用物联网、云计算、大数据、人工智能和数字孪生等技术，进一步提高了线路的安全性和运营效率。苏州轨道交通11号线是苏州首条全过程运用BIM（建筑信息模型）建造和视频集中云储存技术的轨道交通线路，是国内首条应用全自动驾驶技术的市域轨道交通线路。苏州

市轨道交通集团以苏州人特有的刻苦钻研、精益求精、不怕劳苦的鲜明品格，积极探索高效建设轨道交通之路，不断积累经验，总结成功所在，探寻好的管理方式，探究美的经营模式，探索新的发展之道，高效推进集团稳步发展。

◆ **薪火传承**

苏州市轨道交通集团通过构建立体交通网络，有效缓解城市

苏州市轨道交通集团有限公司

交通拥堵问题，提升市民出行效率，推动城市绿色低碳发展。以提升公共服务水平为目标，通过不断创新和优化运营服务，为提升城市治理能力和居民生活品质做出了积极贡献。

构建立体交通网络，为城市治理"加分"。习近平总书记指出，"城市轨道交通是现代大城市交通的发展方向。发展轨道交通是解决大城市病的有效途径，也是建设绿色城市、智能城市的有效途径"。苏州在轨道交通建设上提前研判、科学谋划。截至2023年6月，苏州轨道交通运营里程占公共交通出行的比例超

过50%。首条和上海轨道交通线网实现对接的11号线的开通，不仅极大地便利了两地市民的往来，更是有力地推进了长三角一体化战略实施的进程。作为中国首批智能交通先导应用试点城市之一，苏州在轨道交通智能化方面也取得了显著进展。以6号线港田路站为例，该站已建设成为"城市轨道交通数字化智慧大脑"先导示范站。在这里，智慧大脑驾驶舱、全景运行管理、车站应急联动管理、设备房标准化安装管理、智慧安检、节能管理等一系列智能场景功能得以实现，为乘客提供了更加安全、便捷、舒适的出行体验，也为城市治理现代化提供了新的样本。

提升公共服务水平，为群众幸福"添彩"。城市出行服务是满足人民群众基本出行需求的社会公益性事业，发展公共交通是现代城市发展的方向，是促进交通可持

续发展、提升市民生活品质的有效举措。"深入实施公交优先发展战略,倡导以公共交通为导向的城市发展模式。"苏州市轨道交通集团紧密围绕城市发展大局,以提升公共服务水平为己任,通过便利、安全的轨道交通服务,将苏州各区域紧密连接成一个整体。公司依托科学系统的大数据监控技术,实时掌握轨道交通运营状态,确保乘客出行的安全和舒适,解决市民、游客出行方面的难点、热点问题。此外,公司还推出了一系列具有行业影响力的服务举措。例如,在国内首推"无理由退票",在省内首推"强弱冷车厢",建立了极具苏州特色的轨交图书馆、服务站等设施,开展了"乘着地铁游苏州""乘着地铁去读诗""地铁人·地铁事"等极具苏州特色和轨道交通行业特色的专题活动,让市民、游客在享受便捷出行的同时,也能感受到苏州独特的文化魅力和轨道交通行业的温暖。

◆ 研学足迹

苏州市轨道交通集团有限公司:苏州市姑苏区干将西路668号。

江苏亨通光纤科技有限公司：鲜活的民企党建样本，有效的人才培养体系

◆ 时光苏记

江苏亨通光纤科技有限公司成立于2002年，是一家集通信光纤和特种光纤研发、制造、销售、服务于一体的高新技术企业，是亨通集团"棒—纤—缆"光通信产业链的重要枢纽。

作为中国光纤光网、能源互联网、大数据物联网、新能源新材料等领域的国家创新型企业、高科技国际化产业集团，亨通集团业务覆盖150多个国家和地区，全球光纤网络市场占有率超15%，跻身全球光纤通信前三强，位列中国企业五百强、中国民企百强。近年来，江苏亨通光纤科技有限公司坚持自主创新，国际首创CVVD光纤预制棒制造装备平台与工艺技术，具备光纤的全流程工艺技术平台，自主开发的高速拉丝智能化生产装备达到国际先进水平，充分展现了自身的科研水平和技术创新能力。

公司深入推进集成产品开发模式（IPD），建立完善研发管理体系，通过不断开发新产品、新装备、新工艺，融合制造工艺、质量控制、生产流程管理优势。以创新驱动发展，开发出更多更好的新型高性能光纤产品，为我国宽带信息化建设提供关键材料与器件支撑，成为光纤制造行业的领军企业。2023年世界经济论坛公布的最新一批"灯塔工厂"名单中，亨通集团成功入选，成为首家入选的苏州本土民营企业。

亨通集团

◆ 薪火传承

亨通集团深入贯彻习近平总书记关于民营企业的重要指示精神，以党建引领企业发展，坚守创新核心理念，积极履行社会责任。通过不断探索和实践，亨通集团走出了一条具有中国特色的民营企业高质量发展之路，成为新时代民企的典范。

打造基层党建的民企样本。习近平总书记指出，"弘扬优秀企业家精神，做爱国敬业、守法经营、创业创新、回报社会的典范"。亨通集团围绕"党建强企业强、企业强党建更强"的"双强"党建理念，坚定不移跟党走正道、依法守商道、诚信讲公道、治理上轨道、发展不偏道的中国特色民营企业高质量发展之路，争当新时代民企"四个典范"。多年来，亨通集团党委以"统筹型党委、堡垒型支部、旗帜型党员"为党建定位，深入开展雁阵式党建、融入式党建、心连心党建、廉洁型党建、智能化党建等创新实践，被全国党建研究会评为全国非公党建发挥实质作用创新案例。亨通集团的发展证明，党建为民营经济健康发展注入了强大信心和动力，有力地促进了民营企业健康发展和民营企业家健康成长。

构建科技创新的生态体系。高质量发展对民营经济发展提出了更高要求。习近平总书记指出，"有能力、有条件的民营企业要加强自主创新，在推进科技自立自强和科技成果转化中发挥更大作用"。亨通集团始终瞄准科技前沿，紧跟国家战略，实施科技引领创新驱动战略。亨通集团数十年始终坚守创新核心理念，在实践中构建起"以战略创新为前提、人才创新为依托、技术创新为重点、机制创新为关键、资本创新为纽带"的创新生态体系，形成了创新资源共享化、创新载体平台化、创新机制生态化、创新人才一体化、创新成果产业化的创新文化。亨通集团坚持自主创新、自立自强，实现了光通信关键核心技术自主可控，把光通信全产业链发展命脉牢牢掌握在自己手里。

坚守回馈社会的公益情怀。习近平总书记指出，"民营企业

家要增强家国情怀，自觉践行以人民为中心的发展思想，增强先富带后富、促进共同富裕的责任感和使命感"。亨通集团坚持把社会责任作为企业第一责任，党的十八大以来，投身全国及省内老少边穷地区的精准扶贫、教育扶贫、老区扶贫、产业扶贫等精准帮扶行动，积极参与光彩事业，慈善足迹遍及全国半数以上省份，包括40多个县、100多个村。先后荣获全国"万企帮万村"先进民营企业、全国脱贫攻坚奖奉献奖、中华慈善奖、中国光彩事业突出贡献奖、中国十大慈善家等殊荣，入选全国工商联中国民营企业社会责任前三强、中国民企社会责任报告蓝皮书优秀案例。

◆ 研学足迹

江苏亨通光纤科技有限公司：苏州市吴江区亨通路100号。

量子科技长三角产业创新中心：聚焦量子科技领域，助推经济高质量发展

◆ 时光苏记

量子科技长三角产业创新中心由苏州市人民政府、中国电子科技集团有限公司、相城区人民政府与中国电子科技集团有限公司电子科学研究院四方共建。创新中心瞄准量子科技领域，以发展和推动量子科技产业为目标，以突破国家重大战略需求、攻克重大技术瓶颈、解决行业重大科技问题为使命，共同打造量子科技相关产业领域高端人才和高新技术企业的集聚区，2022年获评江苏省新型研发机构、中国电科重点实验室。

量子科技长三角产业创新中心展厅介绍了目前我国量子科技产业的发展现状、现有基础、技术体系、中长期发展战略及产业前景，同时在量子产业方面做了初步布局展示，主要是在量子芯片的设计、仿真、低温环境系统的设计仿真、测控系统的设计。此外，对量子芯片自动化产线的建设、量子计算机的数字研发平台、量子计算机的整机及量子算力服务体系也进行了布局展示。

量子调控和量子信息技术的迅猛发展标志着"第二次量子革命"的兴起，量子科技对实现我国高水平科技自立自强意义重大，为我国从经典信息技术时代的跟踪者、模仿者转变为未来信息技术引领者带来了历史机遇。目前，创新中心正处于从工程研究到

量子科技长三角产业创新中心

产业化的关键时期,积累了大量技术基础,取得了诸多成果,推动量子技术走向实用化、规模化、产业化。量子科技长三角产业创新中心针对国际前沿技术展开对接,瞄准量子领域科技难题,推动科技成果孵化、转化,致力于当好量子科技产业发展的领路人。

◆ 薪火传承

量子科技长三角产业创新中心秉持以科技创新服务国家的使命,汇聚青年才俊,攻坚克难,迅速崭露头角。他们的奋斗与成就,不仅彰显了先锋力量,更为国家量子科技产业的崛起注入了强劲动力。

在科技创新领域破浪前行。 习近平总书记在中央政治局就量子科技研究和应用前景举行第二十四次集体学习时指出,要充分认识推动量子科技发展的重要性和紧迫性，加强量子科技发展战略谋划和系统布局，把握大趋势，下好先手棋。自量子科技长三角产业创新中心实验室搭建以来，短短一年多时间，陆军院士团队依托中国电子科技集团有限公司雄厚的科研基础，以不懈的奋斗精神，推动团队规模不断壮大，管理水平持续提升。他们成体系地开展科研工作，攻克了稀释制冷机研制等关键核心技术，更在量子计算机的全套技术和工程难题上取得了重大突破。这些成就不仅开创了我国量子科技产业发展的新模式，更使得整体水平迈入国内第一梯队。

为民族复兴伟业勇当先锋。量子科技长三角产业创新中心作为新时代科技创新的杰出代表，自诞生之日起就承载着非凡的使命。不同于传统的科研院所，它将科技创新与国民经济发展紧密结合，体现了科技服务社会的深刻内涵。创新中心的核心团队是一支朝气蓬勃、充满活力的年轻队伍，平均年龄不到32岁。他们不仅拥有深厚的科学素养，更怀揣着浓烈的家国情怀和责任感。这群年轻人积极发扬伟大建党精神，将个人理想与国家重大战略需求紧密相连，用双手描绘量子科技产业体系的宏伟蓝图。

◆ 研学足迹

量子科技长三角产业创新中心：苏州市相城区青龙港路286号。

苏州市智能制造融合发展中心：促进"数实融合"，推动"智改数转"

◆ 时光苏记

  苏州市智能制造融合发展中心位于苏州高新区（虎丘区）泰山路601号，分上下两层，总面积6 000平方米，是全国首批7

苏州市智能制造融合发展中心

家工业互联网平台体验中心项目之一,也是苏州市顺应新一轮科技革命和产业变革趋势,践行"以智能制造为主攻方向,加快工业互联网创新发展"理念,倾力打造的企业服务平台。

中心以推动苏州市制造业高质量发展、打造全国智能制造新高地为目标,总体定位为"一体三中心",包含展示中心——围绕新技术、新产品、新平台和新解决方案,全方位展示苏州智能制造和工业互联网发展成果;体验中心——整合苏州市工业互联网平台服务商资源,运用5G技术、机器视觉追踪技术、VR/XR远程运维支持技术、数字孪生技术,为工业互联网提供模式创新、应用服务等方面的沉浸式体验;服务中心——提供高端培训、供需对接、产融对接等一站式综合服务,完善智能制造生态体系建设。

中心全方位展示了苏州智能制造发展成果,汇集了全市10个板块的68家优秀企业的经典案例,涵盖了120多个智能化流水线、无人车间,构建了相对完整的智能制造职业体验架构;总结了22所职业院校在智能制造产教融合方面的经验做法,体现了苏州智能制造产业的特色及开放、共享、协作的理念。

◆ 薪火传承

随着网络信息技术产业的快速发展,智能制造已成为推动经济转型升级的关键力量。苏州市智能制造融合发展中心作为展示工业

4.0成就的窗口,不仅展现了苏州在智能制造领域的领先地位,更为企业提供了全方位的服务和支持,助力数字经济蓬勃发展,彰显了政府与企业共同推动高质量发展的坚定决心。

"数实融合"的示范窗口。习近平总书记指出,"世界经济加速向以网络信息技术产业为重要内容的经济活动转变。我们要把握这一历史契机,以信息化培育新动能,用新动能推动新发展"。苏州市智能制造融合发展中心作为一个线下的应用场景展示基地,充分展示党的十八大以来苏州市在工业4.0建设方面所取得的显著成就。它聚焦智能制造这一主攻方向,通过推进工业互联网的创新发展,深刻反映了苏州实体经济在做实基础、做强优势、做优品质上的不懈努力和时代风采。中心系统展示智能制造的最新技术、前沿产品、创新平台及高效解决方案。这不仅为全市乃至全国的企业提供了一个了解智能制造发展趋势的窗口,更为它们在数字化、网络化、智能化升级改造的道路上提供了技术演示和案例参考。

"智改数转"的服务接口。习近平总书记指出,"各级领导干部要提高数字经济思维能力和专业素质,增强发展数字经济本领,强化安全意识,推动数字经济更好服务和融入新发展格局"。为了响应这一号召,苏州市政府在智能制造和工业机器人领域积极作为,通过建设智能制造融合发展中心,搭建一个集人才、科技、工信、商务、金融、行政审批等多部门服务于一体的综合性平台。该中心推出的办事汇、政策汇、诉求汇、服务汇、活动汇等功能模块,为企业提供全方位、精准化的服务。其中,政策计算器作为一大亮点,利用大数据和人工智能技术,将企业信息与政策信息进行高效匹配和计算,为企业量身定制最适合的政策支持方案。

这种关注企业发展全生命周期的服务模式,不仅提高了政策的针对性和有效性,也极大地提升了企业的获得感和满意度。此外,苏州市政府还通过线上、线下相结合的方式,为企业提供"贴身服务",确保企业在智能化改造和数字化转型过程中能够得到及时、有效的帮助和支持。

◆ 研学足迹

苏州市智能制造融合发展中心:苏州高新区(虎丘区)泰山路601号。

本章相关音频

本章相关视频

第四章

乡村振兴

民族要复兴，乡村必振兴。乡村振兴是实现中华民族伟大复兴的重要组成部分，是新时代"三农"工作的总抓手。步入新时代，习近平总书记站在统筹中华民族伟大复兴战略全局和世界百年未有之大变局的高度，就做好"三农"工作提出了一系列新理念、新思想、新战略，党的二十大报告明确提出了加快建设农业强国，扎实推动乡村产业、人才、文化、生态、组织振兴的伟大目标。如今，随着乡村振兴战略的深入实施，我们迎来了新的历史起点。

苏州，自古以来便是鱼米之乡，水土丰饶，人文荟萃，现在这座古老而又充满活力的城市，正在乡村振兴的道路上展现出新的风采。依托丰富的文化底蕴和旅游资源，苏州在保持传统农业优势的基础上，通过深化农业供给侧结构性改革，逐步实现从传统农业向现代农业的转型升级，一二三产业融合发力，绿色农产品、乡村旅游、文化创意等新兴产业蓬勃发展，为乡村振兴注入了新的活力。在苏州，我们可以看到一幅幅美丽的乡村画卷正徐徐展开……

新时代新征程，青年学子作为党和国家未来的希望，肩负着振兴乡村的重要使命，应主动到实践中去、到人民群众中去、到基层一线去，立足岗位、苦练本领、勇担责任，以饱满的热情和坚定的信念，投身到乡村振兴的伟大实践中去，共同开创乡村全面振兴、全体人民共同富裕的美好未来！

蒋巷村：奋斗路上的初心使命，乡村振兴的模范样本

◆ 时光苏记

蒋巷村位于常熟、昆山、太仓三地交界的阳澄水网地区的沙家浜水乡，全村共计200多户，800多人，村辖面积约3平方

蒋巷村史馆

千米。改革开放,蒋巷村由常熟市最偏僻、穷困的一个小村庄变成了全村净资产3.66亿元、村民人均收入超6.5万元、人均股份制分红1万元,家家住上220平方米的别墅,实现养老、医疗等五大保险全覆盖的全国文明村,并先后获得全国文明村镇建设先进村、国家级农村现代化示范村、全国民主法治示范村等荣誉,成为全国闻名的乡村振兴示范村。

如今蒋巷村由传统农耕走上了现代农业发展之路,建成了1 000多亩(1亩≈666.7平方米)集约化经营、机械化耕作、有机化种植的无公害粮油生产基地,农业发展成果得到了陈永

康、袁隆平、赵亚夫等专家的高度肯定。2023年，蒋巷村全村三业经济总量持续超过10亿元，土地生态种植连年高产。村内同时建成生态园、工业园、蔬菜园等基地，年旅游收入超千万元，实现了一二三产融合发展、村落生态宜居、百姓安居乐业的良好局面。

薪火传承

蒋巷村历经半个多世纪的蜕变，从贫困到富裕，从农业到多元产业融合，每一步都凝聚着村民的智慧和汗水。现今的蒋巷村，不仅成了农业生产的楷模，更是绿色生态、幸福养老和文化繁荣的典范，展现出了新时代中国乡村的发展活力与希望。

肩上有担当，心中有信仰，脚下有力量。蒋巷村的沧海巨变离不开它的掌舵人——常德盛。在中华人民共和国成立初期，蒋巷村还是常熟市最偏僻的一个小村庄，泥墙草房、穷土恶水、落后贫瘠。时任大队书记的常德盛喊出了"天不能改，地一定要换"的口号，他以身作则，凡事冲在前、顶在前，带领蒋巷村村民依靠集体的力量，沿着"农业起家、工业发家、旅游旺家、生态美家、精神传家"的道路，走上了愚公移山、战天斗地的艰苦创业之路。"穷不会生根，富不是天生，我一定要让村民过上好日子！"这是常德盛对蒋巷村村民的庄严承诺，也是蒋巷村改头换面、强村富民、一步步走向共同富裕的核心和灵魂。

"三产"融合共发展，筑梦鱼米新乐土。50多年前，蒋巷村守着约1 700亩低洼田，土地利用率低，村民温饱都成问题。通过治水改土，蒋巷村成功将低洼田转型为高效"吨粮田"，实现集约化经营、机械化耕作与生态种植的现代化农业模式。后来，

第四章 乡村振兴

蒋巷村不再满足农业"样板村"的现状，积极拓展第二产业，以轻质建材为起点，逐步建立起常熟首个村级工业园，培育出以常盛集团为代表的龙头企业，其在轻、重钢结构及轻质建材领域已成长为华东地区的佼佼者。蒋巷村还鼓励村民参与乡镇企业建设，有效提高了村民人均收入，实现了新的经济飞跃。在第三产业方面，蒋巷村大力发展乡村旅游，推出"新农村考察游""学生社会实践和科普教育游"等五大旅游精品，通过改造民宿和创新亲子游项目，为乡村旅游注入了新活力。

生态利民筑幸福，宜居家园展新篇。蒋巷村坚持新发展理念，成功构建了农业生产循环经济体系，推动农业废弃物的资源化利

蒋巷农民剧场

用。同时在村主干道两侧精心打造了长达 26 千米的生态林带，新建村内卫生设施，如今正致力于建设全省首个零碳乡村。在居民养老方面，蒋巷村投入近 4 000 万元，建立了设施完备的蒋巷护理院，院内设有 260 张床位，并配备了 158 套舒适的老年公寓。村内还建立了养老金等制度，为老年人提供全方位的综合养老服务。为了让村民的精神文化生活更加丰富多彩，村里还精心打造了农民剧场、沪剧团和图书馆等文化场馆。这些举措极大地增强了村民的获得感、幸福感和安全感，共同描绘出一幅和谐幸福的乡村生活新画卷。

◆ 研学足迹

> 蒋巷村：常熟市蒋巷村。

永联村：党建引领走向共同富裕的幸福村

时光苏记

永联村位于张家港市南丰镇，1970年在长江滩涂围垦而成，最初只有250多户、700多口人、近800亩地，是苏南地区面积最小、经济最落后的村庄。由于地势低洼，十涝九灾，建村后始终未能摘掉贫困的"帽子"，村民人均收入仅有68元，村集体负债却高达6万多元。1978年，第五任党支部书记吴栋材被南丰公社派驻到永联村任职，加上当年召开的党的十一届三中全会，一场翻天覆地的变化正在永联村悄然发生。1984年，伴随中央一号文件出台，永联村抢抓机遇，积极响应国家号召，创办永联轧钢厂，开启新发展之路。2009年，永钢集团抓住国家"四万亿投资计划"和"十大产业振兴规划"的政策机遇，提出"一年一个样，三年再建一个新永钢"的口号，年产钢能力提升到900万吨。此外，永联村以每亩1300元标准，将村民手中8 000亩耕地的承包经营权统一流转到村集体，实行土地规模化、集约化发展。

数十年来，永联村始终坚持党建引领、民主管理，走出了一条以工业化牵引，带动城镇化，进而实现农业农村现代化的共同富裕道路。如今的永联村已有11 000多位村民，工农业总收入超1 616亿元，村集体可支配收入达3.35亿元，村民人均纯收入也提升到7.3万元。长期以来，永联村党委始终坚持改

革创新、共建共享,构建了党建引领、区域协同、群众参与、依法办事的治理机制,成为全国第一个公共管理和公共服务均等化的村庄,绘就了村民家家有产权房、人人有工作、个个有福利的繁荣画卷。

◆ **薪火传承**

永联村在时代的浪潮中,在党的坚定领导和村民的共同努力下,实现了从小村落到全面小康标杆村的跨越式发展,其发展历程彰显了乡村振兴的光明前景和共同富裕的坚定信念。

党建引领乡村振兴,走上共同富裕之路。曾经是贫困落后的小村落,如今蜕变为全面小康的标杆村,这一辉煌成就离不开党的坚定领导。20世纪80年代初,为响应国家改革开放号召,村里组织村民开办了枕套厂、玉石厂等7家小厂。1984年,永联村与当地镇供销社合作办起轧钢厂,村庄进入了强村富民的快车道。伴随乡村企业的发

永联村

展,永联村党委坚守集体企业是农民共同富裕的初心使命,通过明晰产权,经过两次股份制改造,为永联村村民保留了25%的集体股权,股民、村民和谐相处,共谋发展,让共同富裕有了制度性保障,如今村民人均二次分配已超万元。为顺应国家工业化、城镇化的发展步伐,让永联村村民享受到城镇化的生活环境和条件,在短短的三年内村内3 600多户人家集中搬迁,并通过转让、转化部分宅基地,将其变为城镇建设用地,一座现代化的小镇拔地而起,村民踏上了通向共同富裕的康庄大道。

探索民主管理新路径,提升基层治理效能。 永联村实行村民集中居住后,人口急剧增多,人员管理困难复杂、矛盾丛生;村内商业店面增多、道路交通流量大,社区治理难度大、治理权责不清晰等矛盾开始凸显。面对现实难题,永联村党委积极探索社区居民委员会体制下的居民自治制度,经过积极争取,上级政府在永联村区域派驻了公安、交通、城管、工商、卫生、消防等机构人员，在村内建设起5G基站，全面推行"永联一点通"APP，为乡村治理、百姓服务等打下了坚实的软硬件基础，使永联村成为了全国第一个公共管理和公共服务均等化的村庄，让基层管理变得井然有序。同时，对于村里的矛盾纠纷，永联村坚持"代表大会议大事、议事团体议难事、楼道小组议琐事、媒体平台议冒尖事"的原则，通过村民自治，做到矛盾不出村，积极调整乡村治理结构，为村民提供了更加便捷、高效的服务，谱写了新时代乡村治理新篇章。

永联展示馆

◆ 研学足迹

永联村：张家港市永联村。

康博村：村企携手，奔赴新时代振兴之路

时光苏记

康博村是常熟市古里镇下辖村，位于古里镇东，全村占地面积 2.8 平方千米，现有 420 多户，1700 多位村民。20 世纪 70 年代末，在村党委第一书记高德康的带领下，村民以 8 台家用缝纫机开始了艰苦卓绝的"波司登"企业品牌的创业历程，康博村村民渐渐走上了乡村振兴、富民强村的共同富裕道路。2022 年，康博村实现村级可支配收入 1 560 多万元，并先后获得中国十佳小康村、国家级生态村、江苏省文明村、江苏省生态村等殊荣。

近年来，康博村坚持一二三产齐头并进，持续优化产业布局，多渠道发展，壮大村级经济，通过坚持实施名牌战略，打造"波司登"企业品牌，为以工促农、以工兴农、以工富农创建新平台。自 1999 年以来，"波司登"企业大力度地以工哺农，科学规划建设村民集中居住小区康博苑，分三期高标准建成 427 幢现代化庭院式别墅，康博苑内水电、天然气、有线电视、通信、物业管理等配套设施完善，环境优美，全村所有村民全部迁入康博苑。

此外，康博村坚持发展集约经营，精心打造康博现代高效农业基地和康博无公害种植养殖生产基地，按照城乡一体化和建设美丽乡村的要求，全面加快富民强村步伐，不断提升村民幸福指数，日益呈现出"民富、村美、风正、人和"的崭新面貌和争先

创优的发展势头,一个别具江南特色的高品位现代化农村脱颖而出。

康博村

◆ 薪火传承

康博村以党建为引领,聚焦产业振兴与民生改善,构建科学保障体系,实施乡村共治。通过多元化场所传播党的创新理论,培育文明乡风,推进村企共建、工农并举,实现村企共赢,促进经济蓬勃发展,为乡村振兴注入新动力,形成了可借鉴的"康博经验"。

德润康博，精致乡村。康博村坚持以党建带村建，集中力量打造"德润康博、精致乡村"党建品牌。该村牢固树立政治建设的核心地位，聚焦乡村产业振兴、民生福祉、环境治理等关键领域，依托党建品牌构建了一套精准定位、绿色为本、协同共享的科学保障体系，打开了乡村共治新局面。为了让党的创新理论深入人心，康博村充分利用新时代文明实践站、康博书屋、法治长廊等多元化场所，邀请党员、专家学者开展理论宣讲，定期举办交流分享会、朗诵比赛、知识竞赛等活动。同时，借助广告牌、精神文明宣传栏、网络等形式，开展社会主义核心价值观宣传教育，引导村民诚实守信、崇德向善，村内定期为孤寡空巢老人、残疾人等送温暖，邻里之间结对帮扶、守望相助，共同汇聚起推动乡村振兴的强大力量，形成了独具特色的"康博经验"。

因地制宜，村企共建。康博村长期坚持村企共建，稳步推进全村工农业集约化发展。村、企先后投资3 000多万元建设社区综合服务用房、标准厂房和人才公寓，为人才的稳定流动提供了坚实的基础。康博村与"波司登"等知名服装品牌的深度合作，实现了村企共赢，既解决了企业员工居住问题，又为村集体带来了稳定的租金收入，为康博村的社会事业提供了有力支持，并成功将外部援助转化为内部发展动力，推动了全村经济的蓬勃发展。同时，康博村坚持工业反哺农业、工农并举的策略，将现代农业建设作为新时代乡村振兴的重要抓手。通过建立有机稻米示范基地和蔬菜基地，成立康博村股份经济合作社，康博村走上了一条可持续的富民增收之路，为乡村振兴注入了新的活力。

康博智能制造产业园

◆ 研学足迹

康博村：常熟市康博村。

长江村：家风兴，长江荣

时光苏记

长江村坐落于张家港市西北角，是张家港市首批8个党委村之一，依长江而生，因长江而名。乡村占地面积5.2平方千米，共有村民小组22个，现有户籍人口7320人，是社会主义新农村发展的一个缩影，被誉为"长江名花"。长江村荣获全国先进基层党组织、全国文明村、全国民主法治示范村、全国乡村治理示范村、全国休闲农业与乡村旅游示范点、江苏最美乡村、苏州市十大幸福乡村等荣誉，国际编号5384号小行星被命名为"长江村星"。

曾经的长江村人穷地薄，生产生活十分落后。时任村支部书记的郁全和带领班子成员四处谋求发展，整合村内资源，组建起长江润发集团，踏上了村办工业的征程，乡村经济状况明显好转。2010年6月，长江村支柱产业——长江润发机械股份有限公司在深交所成功挂牌上市，成为苏州地区首家上市的村级企业，村集体经济也实现了新的跨越式发展。

2013年，长江村投入3 000多万元，启动美丽村庄建设项目即"文化服务中心"建设，将村中工业区、农业区、居住区三大功能区按照区域布局，确定了"一心三轴四片"的村域空间布局。如今，长江村已实现规划、道路、排污、河道等的"八到位"，新建高标准配套工程，农贸市场、观景台、智能温室大棚、郁

金香公园、老年活动中心、妇女儿童之家等便民场所应有尽有，全面实现了"三年打基础、五年变新貌、十年大变样"的庄严承诺。2021，长江村对美丽村庄建设项目进行升级，将村庄打造成为"江苏省特色田园乡村"。

长江村

薪火传承

长江村的发展历程可谓是一部变革与进步的史诗，它在时代发展中实现了产业转型与文明乡风的塑造。今日的长江村，以实业为基、健康为魂，持续推进乡村振兴，让村民在物质与精神的双重富足中感受到实实在在的幸福。

讲好长江故事，赓续拼搏血脉。从村史馆到家风馆，一张张奋斗者的照片、一条条朴素的家风家训，见证了长江村数十载的变迁历程。作为长江村的"第一课堂"，家风馆不仅承载着爱国主义、家教家风、廉政建设等多重教育功能，更是引导农村家庭走向和谐、家教走向正轨、家风得以传承的重要载体。依托"海棠花红"先锋阵地,长江村常态化开展文明家庭评比,选树"四德风范"典型,推进"自治、法治、德治、智治"四治融合,让百姓既富口袋又富脑袋,以民风与家风共同塑造奋勇前进的乡风。在这里,一代又一代的长江村子孙深受熏陶,他们继承了前辈们不畏艰苦、勇于拼搏的奋斗精神,实现了长江村从农业到工业再到大健康产业的乡村转型,书写了新时代的"长江传奇"。

兴业助民富裕,医护佑民安康。 从农业起家、工业发家、资本富家到健康安家、幸福居家,长江村的村貌、人民生活及经济状况均发生了显著变革。以村内实体企业为基础,长江村大力发展医药、医疗、工业智造等产业,同时借助工业力量反哺现代农业建设,推动三产持续发展。自2014年以来,长江村党委每年制定"民生十件实事",涵盖了购买大病医疗保险、资助村民子女教育、推进雨污分流、实现天然气入户等诸多方面,每一项都紧密贴合村民的实际需求,切实提升了他们的获得感和幸福感。同时,长江村将失地农民全部纳入城镇职工养老保险体系,全村医疗保险实现100%覆盖,凭借健康产业的独特优势,全方位提升村内医疗保障水平,确保经济发展的成果能够真正惠及村民。

研学足迹

长江村:张家港市长江村。

冯梦龙村：传承冯梦龙精神，打造乡村振兴新样板

时光苏记

冯梦龙村因明代文学家、思想家、戏曲家冯梦龙而得名，现位于苏州市相城区黄埭镇，北临望虞河，东依西塘河，辖区面积3.2平方千米，共有望虞河、西塘河等大小河道14条，村内水网纵横、湿地密布、风景优美、民风淳朴，至今仍住着冯氏后裔，并保留着众多与冯梦龙有关的历史遗迹，人文地理资源得天独厚。

全村可耕地面积达3 040亩，共有居民3 000多人，曾荣获全国文明村、全国科普惠农兴村先进单位、全国农村创新创业孵化实训基地和江苏省先进基层党组织、乡村旅游重点村等荣誉称号，是国家发改委、农业农村部等单位评定的农村一二三产业融合发展先导区、核心区。

作为乡村振兴的模范乡村，2021年4月，中央电视台《纪录东方》栏目用整整15分钟时间聚焦冯梦龙村。该村以冯梦龙人物历史为依托，以党建为引领，以乡风文明为保障，厚植文化发展理念，围绕文化搭台、旅游唱戏、农业助力、融合发展的思路，将冯梦龙故居、纪念馆等与特色林果基地、农耕文化园整合成一体，塑造一个有历史、有内涵、有特色的乡村文化品牌，推动农村一二三产融合发展，形成吃、住、行、游、购、学、观、教、娱于一体的以冯梦龙文化引领乡村振兴的特色发展之路。同时，冯梦龙村推出"新'三言'、兴乡村"乡村振兴赋能线路，先后建成四知堂、德本堂、新言堂，设立"老书记工作室""乡贤工作室"等，收集村民建议和意见，以此动员广大群众投身到乡村振兴之中，共同商议乡村发展大计，让乡村民主焕发新的活力。

冯梦龙村

薪火传承

冯梦龙村以冯梦龙精神为引领，创新探索文化旅游与多元素融合的发展模式，打造了全国廉政教育基地，促进农业、文化、旅游产业深度融合，为乡村振兴注入了新活力，成为新时代乡村发展的典范。

深耕乡村资源，推进旅游产业。冯梦龙村坚持以冯梦龙精神为内核，在积极探寻乡村振兴新道路的过程中催生了新业态。该村主动引入社会力量，逐步建成包括冯梦龙廉政教育基地、冯梦

龙书院、四知堂、传统油坊、农耕文化园及特色民宿集群与露营基地等在内的数10个文化旅游项目，将冯梦龙的文化元素融入田园风光和产业发展之中，推动文化、生态、观光与农业结合的新旅游业态。

擦亮文化品牌，扩大乡村影响。自2014年始，冯梦龙村充分发挥"冯梦龙"这一文化标识的优势，迅速完善文化旅游设施，创新性地探索将文化品牌与廉政教育、党建教育等多元素进行有机融合的新路径。通过深入挖掘冯梦龙为官、为民、为文的事迹和作品，该村巧妙地将故居、纪念馆、书院等教育资源串联，打造了集廉洁教育培训与冯梦龙文化传承于一体的全国廉政教育基地。该基地每年接待来自各级部门的学习考察近千次，有力地弘扬了冯梦龙廉洁文化的精髓。同时，通过举办中秋灯会、文化节、学术研讨会等活动，冯梦龙村不断扩大品牌影响力，实现了农业、文化、旅游、教育等多领域的深度融合，成为江南地区文化热门地。

◆ **研学足迹**

冯梦龙村：苏州市相城区冯梦龙村。

陆巷古村：点亮千年古村的文化振兴之路

时光苏记

陆巷古村位于太湖之滨的东山镇，坐落于山坞之中，背靠莫厘峰，面向太湖，东有寒谷山，西有箭壶岛，景色秀丽，物产丰富。陆巷古村因南宋时期形成的六条古巷而得名，明清时期人丁兴旺，人才辈出，"海内文章第一，山中宰相无双"的明代首辅王鏊就出生于此。据统计，陆巷历史上出了48名进士、举人，4名中科院院士与60多名教授、研究员，被誉为"状元阁臣故里，院士教授摇篮"，有"科举之村""教授之村"的美誉。

目前村内共有31个村民小组，1400余户。村中古建筑鳞次栉比，现保存较为完好的有明朝古街、三元牌坊等明清建筑30余处，也是目前江南建筑群体中质量最高、数量最多、保存最完好的古村落，故有"太湖第一古村落"的美誉。村内现仍保留的南宋时期渡口——寒谷渡，是当时古村内文人墨客外出经商、考取功名、出仕为官的主要渡口。

陆巷古村村落形态因地制宜，呈"一街六巷三河港"鱼骨状布局，2020年4月，入选首批江苏省传统村落名单。电视剧《画魂》《橘子红了》、电影《小城之春》等都曾在这里取景，村口屹立着一座高大的牌楼，坊额刻有"陆巷"二字，是东山席时辂所书，古石街上高耸的探花、会元、解元三座明代牌楼各具特色。漫步古村之中，众多古建筑交相辉映，让人们渐渐忘却城市的喧哗沉浮，内心归于平静。

青春里的苏州记忆

陆巷古村

◆ 薪火传承

陆巷古村是深藏于时光之中的明清古宅群落,近年来以文化传承与创新为引擎,推动农旅深度融合,打造特色乡村。该村通过保护修缮和资源整合等举措,使传统文化焕发新生,村落也成为游客向往的休闲研学胜地。

爱国情如长河水,报国志似高山石。生于古村的王鏊是明朝重臣,自幼聪颖,文章出众,在科举考试中屡获佳绩,曾任户部尚书、文渊阁大学士。他提出"定边八策",对时政得失、军民利弊有独到见解,得到朝廷采纳。王鏊一生为官清廉,多次劝谏皇帝,但因时局不佳而辞官归乡。他在文学上造诣深厚,著有多部著作和诗文,被誉为"学有识赏,文章尔雅,议论明畅"的笔杆子,逝世后被追赠太傅,谥号"文恪"。

保护古宅建筑,推动文化传承。陆巷古村现仍存有30余处明清时期古宅,为了将这些文化遗产传承下去并焕发新的生机,陆巷古村加快农旅融合的步伐,精心修葺古宅,推动当地民宿产业发展，持续提升村级旅游的品质，陆巷古村逐渐成为众多游客流连忘返的胜地，先后荣获了中国历史文化名村、中国传统村落、中华民居开发与保护示范村等殊荣。

如今，每逢节假日，陆巷古村都会举办东山猛将会和东山台阁等历史悠久、丰富多彩的民俗节庆活动，积极向群众宣传炒茶、传统美食等制作工艺及其背后的文化内涵。通过众多民俗文化活动，陆巷古村引导游客一同探索传统文化的乐趣，使传统文化在这里重新焕发出勃勃生机。

资源整合利用，塑造特色乡村。近年来，陆巷古村凭借其独特的自然人文环境，充分整合村内资源，积极打造集休闲、研学、农业体验于一体的特色乡村。通过大力发展休闲农业和乡村旅游业等第三产业，陆巷古村成功地将山水及农业资源转化为经济优势，观光、休闲、采摘、购物、品尝及农事体验等丰富多彩的活动吸引了众多游客前来体验。同时，陆巷古村将固定资产与文化资产两手抓，盘活固定资产，利用陆巷邮局等闲置房屋，与周边农家乐打造共享农庄，带动村民增收，实现合作共赢。为了贯彻落实绿水青山就是金山银山的新发展理念，全村上下一心，按照区域和网格将每一条河道的管理责任落实到人，全面推动河长制工作的落实，并聘用多名河道保洁员，定期对全村河道进行打捞清理，确保水清岸绿，将河道整治成名副其实的"果冻河"。陆巷古村立足自身古村、古貌、文化历史资源，加大抱团发展力度，收购乐志堂及其周边民居，并以王鏊文化为依托，打造联合模式，在王鏊故居内穿插各类延伸"剧"的活动，通过中央电视台《记住乡愁》等栏目的宣传推广，打响国潮陆巷新品牌。

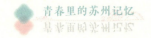

如今,陆巷古村的休闲观光人数已每年突破20万人次,这个千年古村正焕发出新的生机与活力。

◆ **研学足迹**

> 陆巷古村:苏州市吴中区陆巷古村。

灵湖村：乡村集体经济舞台上的新星

◆ 时光苏记

临湖镇灵湖村地处苏州吴中区太湖之畔，毗邻苏州太湖园博园，风景宜人，物产丰富。灵湖村全村占地面积约4.3平方千米，由吴舍村、塘桥村、舍上村等9个自然村组成，辖25个村民小组，全村共有903户农户、3 600余人，绿化覆盖率达35%以上，核心区域拥有600亩水稻综合功能示范区，2022年村级集体经济收入达1 488万元，人均收入高达4万元。

灵湖村80%的辖区面积在沿湖1千米的生态保护区内，受制于生态和土地两条红线，灵湖村的发展曾一度落后，村级固定资产少、村民收入渠道单一、债务居高不下，缺人、缺钱、缺资源等问题突出，是市级和区级脱贫帮扶的重点村落。

近年来，该村大力实施灵湖村"强村四法"（即组织抱团聚力、思想抱团聚心、项目抱团聚能、资源抱团聚势）的发展战略，因地制宜探索出了"支部建在网格上""333""邻长制"等乡村治理新模式，积极践行一二三产业融合发展战略，以先进科学技术为手段，以农田基础设施建设为重点，大力发展特色生态旅游及民宿产业，全力打造乡村旅游文化，不断丰富村级党组织的领导力、凝聚力和推动力，先后成为江苏省四星级乡村旅游区、江苏省特色景观旅游名村、江苏省特色田园乡村首批试点村，一改昔日贫穷落后的乡村旧貌。

灵湖村

◆ 薪火传承

灵湖村通过合并设立,与强村联手,紧紧抓住政策机遇,共同投资成立集团,创新"强村带弱村"模式,引导村民入股,实现资源资产化,集体经济蓬勃发展,以农文旅项目吸引游客,乡村经济总收入实现跨越式增长,以显著成绩闪耀在全国新型农村集体经济的舞台上。

抱团发展,探索集体经济融合路径。作为集体经济发展薄弱乡村,2004年12月,吴舍村、塘桥村合并设立灵湖村。借此机会,灵湖村领导班子主动出击,紧紧抓住了市、区两级政府"帮促重点村"的政策机遇,与镇内"工业强村"采莲村、"养殖强村"前塘村联手,共同出资8 000万元,成立苏州众村联合投资发展集团有限公司,开启"强村带弱村"的抱团发展模式。灵湖村通过实施资产收购、集中经营、科学管理等一系列战略举措,成功地将生态限制转化为生态优势,积极引导村民入股村级项目,从而实现了"资源变资产、资产变资金、村民变股民"的华丽转身。目前苏州众村联合投资发展集团有限公司拥有土地面积112 000平方米,建筑面积44 436平方米,年租金收益超830万元,为灵湖村未来的发展奠定了坚实的经济基础。

创新思路,不断提高集体经济效益。灵湖村通过尝试"共同投资、联合经营"模式,引入外部资源力量,培养了一批懂行业、懂发展、懂技术的专业人才,开始自主经营。同时,该村采用"先付后租、先投资后经营"的租赁合作模式,清退管理混乱项目,大力发展农文旅项目,打造了"一馆三车三园"的生态旅游路线,涵盖黄墅小火车、温泉咖啡馆、森"灵"集市等创意观光点,成功吸引了众多游客的目光,实现了集体经济的多元化发展。这一系列举措的有力实施,使得灵湖村的集体经济总收入从2010年的200万元迅速攀升至2022年的1 488万元,实现了跨越式的增长,灵湖村也成功入选全国首批新型农村集体经济发展村级典型案例。

◆ 研学足迹

灵湖村:苏州市吴中区灵湖村。

旺山村：青山绿水中的"财富村"

时光苏记

旺山村位于苏州市区西南方向，东依京杭大运河，西倚七子山，南临东太湖，北坐上方山，是苏州市的南大门，吴中越溪城市副中心所在地。全村总面积7平方千米，其中山林面积5 380亩，农户现有567户，常住人口超2 556人。旺山村三面环山，景色秀丽，拥有得天独厚的生态环境、自然资源和历史人文景观，先后荣获全国乡村旅游发展典型案例、全国文明村、全国农业旅游示范点、中国美丽休闲乡村、国家AAAAA级旅游景区、江苏最美乡村等50多项国家及省级荣誉。

曾经的旺山村交通闭塞、经济薄弱，村民收入不稳定、村中环境凌乱，是一个名不见经传的小山村。1988年前后，村集体开办旺山石料厂，为村内发展积累了物质财富。2000年，旺山石料厂关闭，旺山村发展逐渐向现代农业转型。近年来，旺山村依托独特的自然环境，紧紧围绕促进经济发展和农民持续增收这个中心任务，制定符合区域环境总体要求的建设规划，创新乡村发展新思路，推行乡村振兴新举措，持续优化产业结构，村级经济显著增强，农民收入稳步提升，村容村貌焕然一新。

如今，全村拥有各类经济载体110 000平方米，集体总资产达2.2亿元，年接待游客量超百万人次，实现旅游总收入近2 000万元，村级收入近3 000万元，村民人均纯收入超5万元。

第四章 乡村振兴

旺山村

◆ **薪火传承**

旺山村始终坚持生态优先、绿色发展理念，高质量地推进生态名村建设。通过精心规划和布局，成功构建了多元化的农业特色基地和旅游休闲区。旺山村注重品牌创新，在党建工作的有力引领下，深入挖掘并培育文化内涵，实现了生态保护和经济发展的良性循环。

精准定位谋发展，科学规划绘蓝图。旺山村是常年被茂盛的植被和郁郁葱葱的树木所环绕的天然宝地，拥有众多的河流。村子距离市区不远，环境静谧自然，为生活在繁忙都市的人们提供了一处宁静自然的休闲环境。村内围绕生态资源这一核心要素，积极打造"生态＋健康＋休闲"的乡村特色项目，茶园、果园、花卉园、蔬菜园及养殖园等农业特色基地应运而生，不仅丰富了

旺山村的生态景观，更为村民们开辟了新的致富之路。此外，旺山村精心布局了钱家坞农家乐餐饮住宿区、耕岛农事参与体验区、上山塘农业观光游览区、磴磹岭农业观光游览区及环秀晓筑温泉养生区等功能板块，以及九龙潭、宝华寺、乾元寺、旺山遇见卢浮宫等多个打卡地和景点，这些各具特色的区域不仅为游客提供了丰富的旅游体验，更让他们在青山绿水间尽享采摘、垂钓、游玩之乐，实现了一次身体与心灵的双重净化之旅。

宣传推广树品牌，农民增收奔小康。旺山村致力于打造知名旅游休闲胜地，以党建为引领，创新推出"旺山红"品牌，与旅游公司协调推动旅游营销策划和推介宣传工作。同时，旺山村结合区位优势与人文环境，深耕文化内涵，培育"大旺人文会客厅""大旺咖啡馆"等文旅品牌项目，举办山野市集、趣味马拉松等主题活动，吸引了众多前来打卡的八方游客，使其一跃成为乡村振兴的现场研学实践基地。如今，旺山村找准了都市田园的发展定位，实现了"党建红、产业红、生态红、融旅红"的良好局面，全村城镇职工养老保险、大病风险保险等覆盖率达100%。这个世外桃源般的乡村走出了一条强村富民的幸福之路。

研学足迹

旺山村：苏州市吴中区旺山村。

武神潭村：阳澄湖畔书写全民蟹经济新篇章

◆ 时光苏记

昆山市巴城镇武神潭村位于美丽的阳澄湖北岸，西与苏州市相城区接壤，苏州绕城高速、相石公路贯穿境内，交通十分便捷。全村地域面积5.7平方千米，河流纵横交错，下辖13个自然村，9个村民小组，523户村民，人口超2 100人，是著名的古代军事设施——武城遗址所在地。先后获得全国"一村一品"示范村、江苏省文明村、江苏省生态文明建设示范村、苏州市农村人居环境整治示范村等荣誉称号。

金秋时节，阳澄湖美，巴城蟹肥，武神潭村背靠阳澄湖，大闸蟹经济是村里的黄金产业，乡村周围蟹舫林立、蟹苑错落。据统计，2022年武神潭村实现村均可支配收入1 194万元，农民人均纯收入高达4万元。

近年来，武神潭村以人民群众对美好生活的向往为目标，将"守初心、担使命、促发展、优服务、惠民生"作为村级工作目标，以党建"红"为引领，激活"蓝"网格，保持"绿"生态，挖掘"金"产业，按照乡村振兴"五大振兴"总要求，把改善民生、服务群众作为第一责任，强化村干担当、凝聚群众合力，积极发挥党组织战斗堡垒作用和党员先锋模范作用，带动全体村民共同努力，不断提升乡村生活质量，打造幸福宜居的乡村蓝图，绘就富强文明的乡村色彩。

武神潭村

◆ 薪火传承

武神潭村立足阳澄湖畔的地理优势，发展大闸蟹经济，推进现代农业科技化、生态化。村级党总支始终坚守初心，以"实心服务"党建品牌为依托，引领村民团结共治，促进精神文明建设，构建和谐邻里关系，实现物质文明与精神文明的双丰收。

立足全局谋发展，物质精神双提升。武神潭村毗邻阳澄湖，拥有丰富的大闸蟹资源。近年来，该村以大闸蟹经济为核心，积极开展本土培育养殖，打造自有"三农"工作队伍。在农地合作社的支持下，鼓励养殖经营户实现集约化发展，引入现代渔业产业园，对养殖池塘进行标准化改造。同时，村里配备了三级生态循环水处理系统、水质在线监测系统等智能设备，形成了"合作社＋园区＋农户"的高效渔业运营模式，以科技力量助力现代生态农业。2023年，全村近500户农户从事大闸蟹产业，占总户数的95%，村民收入稳步增长。在精神文明建设上，武神潭村依托新时代文明实践站等阵地，构建志愿服务团队以推动乡村文化建设，发挥村两委干部、村民代表、退休党员等群体的作用，协调化解村内邻里纠纷，实行家庭积分制度，增进邻里和睦友好关系，促进物质文明与精神文明协调发展。

党建领航聚合力，网格共治筑和谐。武神潭村党总支坚守为人民服务的初心，致力于打造独具特色的"实心服务"党建品牌，通过品牌建设推动乡村理想信念教育，引导村民与村干部想在一起、做在一起、紧密团结在一起，有效汇聚起乡村振兴所需的集体力量，在发展过程中彰显党支部的引领作用及党员的先锋模范作用。此外，武神潭村党总支坚持党群共治理念，村干部与网格员统一身披蓝色马甲，走村入户，深入村民家中，宣传最新惠民利民政策，广泛听取村民意见反馈，并第一时间报备处理，切实将群众的利益放在首位，营造全村积极参与、共同治理的良好氛围。

◆ **研学足迹**

：昆山市武神潭村。

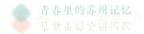

树山村：搭上"双创"快车，奔向生态致富路

◆ 时光苏记

树山村位于苏州高新区（虎丘区）通安镇，坐落在群山环抱之中，村内景色宜人、山清水秀，全村占地面积 5.2 平方千米，

树山村

现有370多户、1 700多人,绿化覆盖率达98%,漫步树山森林步道,环秀叠翠、山泉潺潺,是名副其实的国家级生态村和森林乡村。

  树山村拥有丰富的自然资源,种植历史悠久,树山云泉茶、古杨梅、翠冠梨等作物种植最早可追溯到东晋时期,距今已有一千多年历史。目前树山村种植茶叶1 000多亩、杨梅2 000多亩、梨1 060亩,成功打造了"树山三宝"特色品牌,村民农副产品年总收入超6 000万元,构建了现代化的产业体系和生产经营体系。

树山村吴文化底蕴深厚,文物古迹众多,尤以大石文化最负盛名。现存云泉寺、摩崖石刻等著名景点,村内至今仍有"抬猛将""中秋编兔灯"等传统民俗活动,以及九连环等非遗项目。

薪火传承

近年来,树山村坚持科学发展,聚焦山村特色,采取"小流域综合治理、高效经济林果生产、自然环境保护、生态观光旅游"四位一体的发展模式,全方位打造"姑苏城外"旅游名村,不断完善吃、住、行、游、购、娱、休、学、养全产业链,进行景区化、标准化和品牌化建设。游客年接待量高达百万人次,旅游创收超 1 亿元,树山村也先后获评全国文明村镇、全国生态文化村、全国乡村旅游重点村、江苏最美乡村等荣誉称号。

政产学研共融合,打造人才"双创"地。 树山村始终坚持"双创引领振兴路,协同共筑乡村梦"的理念,自 2016 年起便积极筹建乡村双创中心,汇聚政产学研各方优势,创新推行"乡创与文创"双轮驱动模式。通过精心组织双创活动、紧密团结双创人才,不断激发乡村活力,成功孵化出众智营城、丰狂文旅等企业,受到《中国青年报》《光明日报》等媒体广泛报道。在双创中心的有力支撑下,树山村深入开展面向高校师生和基层干部的乡村建设人才培训,年均吸引千余名创客学员参与,为区域人才振兴贡献了显著力量。此外,树山村协助成立苏州高新区(虎丘区)乡村旅游协会,目前成员单位 65 家,通过明确权利义务、强化合作机制,构筑起"乡村旅游命运共同体",实现了成员单位间的资源互补、链条互通,并逐步推动全域联动、集群共进的良好发展格局。

生态振兴稳发展，四季宜居树山村。树山村内的负氧离子含量高达苏州市平均水平的 6 倍以上，凭借着得天独厚的自然环境，树山村实现了生产、生活和生态的和谐共生。通过实施土地综合整治、环境整治及生态修复等举措，有效地保护了森林生态环境，营造出一片古朴自然的四季风光。为持续改善生态环境和人居环境，树山村坚持小投入、轻介入的原则，打造高质量、高水平、高品质的生态宜居乡村，采用"绣花式"的建设方式，循序渐进地推进各项工程，以此保护树山村独特的"山林水田人居"有机生命共同体。同时，以农村人居环境整治为重要抓手，树山村不断完善基础公共服务设施，建立全循环智能分类的生态管理平台，实行多元化的治理模式，运用精细化的管理手段，守护这片绿意盎然的自然家园。

◆ **研学足迹**

树山村：苏州高新区（虎丘区）树山村。

本章相关音频

 本章相关视频

第五章
文脉传承

"文运与国运相牵,文脉同国脉相连。"中华优秀传统文化历经世代传承积淀,在推陈出新中不断赓续延绵,是中华民族的精神命脉所在,更是中国在世界文化激荡中站稳脚跟的坚实根基。苏州历史文脉源远流长,所蕴含的历史文化资源极其丰富。将文脉传承好、发扬好,不断从苏州的历史文脉中汲取精神力量,对培养青年学子正确认识和践行社会主义核心价值观具有重大意义。习近平总书记强调,只有全面深入了解中华文明的历史,才能更有效地推动中华优秀传统文化创造性转化、创新性发展,更有力地推进中国特色社会主义文化及中华民族现代文明建设。广大青年学子应自觉担负起新的文化使命,成为继承和弘扬中华优秀传统文化的先行者,进一步增强文化自觉和文化自信,将成长轨迹与文脉传承路径有机融合,为文化传承发展注入青春活力。

苏州文庙：范公"先忧后乐"精神薪火相传

◆ 时光苏记

苏州文庙亦即府学，初为州学，由北宋著名的政治家、文学家范仲淹于宋景祐二年（1035）任苏州郡守时所建，迄今已有980多年历史。范仲淹改革旧制，首创官学与祭祀孔子的庙堂合一的左庙右学新格局，是宋代第一个也是规模最大的地方学府，声誉卓著，号称"东南学宫之首，江南学府之冠"，影响元明清三朝。

苏州文庙历经拓建，至明清两代，规模宏大。依清代乾隆时期《苏州府学图》所示，苏州文庙东临卧龙街，西倚东大街，南枕新市路，北至书院巷，占地面积178 000平方米，就建筑面积而言，在当时是仅次于山东曲阜孔庙的全国第二大孔庙。现有面积仅为当时的五分之一（含文庙公园、明代池）。

目前保留下来的重要建筑有棂星门、戟门、大成殿、崇圣祠、七星池、明伦堂等，多保持着明代重修时的风格，至今仍保存左庙右学的建筑格局。1956年，苏州文庙被列入省级文保单位；1981年，苏州市政府拨款重修文庙，同时在原址上建碑刻博物馆；1997年，苏州文庙被命名为江苏省爱国主义教育基地；2001年，苏州文庙及石刻被国务院公布为全国重点文物保护单位。

第五章 文脉传承

苏州文庙

◆ 薪火传承

范仲淹倡导的"先天下之忧而忧,后天下之乐而乐"的思想为后世所敬仰。苏州文庙展示了府学这一中国古代教育制度的深厚历史和文化底蕴,集中表达了中华优秀传统文化中一脉相承的兴学重教理念和对立德树人本质的不断追寻。

心怀天下的忧乐精神。习近平总书记在系列重要讲话中曾多次引用范仲淹的名句"先天下之忧而忧,后天下之乐而乐",这句话凝聚了中华民族历经磨难而依旧生生不息的坚韧精神,成为激励青年学子不断进步的强大动力。当代青年学子应学习范仲淹等先贤的崇高精神,坚守强烈的社会责任感,不因个人的荣辱得失而动摇信念，始终怀揣忧国忧民的家国情怀，自觉将个人的小我融入祖国的大我、人民的大我之中，为实现中华民族伟大复兴的中国梦而努力奋斗。

兴学重教的文化理念。 自范仲淹创建苏州文庙后，从此地走出了 20 位状元，苏州文庙也被称为中国出状元最多的文庙。这里不仅延续着苏州千年文脉，更在中国浩瀚的教育史上留下了浓墨重彩的一笔。苏州知州范仲淹将府学和文庙结合在一起，开创了庙学合一的教育规制，千年府学为苏州注入了崇文重教的深厚基因，锻造了千年古城厚德载物、经世致用、敢为人先的文化品格。独特的文化品格不仅为苏州的经济社会高质量发展提供了源源不断的人才支撑，更为这座城市的文化繁荣注入了不竭动力。

立德树人的本质追求。 千年府学文脉对后世影响深远，至今仍在苏州这座城市的各个角落中散发着智慧的光芒。范仲淹强调品德教育与才学培养的统一，这一理念被后来的苏州人所继承和发扬。苏州中学前身为范仲淹创办的苏州府学，学校深受范仲淹重视教育、崇尚学问言行的影响。学校培养学生不仅着眼于知识的传授，更重视品德教育的内在养成，致力培养学生成为德智体美劳全面发展的社会栋梁；苏州市景范中学本部为范仲淹祖宅所在地，校名中的"景范"二字体现了景仰范仲淹之情，学校以"先忧后乐"为校训，以"继承先忧后乐精神，培育既文且正学子"为办学理念，努力成为传统文化与现代教育相结合的中国基础教育典范；苏州城市学院的前身苏州大学文正学院，则将范仲淹的谥号"文正"作为校名，校训"文者文章，正者道德"正是对"文正"二字的深刻解读与传承，既祈教书以致青年学子美好文章,亦盼育人而使之端正道德。范仲淹的教育思想在苏州这座城市遍地开花结果,不仅体现在这些学校的教育实践中,更体现在苏州这座城市的文化氛围和社会风尚之中。从基础教育到高等教育,从校园文化建设到人才培养模式,范仲淹的教育理念深深植根于苏州的土壤,成为这座城市宝贵的精神财富和文化底色。

◆ **研学足迹**

苏州文庙:苏州市姑苏区人民路613号。

苏州博物馆：不与园林争风雅，蕴藏半座姑苏城

◆ 时光苏记

苏州博物馆成立于1960年，是苏州地方历史文化综合性博物馆，是苏州文物收藏、保护、研究、展示的中心，原馆址为全

第五章 文脉传承

国保存至今最为完整的太平天国忠王府。2008年苏州博物馆被评为首批国家一级博物馆。苏州博物馆新馆于2006年10月竣工开馆,是国内唯一一座由世界著名建筑大师贝聿铭亲自设计的博物馆,位于苏州东北街和齐门路相会处,占地面积约10 700平方米,建筑面积约19 000平方米,加上修葺一新的太平天国忠王府,总建筑面积约26 500平方米,和毗邻的拙政园、狮子林等园林名胜形成了一条丰富多彩的文化长廊。

苏州博物馆馆藏文物23 621件/套,其中一级文物222件/套、二级文物829件/套、三级文物8 596件/套,尤以考古出土文物、明清书画、工艺品见长。此外,苏州博物馆还收藏有古籍善本768种4 177册,普本32 194种103 283册,为全国古籍重点保护单位。

苏州博物馆以江南文化为核心展示内容,秉持"立江南,观世界"的办馆思路,着力打造"代表江南文化特色与风格的、引领行业创新发展的世界一流博物馆",为观众传递苏式雅韵魅力,讲述江南文化故事,展现世界文明风采。

苏州博物馆

薪火传承

苏州博物馆矗立于千年文化积淀之地,不仅是建筑杰作,更是传统与现代完美交融的文化载体。它汲取了中国传统建筑的精髓,同时注入了现代设计的创新理念,呈现出独具匠心的艺术风貌。在这座博物馆中,人们不仅能领略到吴地深厚的文化底蕴,更能感受到人与自然和谐共生的哲学思想。

天人合一的建筑意象。苏州博物馆巧妙融合了中国传统建筑文化与现代设计理念,这种融合使得苏州博物馆既充满现代感,又不失传统文化的韵味,成为一个独具特色、令人流连忘返的建筑艺术佳作。在景观设计方面,苏州博物馆特别注重秉承"天人合一"的哲学思想,这一思想体现了中国传统文化中的宇宙观和生态观,强调人与自然的和谐共生。因此,在苏州博物馆的设计中,自然元素如山石、水流等被巧妙利用,营造出"山环水抱、前山后势"的优美景观,不仅蕴含着人与自然和谐相处的哲学内涵,更彰显出对生活圆满和精神完善的审美追求。此外,通过巧妙运用自然光线和景观,苏州博物馆进一步展现了崇尚自然的设计理念。

和谐圆融的人文风情。苏州博物馆坐落于历史悠久的保护街区之中,与庄严的忠王府相邻,仅一墙之隔便是蜚声世界的文化遗产拙政园,同时与典雅的私家园林狮子林两两相望。贝聿铭先生以其独到的设计视角,巧妙地将苏州古建筑的斜坡式元素与现代感十足的光线和几何造型相融合,使得博物馆、古建筑与园林三者和谐共存,相得益彰。这种创新性的设计不仅完美体现了"中而新、苏而新"的设计思想,更展现了一种和谐适度、"不高不大不突出"的设计原则,让苏州博物馆宛如一件传统与现代交织的双面绣艺术作品,尽显和谐圆融的人文风情。

瑰丽璀璨的吴韵遗珍。 习近平总书记指出,"搞历史博物展览,为的是见证历史、以史鉴今、启迪后人"。苏州博物馆的基本陈列精心呈现了"吴地遗珍""吴塔国宝""吴中风雅"和"吴门书画"四大板块,全方位展现了吴文化的深厚底蕴。吴江海堤、草鞋山及越城等遗址出土的珍贵文物,不仅见证了古代劳动人民的卓越智慧,更折射出吴地生产力的发达;云岩寺塔与瑞光寺塔中珍藏的佛教瑰宝,不仅体现了当时高超的雕刻、镶嵌和漆艺水平,更流淌着宗教的庄严与圣洁。此外,明清时期的苏工杰作,如明式家具、玉器、文具及织绣服饰等,无不彰显着苏州作为人文荟萃之地的独特魅力;而"吴门四家"等书画大师的作品,则生动传达了明代苏州文人的风雅情趣。通过这些珍贵展品,苏州博物馆不仅深入挖掘和传承了苏州的历史文化和人文风情,更为吴地人民构筑了一个共同的精神家园与心灵归宿。

◆ 研学足迹

苏州博物馆:苏州市姑苏区东北街204号。

苏州博物馆西馆（苏州工艺美术博物馆）：立江南，观世界

◆ 时光苏记

苏州博物馆西馆于 2021 年 9 月 25 日试运行，建筑面积 48 365 平方米，展陈面积 13 391 平方米，展出文物 2 100 余件/套，包括吴王余眛剑、碧纸金书《妙法莲华经》、钧窑鼓钉三足洗等珍贵文物。

苏州博物馆西馆设有通史陈列馆、苏作工艺馆、多媒体展示馆等多个展区，从文化艺术、苏作技艺、苏式生活等多个方面全面展示了吴地的悠久历史和特色工艺。为有效整合苏州市优质文化资源，推动城市公共文化新地标的建设形成，2019 年 10 月 15 日，苏州工艺美术博物馆整建制并入苏州博物馆，继而一批优秀的工艺美术珍品加入苏州博物馆西馆展陈，不仅丰富了西馆藏品的种类和数量，而且进一步补充和完善了明清以来苏作工艺的发展历程，彰显了苏州工艺的独特艺术魅力，同时使苏州的历史文化基因得以世代传承。在立足江南文化的基础上，苏州博物馆西馆还专设国际合作馆，与世界知名博物馆合作，积极探索世界多元文化的连接与融合。

苏州博物馆西馆更加注重和突出博物馆教育功能，首次尝试在国内地方综合类博物馆内设置探索体验馆，为青少年打造国内首家博物馆学校，让他们在开放式、互动式和探索式的体验中了解苏州城,放眼看世界。

 薪火传承

苏州博物馆西馆以江南文化为核心展示内容,紧扣"立江南,观世界"的思路理念,以"小苏州,大世界"为主线,积极传递苏式魅力,讲述江南故事,阐释古今富庶之地的文化密码,并专门开辟出世界文明展示空间,进一步探索与世界文化的连接、共生,架起文明交流互鉴的桥梁。

苏州博物馆西馆

千年传承的吴风雅韵。吴地历史的源头可追溯到万年前,三山的先民们开始搏土制陶,奠定了这片土地的文明基石。马家浜文化、崧泽文化、良渚文化兴亡递嬗,泰伯奔吴、土著归化,开启吴学新纪元。走过刀光剑影的吴越春秋,见证天下一统的秦汉隋唐,领略锦绣繁华的宋元明清。在这漫长的岁月里,吴地从蒙昧走向文明,从尚武转向崇文。馆内珍藏的件件宝物,展现的是苏州万年文明史、两千五百多年城市史,集聚了吴文化"崇文重教、尚智坚忍、柔雅精细、精益求精、厚积薄发、敏锐灵活"的丰富内涵,为今日"崇文睿智、开放包容、争先创优、和谐致远"的苏州精神积淀深厚底蕴。

技冠天下的苏作工艺。物阜民丰、文化繁荣的苏州,凡金银琉璃绮彩锦绣之属,无不极其精巧,概之曰"苏作"。苏作技艺,

源于文人的精神世界,更是江南文化的璀璨瑰宝。自宋元以来,举凡琢玉、雕金、镂木、刻竹、髹漆、装潢、像生、针绣等各个门类的工艺,苏州工匠们都能展现出超凡的匠心独运,引领着时尚潮流。文人会聚的苏州,以浓郁的文化气息造就了巧夺造化的苏作技艺。明清时人一致认为,苏州百工技艺神乎其技,他处无法比拟。时至今日,苏作技艺依然传承着古老的传统,不断创新、与时俱进,在繁华盛世中绽放出万千绚烂的光彩。

经济繁荣的文化密码。 2023年全国两会期间,习近平总书记在参加江苏代表团审议时指出,"上有天堂下有苏杭,苏杭都是在经济发展上走在前列的城市。文化很发达的地方,经济照样走在前面。可以研究一下这里面的人文经济学"。一面是古典精巧、韵味无穷,一面是开放包容、敢为人先,人文经济相生相融的淬炼,造就了苏州独特的城市气质、精神密码和文化自信。苏州博物馆西馆以"小苏州,大世界"为故事主线,立足于吴地悠久历史和特色文化,打造城市历史文化解读中心和体验中心,构成一组回望历史、理解当下、眺望未来的长镜头,沿江南文化,溯历史脉络,绘繁华图景,以文化赋能经济,激荡生生不息的城市脉动。

◆ 研学足迹

苏州博物馆西馆: 苏州高新区(虎丘区)长江路399号。

苏州吴文化博物馆：讲述乡土中国故事，展示江南文脉传承

◆ 时光苏记

苏州吴文化博物馆位于澹台湖景区，建筑面积1 800余平方米，于2020年6月28日正式开馆。苏州吴文化博物馆定位为高水平有特色的区域文化综合体，打造领先的吴文化展示研究和学习平台，以"人文吴中、美丽太湖、诗意江南"为思路，开展博物馆展览、教育、公众服务等各方面的工作。

一楼设置临展厅，重点打造吴地文化、江南文化特色展和其他国内外精品展。二楼设置常规陈列，以"考古探吴中"和"风雅颂吴中"的专题展览形式，对学术意义的吴文化及吴地文化进行相对全面的解读。

"考古探吴中"以时间为线索，以原吴县地区历年考古发现为主要展陈内容，通过实物展示、场景模拟等多种陈列方式，结合考古学、历史学等多学科的研究方法，全方位、多角度地探究上起旧石器时代下迄春秋战国时期的前吴文化及吴文化的起源和勃兴。

"风雅颂吴中"分为吴风、吴雅、吴颂三个展厅，吴风展厅分山水华滋、吴地风物、营造构建、江南精工四部分。以手绘画卷、中岛展示台、立体模型等展陈方式，围绕太湖重点展现吴地地理特征与风光；以四时物产为主线体现吴地物候及风物；关注吴地

古村古镇古建筑,展示典型的村镇格局和特色建筑构件;通过传承至今的匠人作品,体现吴地工艺的今日之风、今日之美、今日之用。

吴雅展厅以镜鉴泉货、汲古长物、巨匠巧作三个板块,对应展览馆藏铜器、陶瓷、玉器杂项等文物,挖掘吴地自先秦至明清以来的文化因素,以雅物见证吴地历史,展示吴地生产生活方式。

吴颂展厅分吴语依依、吴地先贤、雅颂传承三部分。以融媒体图书馆、展中展、演出空间相融合的形式,讲述吴中故事,描述江南意象,传习先贤文章,颂扬吴地山水人物所构建的文化大观。

苏州吴文化博物馆

薪火传承

吴文化以雅正为精髓，它的开放性、吸收性与融汇性为苏州经济发展提供了不竭动力。新时代，苏州秉承"三大法宝"时代精神，争做"强富美高"新江苏建设的先行军，让宏伟蓝图化为现实。吴文化的博大精深，与苏州的现代化进程交相辉映，共同谱写着这座城市的辉煌篇章。

正清和雅的风物情志。雅正是吴文化的精髓，不偏离、不过度，以文质彬彬为追求，长于对传统之继承，精于对细节之追求。苏州人感恩自然馈赠，享受鱼米之乡的气候宜人、地肥水美、物产丰饶，同时积极发挥主观能动性，兴建塘浦圩田，打造"苏湖熟，天下足"的"人间天堂"。自宋以来，苏州人文葳蕤、经济繁盛，百姓开始在衣食住行等方面追求生活的闲趣、雅致，赋予日常生活审美品格和文化品位。这些都反映了热爱生活、追求美好的苏式智慧。作为全国第一座全面展示吴文化的综合性特色博物馆，"吴地""江南"是苏州吴文化博物馆最为鲜明的特色。其展陈着的数万件文物，呈现出吴地千百年来沉淀下来的风雅与灵韵。秦汉以来的精品木器、铜器、玉器，最古老的古琴琴身，等等，无声地诉说着千年吴地的雅颂传承。

刚柔并济的人文精神。吴文化由华夏文明在江南水乡所孕育，古朴而不失精美、温柔而不失刚劲的文化心态构成了吴文化的内在特征。吴文化刚柔并济的人文精神，使苏州历代涌现出无数以天下为己任的仁人志士。从写下"先天下之忧而忧，后天下之乐而乐"的北宋贤相范仲淹，到发出"天下兴亡，匹夫有责"呐喊的一代通儒顾炎武，再到被毛泽东称誉为"今屈原"的近代

革命诗人柳亚子,吴文化中刚柔并济的民族气节对后世影响深远,也造就了苏州不仅是"人家尽枕河"的江南好景,更是依托强有力的工业基础而迅速崛起的工业大市。

开放融合的文化品格。吴地据东南而立,先秦时受中原周文化影响,承饭稻羹鱼为立命之本,引礼乐教化为国之法度,奉谦和礼让为道德楷范,形塑多元兼容的吴地文化延续至今。吴文化开放性、吸收性与融汇性的文化习性,造就了苏州善于学习先进思想、顺应时代的价值体系,为苏州经济发展提供了不竭的精神动力和智力支持。改革开放以来,尤其是党的十八大以来,苏州在习近平新时代中国特色社会主义思想指引下,以开放包容的博大胸怀,孕育熔铸古今、沟通中外、城乡协调的"三大法宝"时代精神,开启争做"强富美高"新江苏建设先行军排头兵的探索实践,一步一个脚印让习近平总书记为江苏擘画的宏伟蓝图在苏州率先化为现实。

◆ 研学足迹

苏州吴文化博物馆:苏州市吴中区澹台街9号。

苏州丝绸博物馆：一丝一缕织就"江南名片"

时光苏记

苏州丝绸博物馆于1991年落成并开放，是我国第一座丝绸专业博物馆，位于苏州市人民路2001号，毗邻北寺塔风景区，占地面积9 500平方米，展陈面积4 000平方米。设有历史馆、现代馆、少儿科普馆、桑梓苑、丝织机械陈列室和钱小萍丝绸文化艺术馆六大展区，其中历史馆包括古代厅、蚕桑居、织染坊、贡织院、民国街和非遗厅六部分。

馆内既有精美的丝绸文物陈列、动态的栽桑养蚕展示，又有传统织机操作表演和现代丝织技术在生活上的应用。苏州丝绸博物馆是苏州市爱国主义教育基地、江苏省科普教育基地，馆内设有多功能报告厅和教育活动室，在举办陈列展览的同时，开展小型学术交流、科普讲座等社会教育活动，得到社会各界的广泛关注和充分肯定。

作为宋锦和漳缎两项传统丝织技艺的非遗传承保护单位，苏州丝绸博物馆经国家文物局批准成立中国丝绸织绣文物复制中心，在丝绸文物复制、修复领域成果丰硕。

薪火传承

苏州素有"丝绸之府、锦绣之地"之称，自古便以盛产精美

丝绸而闻名于世。苏州丝绸,不仅是古老中国的文化符号,更是连接世界、促进交流的纽带,它在传承中创新,在创新中发展,为推动人类文明的共同发展做出了不可磨灭的贡献。

展示华夏儿女勤劳质朴、敬业奉献的宝贵品质。南宋时期,平江府境内盛产生丝,其丝线韧性好、强度高,是制作缂丝、宋锦等上等丝绸制品的上好材料。由于苏州本地与外来的手艺人善于钻研技艺、心灵手巧、勤劳质朴,缂丝、宋锦在江南迎来了黄金时代。养蚕织丝艰难复杂,不仅需要吃苦耐劳的精神品质,还离不开耐心细致、一丝不苟的劳动作风。从采桑到养蚕,从缫丝到织绸,都是"一茧一丝养成,一针一线绣织"的纯手工劳动,是一个辛勤艰苦、紧张劳作的过程。明末周灿诗云:"人家勤织作,机杼彻晨昏。"自古以来,一代代苏州人夫织妻络,夜以继日,以

苏州丝绸博物馆

自己的勤劳与智慧使苏州赢得了"丝绸之府"的美名。当今时代，机械化大生产在大部分领域可以代替各种手工劳动，但是缂丝、宋锦的很多工艺，因为工序的繁复，仍然只能手工完成。新一代的技艺传承人凭借着骨子里对丝绸的热爱，对传承和发展与生俱来的使命和责任，让古老艺术走进人们的生活、走向世界。

传递中华民族崇尚和平、珍视友谊的信念追求。 苏州以盛产精美丝绸闻名天下，其生产的丝绸产品，自古就通过海、陆两条线路流通至海外。因丝绸贸易而兴起的东西方经济文化交流，把古老的华夏文明带到了海外，丝绸文化使中国和世界连为一体，对推动世界文明的共同发展和中西各国的和谐相处有着不可磨灭的贡献。当前，我们弘扬"和平合作、开放包容、互学互鉴、互利共赢"的丝路精神，积极推进"一带一路"倡议，与丝

路沿途国家分享优质产能，发展地区新型经济合作关系，共同打造政治互信、经济融合、文化包容的利益共同体、命运共同体和责任共同体，推进人类社会的共同福祉。当代苏州开通"苏满欧"五定班列，打造太仓港集疏运体系，建设开放创新的世界一流高科技园区，努力在"一带一路"建设进程中打造苏州开放新格局、增创开放新优势。

彰显中国人民开拓进取、追求卓越的创新精神。 2012年，苏州市政府出台《苏州市丝绸产业振兴发展规划》，推动苏州丝绸产业的转型创新发展。2014年，宋锦在亚太经济合作组织（APEC）峰会上的惊艳亮相，使苏州丝绸再次被世人深深铭记。2022年年初，为了进一步推动苏州纺织丝绸企业，特别是广大中小企业科技创新能力，苏州市纺织工业协会、苏州丝绸行业协会、苏州市纺织工程学会联合发起设立纺织丝绸科技进步奖。勤劳智慧的苏州人民加快丝绸行业整体性技术，引入世界一流设备，推动生产技术迭代更新，努力赶超国际先进水平，充分汲取传统工艺与西方科技的精华，不断进行丝绸科技变革和工艺创新，涌现出以"太湖雪"为代表的一批知名丝绸产业品牌企业。在盛泽镇建立的全球最大工业丝智造基地，其产能约占全球产能的30%以上。这些傲人成绩的取得，使丝绸这张古老的中国名片再次焕发时代活力，再度惊艳世界。

◆ 研学足迹

苏州丝绸博物馆：苏州市姑苏区人民路2001号。

中国刺绣艺术馆：飞针巧引线，方寸绣乾坤

◆ 时光苏记

中国刺绣艺术馆景区位于苏州高新区（虎丘区）镇湖街道，总面积为0.64平方千米，由一纵一横两条主线构成，包含绣品街、中国刺绣艺术馆、创意绣坊等多个景点，是集苏绣设计、生产、展示、销售、文旅创作、体验互动、学习培训及精品民宿、非遗保护基地为一体的文旅融合胜地。徜徉在中国刺绣艺术馆景区，品味历史悠久的吴地文化和刺绣艺术，聆听穿针引线的纤手故事，一览镇湖古镇的民俗风情，历史文明与现代人文的完美结合，让人感受到生生不息的文化魅力。

2007年，镇湖建成了中国刺绣艺术馆，占地面积8 000多平方米，建筑面积5 000平方米，设有绣史馆、名人馆、工艺馆、精品馆及特展厅，分别展陈了刺绣珍贵文物和当代织绣大师的典藏珍品，目前已成为国内规模最大，集刺绣技艺研发、学术交流、展示评比及文化传播等多功能为一体的专业性刺绣展馆。

馆内粉墙黛瓦，亭台楼阁，廊桥水榭，为典型的江南园林建筑风格。徜徉在中国刺绣艺术馆内，人们仿佛步入了2 000多年来刺绣文明的艺术殿堂，感受妙手天工，锦绣丝路。

中国刺绣艺术馆

◆ 薪火传承

苏绣是千年传承的江南艺术，一针一线都凝聚着匠心与专注。它不仅是民间艺术的瑰宝，更是中华文化的传承力量。苏绣小镇的绣娘们，用匠心守护这份传统，并使其焕发新生。中国刺绣艺术馆则通过展览，引领我们深入理解苏绣的魅力与价值，感受中华民族卓越的传统文化与审美特色。

一针一线描绘极致匠心。刺绣的一针一线皆寄托极致用心，每一件苏绣佳作都映射出绣娘们的匠心与专注。作为国家级非物质文化遗产，苏州刺绣经过千百年的岁月洗礼，以其精美雅致的风格闻名全球。苏绣小镇里的绣娘们，不仅是苏绣技艺的传承人，更是民间艺术瑰宝的守护者。一代代绣娘在针线之间彰显匠人初心，以匠心精神助推非遗文化焕新发展。

飞线走丝演绎传承发展。中国刺绣艺术馆展览布局紧扣发展历程与刺绣技艺两大脉络,构建与苏绣相遇、深入理解、沉浸欣赏的观展环节。犹如绣花针一般,苏绣的传承与发展串联起中华民族卓越的传统文化、中国古老手工业的演进历程,以及江南独特的审美特色等元素。展览不仅在探寻和发掘地域文化资源方面发挥着引领作用,还在梳理刺绣的历史文化脉络、唤起学习中国传统文化的热情及进一步加深对故土情感的认同等方面充满激发力。

用心用情守护文化之根。中华优秀传统文化是最深厚的软实力,也是中国特色社会主义植根的文化沃土。苏绣植根于中华优秀传统文化,以精细雅洁承载着国人对温婉柔美的向往和追求,是需要传承发展的民族瑰宝。习近平总书记在苏州考察调研时观看了苏绣代表性传承人卢建英制作苏绣,他由衷称赞:"中华文化的传承力有多强,通过这个苏绣就可以看出来。像这样的功夫,充分体现出中国人的韧性、耐心和定力,这是中华民族精神的一部分。"

◆ 研学足迹

中国刺绣艺术馆:苏州高新区(虎丘区)镇湖街道绣馆街1号。

苏州御窑金砖博物馆：点土成金，匠心守护文化遗存

◆ 时光苏记

苏州御窑金砖博物馆位于苏州市相城区阳澄湖西路95号，占地面积38 875平方米，建筑面积15 087平方米，由著名建筑设计师刘家琨主持设计。

作为全国首家展示御窑金砖的博物馆，意在通过建筑的组织营造，保护珍贵的文化遗存，全方位、多角度展现鲜为人知的御窑金砖历炼过程及其深厚的历史文化内涵。

博物馆由遗址公园、博物馆主馆、当代艺术中心、金砖生产工坊及配套服务区组成。主馆是整个博物馆的核心建筑，通过三个层面将御窑金砖开物、成器、致用的不同历程完整展现出来，采用文物陈列、场景复原、科技模拟、互动游戏等多种展陈手段层层递进，生动再现了御窑金砖从阳澄湖畔的地域性物质原料——黄泥黏土到王朝最高殿堂"钦工物料"的历炼过程，成为专为皇室御用的"天下第一砖"。

第五章 文脉传承

◆ 薪火传承

自开馆以来,博物馆推出了各类实践活动,吸引青年学子纷纷参加,内容包括金砖制作、泥塑捏制、生肖印坯、陶艺拉坯、素坯彩绘等。

苏州御窑金砖博物馆

御窑金砖制作技艺凝聚了无数劳动者的智慧与汗水。从选土到成砖，每一道工序都精益求精，诠释了中华民族勤劳、敬业的精神品格。如今，御窑金砖不仅承载着深厚的历史文化底蕴，更在创新发展中焕发出新的生机，成为传承与弘扬非遗文化的重要载体。

精益求精的不竭匠心。"金砖备供库储岂，宫庙需材岂等闲。匠做初成惊国变，可堪流落到人间。"御窑金砖是"相城十绝"中的第一绝，其制作技艺被列入了首批国家级非物质文化遗产保护名录。由于制作技艺的独特性与精密性，金砖制作经历代无数工匠的探索，形成了一套完整而严格的工艺流程与操作方法，从选土练泥、踏熟泥团、制坯晾干、装窑点火、文火熏烧、熄火窨水到出窑磨光，完成这整套工序，往往需要一年半时间，其工序之多，工艺之繁复精密、制作周期之长，为砖瓦制造业所罕见，一块金砖凝聚了无数匠人的智慧与心血。正因这样精益求精的制作匠心，御窑金砖的品牌才传承至今。

窑火千年的人民智慧。细料方砖，颗粒细腻，质地密实，敲击时有金石之声，断之无孔，最终运抵京城御用，而"京"与"金"读音相似，"京"字后逐步演化为"金"字，故称为"金砖"。金砖所使用的土料要在冬天选泥，采用的是阳澄湖西陆墓镇（今陆慕镇）一带的粘土，"皆以粘而不散，粉而不沙者为上"。制作工序与中国传统五行哲学相契合。最寻常的乡野之"土"，经过糠草、片柴等"木"属之物转化而成的"火"焙烧之后，逐渐与"水"相遇，水火相济之后，变土成"金"。每个步骤如开窗通风、翻身拍打整平，都要顺应二十四节气的变化，湿度、风量、火力，一处不合则会龟裂而前功尽弃。处处细节反映出劳动人民在长期实践中积累的经验、凝结的智慧。

笃行实干的劳动底色。"民生在勤,勤则不匮。"作为社会发展的主力军,劳动者的"劳有所得"是御窑金砖不断发展的支撑,也集中反映了亿万劳动者的历史主动意识,彰显着推动人类社会发展进步的根本力量,传递出中华民族坚持不懈、敬业乐业、吃苦耐劳、自强不息的精神品格。苏州御窑金砖博物馆在保护御窑遗迹、传承金砖文化的同时,将劳动教育作为文化启蒙的起点,于2019年1月正式推出"点土成金"金砖匠心体验产品,集非遗知识和手工趣味于一体,使人能沉浸式感受金砖的辉煌史、工艺的精湛史和人民的劳动史。

◆ **研学足迹**

苏州御窑金砖博物馆:苏州市相城区阳澄湖西路95号。

苏州园林博物馆：方寸之间见飞鸿，咫尺之内造乾坤

时光苏记

苏州园林博物馆于 1992 年秋天建成并开放，馆址位于拙政园南部住宅区域内，是中国第一座园林专题博物馆。2007 年 12 月 4 日，在原馆址东部区域，建成并开放苏州园林博物馆新馆。苏州园林博物馆建筑保持了粉墙黛瓦的苏州民居特色，与周围的拙政园、狮子林等园林经典代表作相协调。新馆占地面积 3 390 平方米，设计理念上，利用有限的空间，充分运用苏州园林"咫尺之内再造乾坤"的造园艺术手法，将其隐在博物馆的设计布局之中。

苏州园林博物馆展厅分为序厅、历史厅、艺术厅、文化厅和传承厅等五个部分，展厅分布摒弃了中轴、对称等通常做法，通过游廊的连接，形成曲径通幽、峰回路转、移步换景的参观线路，移景、取景、借景等苏州园林的造景手法时时可见。

苏州园林博物馆藏品数千件，包括造园典籍与工具、园林古典家具、园林厅堂匾额、园林陈设物件及名人物品等。这些藏品多为园林旧物，充分反映了苏州园林精湛高超的造园技艺和精致典雅的景观艺术。苏州园林博物馆以苏州现存历代名园为实体展品，展示了苏州园林在两千多年悠悠岁月中的美的历程和旖旎风采。

第五章 文脉传承

苏州园林博物馆

🔹 薪火传承

苏州古典园林是中华优秀传统文化的宝贵遗产,更是东西方文化交流的桥梁。作为苏州的文化名片,以其独特魅力和丰富内涵,让世界领略到中国古典园林的艺术精髓。从纽约大都会艺术博物馆的明轩到海外的 50 余座 "苏州园林",它们传递着中国文化的深邃与美好,成为沟通东西方的文化使者,为讲好中国故事增添了厚重的文化底蕴。

中国传统文化的岁月积淀。文脉赓续,是中华文明绵延的见证。整个姑苏城宛若一座大的园林博物馆,而苏州园林博物馆仿

佛苏州园林城市的序厅，发挥着宣传园林文脉、普及园林知识的重要作用。习近平总书记在联合国教科文组织总部的演讲中提到："对待不同文明，不能只满足于欣赏它们产生的精美物件，更应该去领略其中包含的人文精神；不能只满足于领略它们对以往生活的艺术表现，更应该让其中蕴藏的精神鲜活起来。"苏州园林博物馆展现了蕴藏在园林背后山水比德、以器载道的人格追求，融情于物、物我合一的审美境界，宁静致远、胸有丘壑的君子品格，并让这些文化内涵鲜活了起来。

古典审美艺术的意象空间。苏州园林作为中国典型建筑，是反映时代和审美的媒介之一，是一件艺术作品，在设计和建造时，需要超越日常认知的心理时空，需要从审美心理时空营构设计。以园林中假山营造为例，山林建造以"瘦、透、漏、皱"的太湖石为上选，从知觉表象观看，是由于太湖石纹理纵横，形态奇巧，符合姿态上的美感；更深层次的原因则是太湖石与文人对于挺拔风骨、剔透血脉的精神向往若合符节，当文人以"我"观物，将自身向往的气概投影在园林中的奇石上时，奇石便有了人的特质；奇石挺拔剔透的韵度也被观赏者所吸纳，人便化身奇石，从自然外物界寻回了自我，审美上的移情作用使自然和个体达到了物我同一的境界。自然山水、精巧建筑及多元意象间的有机互动，使园林的玲珑天地深深植根于吴中大地，构架起吴地文化天棚，构筑起苏州风雅涵城，赏园人在"无我合一"的个体审美游历过程中，悟得园林真趣。

讲好中国故事的文化名片。苏州园林，是"最江南"中的一份诗意、一种态度，是我国古典园林的精华所在，更是中华文化的博物志，是西方世界探寻东方哲学的一个窗口。作为苏州最具标识的核心品牌与城市名片，苏州园林体现了中国造园艺术的最高成就。从全球视角来看，与西方文化中的花园相对应，园林作为中华优秀传统文化的集结体和美好生活方式的艺术化表达，形成了与西方文化交流对话的一种独特视角。1980年，美国纽约大都会艺术博物馆仿照网师园中的殿春簃建造了一座古典庭院明轩，标志着苏州古典园林开始走向世界。40多年来，先后有50余座"苏州园林"漂洋过海，传递中国文化之美。美国流芳园、兰苏园、寄兴园，加拿大逸园，新加坡蕴秀园，马耳他静园等多次获得国际奖项，成为常驻海外宣传苏州园林的文化使者。特色鲜明的文化遗产穿越时光，成为沟通古今中外的桥梁，为讲好中国故事增添了丰厚的底色。

◆ 研学足迹

苏州园林博物馆：苏州市姑苏区东北街202号。

苏州民俗博物馆：守望传统，演绎江南风情画卷

◆ 时光苏记

民俗是人民群众在长期的生产生活中形成的风俗习惯，它是人民群众智慧的结晶，是弥足珍贵的文化遗产。

苏州建城已有 2 500 多年的历史，在漫长的岁月中形成了具有吴地特色的民俗，1986 年 11 月在纪念苏州建城 2 500 周年时正式对外开放的苏州民俗博物馆，就是一个展示苏州民俗的窗口，是我国首家以展示都市民俗为主要内容的专业博物馆。目前，全馆围绕节令民俗、吉祥民俗与育子民俗展出一些民俗文物，介绍一些民俗知识，以

苏州民俗博物馆

增进各地朋友与国际友人对苏州传统民俗文化的了解。

苏州民俗博物馆藏品2 000余件，展出约500余件。馆内现有岁时节令、吉祥民俗、育子习俗三个展厅，以展出反映苏州本地特色的工艺品与民俗日用品为主。通过参观，我们可以初步领略到古代苏州的市井风貌与风土人情。

◆ 薪火传承

民俗文化深刻诠释了中华民族不忘本来、面向未来的精神风貌。苏州古城历史悠久，在岁月的长河中，苏州人民创造了灿烂的物质文化和精神文明，形成了独具特色的吴地文化及别有意趣的民间风俗。

尊重自然规律的时令食俗。节令民俗，源于天文历法、气候、物候，却又与生产生活、社会生活密切相关。苏州山温水软、四季分明、物产丰富，加上农林渔牧业技术发达，人们自古在饮食上有着不令不食、顺时而食的习惯。一月的腊八粥、八宝饭，二月的冬笋，三月的刀鱼，四月的香椿头、碧螺春，五月的枇杷、青梅，六月的桑葚，七月的杨梅、童子蟹，八月的黄桃、鸡头米（芡实），九月的芋艿、银鱼，十月的大闸蟹、橘子，十一月的雪里蕻，十二月的冬酿酒，一年轮回以食物标记岁月，是人与自然最美好的默契。

热爱人间烟火的传统民俗。热热闹闹过节是中国人热爱生活的情调与智慧，山塘看会、轧神仙、观莲节、春节、元宵节、端午节、中秋节、冬至等节日习俗在苏州流传至今。冬至是中国传统节气，但唯有苏州对冬至情有独钟。其说法是，中国古代有夏历、殷历和周历之分，周历最早，比殷历早一个月，比夏历早两

个月。周历视冬至这一天是大年初一,冬至的前一天就相当于大年夜。苏州传承周历,在冬至前夜祭祀天地与祖先,之后一家人会围坐在一起吃团圆夜饭。太湖地区盛产稻米,苏州人擅长用糯米粉制作各式糕点,以增添节日气氛与幸福味道。元宵、青团、神仙糕、肉馅团子、重阳糕、萝卜团、冬至团等,一年四季、应接不暇,让市井生活充满烟火气息。

关爱下一代的育儿习俗。苏州地区的百姓从孩子出生、满月、周岁乃至上学的整个过程都有一系列礼仪与风俗。例如,孩子周岁,外婆家必送锁片和长命锁为小孩挂件,具有压邪保育寓意。孩子六七岁启蒙拜师,要挑一个黄道吉日,当天必须由舅舅送上学,舅舅家要准备学习用品和讨口彩的糕、粽送外甥上学,寓意"必定高中";孩子要先拜先圣孔子,再拜先生,礼毕,师生同喝"和气汤",希望师生和和气气等等。这都反映出苏州人崇文重教和对新生命的关注与期待。

◆ **研学足迹**

苏州民俗博物馆:苏州市姑苏区潘儒巷32号。

苏州大运河遗产展示馆：水润江南，舟楫往来诉千年

时光苏记

一段河道，一座古城，一条文脉。京杭大运河是中国2 000多年历史的现实见证，是保存中国古代灿烂文化最丰富的文化长廊、博物馆和百科全书。千百年来，京杭大运河为苏州这座历史文化名城孕育了光辉灿烂的运河文化，除享誉世界的评弹、吴歌等非物质文化外，还在苏州段全长81.5千米的沿岸和周边留下了众多文物古迹。

2014年6月22日，中国大运河项目成功入选世界文化遗产名录，成为中国第46个世界遗产项目。该项目其中就包括苏州城区运河故道（含山塘河、上塘河、胥江和环古城河）、现京杭运河苏州至吴江段河道，以及盘门、山塘历史文化街区（含虎丘云岩寺塔）、平江历史文化街区（含全晋会馆）、宝带桥和吴江运河古纤道等7个点段。

苏州大运河遗产展示馆以苏州市规划展示馆的东附楼为馆舍，地处万年桥西南古运河畔，与古胥门隔河相望。共2层，总建筑面积近800平方米，其中主展区约600平方米。展览以大运河苏州段历史发展为脉络，采用版面、模型和场景等手法，多媒体、视频与黑白老照片相结合，全面体现大运河苏州段遗

产的真实性、完整性及其突出的普遍价值,形象揭示大运河与苏州古城的紧密关系,以及运河水系与世界文化遗产——苏州古典园林的内在联系。同时,利用互动体验装置实现现代观众与古老运河文化的对话。

苏州大运河遗产展示馆

第五章 文脉传承

◆ 薪火传承

大运河苏州段依偎古城而共生存，形成具有江南特色的运河风光，是运河线上的一颗璀璨明珠。苏州坚持把保护放在首要位置，突出活态传承、合理利用，将历史悠久、鲜活生动、立体综合的大运河展现在世人面前。历史和未来交融，保护与发展共存，运河之水连接古今、浇灌幸福、助推繁荣，在生生不息的奔涌中，绘出更具魅力的"姑苏繁华图"。

生生不息的民族精神。大运河是世界最长人工河道，代表传统农业文明最高科学技术水平。它始建于春秋时期，开凿于隋代，与长城、坎儿井并称为中国古代的三项伟大工程。大运河是中华民族流动的血脉，蕴含着中国精神的基因密码。它沟通东西南北，展现民族团结、追求统一的政治理念。它的沿线水利工程匠心独运，反映了百姓勤劳勇敢、富于创新的生活追求；它在历史上是南粮北运、水利灌溉的生命线，体现出人民至上、造福百姓的历史担当；它穿越并联通长江、黄河两大文明核心区，饱含开放包容、交流融合的文化底蕴,体现着中华民族独特的情感、省思与智慧,是坚定民族自信和文化自信的宝贵源泉。

枕河人家的文化符号。"君到姑苏见,人家尽枕河。"苏州古城水系是大运河的支流水系,运河通过山塘河、上塘河、胥江,从阊门、胥门、盘门注入苏州城,以古城内"三横四直"河道作为主要水网,成为城市交通运输水道和居民生活水源。苏州是运河沿线唯一全城受运河水滋养的城市,苏州城和运河水有着亲密的联系,苏州人与运河水也有着特殊的感情。2020年11月,习近平总书记视察江苏时指出:"千百年来,运河滋养两岸城市和人民,是运河两岸人民的致富河、幸福河。希望大家共同保护好大运河,使运河永远造福人民。"苏州的城市与文化,依运河而生、得运河而美、因运河而盛。在苏州城的历史变迁中,枕河而居的苏州人,在时光中将一首首诗孕化成专属于苏州的独特文化风尚和生活范式,使其成为江南文化人文性与生活化的代表。改革开放以来,城市化建设以更加便利的路桥交通网替代运河的航运地位,改善营商环境,提升人居氛围,增进民生福祉。同时,苏州不忘运河文脉,将"重塑城市海绵肌理,回归枕河生活"作为"青山清水新天堂"的重点目标。2023年5月1日,《苏州市大运河文化保护传承利用条例》正式施行,通过制度提升治理效能,破解大运河文化带建设中面临的突出现实问题,推动大运河文化在新时代绽放出璀璨光彩。

带动经济的水上丝路。吴地是丝绸之路的源头之一。纵观苏州2 500多年历史,其发展壮大的最主要动力就是由运河交通与丝绸生产贸易提供的。运河纵跨苏州南北5个区,沟通黄金水道长江,串联太湖、阳澄湖、独墅湖等众多湖泊,古往今来万商云集。

第五章 文脉传承

苏州自古以来盛产蚕丝，是中国丝织中心之一，苏绣、宋锦、缂丝是备受追捧的工艺珍品。"春船载绮罗"，从唐宋起，商贾们通过苏南运河航道将精美的丝绸沿着运河运往京城。因为水上丝绸之路的开辟，苏州聚集了大批能工巧匠，制造业进一步发展，金砖、玉雕、核雕、明式家具等苏作工艺不断精进，并源源不断地输往全国，运河为苏州带来了富裕与繁荣。当代苏州为了更好地推动"城河共荣、景河共生"，积极实施绿色现代航运综合整治工程，构建畅通高效的苏州内河干线航道网，同时布局建设"运河十景"，积极培育大运河文化产业带，促进运河经济和文化发展的同频共振，实现运河经济绿色发展。

◆ **研学足迹**

苏州大运河遗产展示馆： 苏州市姑苏区阊胥路32号。

本章相关音频

本章相关视频

第六章
历史街巷

　　苏州街巷文化,宛如一条历史的长河,承载着苏州人民绵延不绝的精神血脉,它深深扎根于这片古老的土地,汲取着苏州传统饮食、风俗、宗教、历史、建筑及地方戏曲等的丰富养分。在今日价值多元、思想活跃的时代背景下,苏州街巷文化依旧保持着旺盛的生命力,不断革故鼎新,与时俱进,成为推动国内外文化交流互鉴的璀璨明珠。习近平总书记指出,"要挖掘中华优秀传统文化的思想观念、人文精神、道德规范,把艺术创造力和中华文化价值融合起来,把中华美学精神和当代审美追求结合起来,激活中华文化生命力"。在这一思想的指引下,苏州街巷文化以其独特的魅力,生动地继承与发展了苏州地方文化的历史底蕴、文明广度、精神高度和现实厚度。

观前街：繁华古城市集，文化休闲胜地

时光苏记

观前街位于苏州古城核心，东起临顿路（醋坊桥），西至人民路（察院场），主街全长780米，因有古观玄妙观而得名，距今已有1200多年的历史，是苏州姑苏区的古老街道之一。这里融合了苏州园林艺术和建筑艺术的精华，是中国传统建筑文化的重要代表。

观前街地处姑苏区，有明确的建筑高度限制，因此建筑体量整体偏小，呈现出低矮的建筑轮廓线。在建筑色彩的运用上，除了玄妙观运用特定的黄色外，其他以黑、白、灰为主，具有浓郁的江南水乡特色。在灯具造型上，融入传统苏州园林的建筑元素，呈现典型的江南园林风格。行道树的选择也以乡土树种为主，香樟、桂花、银杏等树遍植。观前街遵循"儒道互补"的理念，以玄妙观为核心，在与北局广场相对应处的宫巷东侧，增设一商贸市场，配合玄妙观广场，形成三点式对称布局。

观前街由六大功能区组成，每一区都有一至两个核心设施，如综合商场为"核"，又有一系列辅助设施；专业商店为"翼"，形成"以核带翼"的商业布局。观前街是苏州市传统商业街区，旧时与南京夫子庙、上海城隍庙并称江南三大古商业街。如今的主街于1982年定为步行街，附近云集了众多副街、巷弄。2018年观前街被评为首批江苏省老字号集聚街区。

第六章 历史街巷

观前街

◆ **薪火传承**

观前街自古至今汇聚着苏州的文化精髓与时代风华。从玄妙观的古韵到市集的繁华喧嚣，再到今日的休闲胜地，这条街道始终充满着活力与魅力。它不仅是一条商业街，更是一条文化街，让人感受到中华民族现代文明的蓬勃发展和民族团结的强大力量。

丰富文化生活，乐享发展成果。"荡荡观前街，白相玄妙观"，观前街因玄妙观而闻名。玄妙观和观前街是几代苏州人"轧闹猛"的集市，琳琅满目的小吃点心、各式各样的杂玩把戏、充满韵味的露天书场、富有年味的年画书摊等，无所不包，繁华景象已经延续了四五百年。中华人民共和国成立后，观前街历经多次扩建与整治，从小方石路面到沥青路面，街宽逐渐增至 9~13 米，使得这条古老的街道焕发出新的生机与活力。随着经济社会的快速发展，观前街的文化产品日益多样化，文化内容愈发丰富多彩，

而文化服务也愈发贴近民心、充满烟火气息，满足了人民群众对美好生活的热切向往与不懈追求。如今，人们漫步在这里，逛街巷，赏非遗，在传统文化中汲取着精神滋养，感受着人间烟火的温暖与力量。这份坚定的历史自信与文化自信，激励着人们勇往直前，奔赴充满光荣与梦想的未来征程。

深厚文化底蕴，民族团结纽带。观前街的历史文化价值不仅在于其悠久的历史和丰富的文化遗产，更在于它承载着苏州的历史文化底蕴。我国传统道教崇尚自然，因此道教宫观大多"开洞府于名山"，而苏州玄妙观从初建就择址于繁华的苏州古城之中，成为一座罕见的城市道观。江南民间佛道皆信，苏州玄妙观神祇齐全，供奉着道教的最高神，历史上众多高道曾在此修行，使其在道教界及江南信众中享有崇高地位。数百年来，玄妙观的格局独具特色，神殿内庄严肃穆，大殿外场地则出租给商家，经过不断拓展形成观前街，市集的喧嚣促进了人与人之间的亲密交往。时至今日，观前街虽商户更迭，但诸如黄天源、采芝斋、陆稿荐、三万昌等老字号依旧繁荣，吸引了众多游客。同时，观前街巧妙融合历史文化元素打造了一系列景观，成为民众共享的休闲胜地，是展示中华民族现代文明和促进民族团结的重要窗口。

◆ **研学足迹**

观前街：苏州市姑苏区。

葑门横街：再现古城苏式生活，守护居民餐桌幸福

时光苏记

葑门横街位于苏州市姑苏区葑门外葑溪北岸，西起徐公桥，东至敌楼口与石炮台相接，街长690米，宽5米。关于横街的名称由来有多种说法，一是说因街道东西走向故名横街；二是说横街多在城门附近，与城门的朝向有关；三是说每一个地块都有自己的主街，与主街十字相交的为横街。

葑门横街是多条称为横街的苏州街巷中唯一保存得较为完整的一条。整体空间以横街为主要发展轴线，两侧建筑沿横街呈线性排列，横街宽度不一，有收有放，形成富有韵律感的街道空间。同时，街道两侧的建筑疏密有致，形成多处开敞空间，并在开敞处进行适当绿化，将河与街串联打造南北向的视线通廊，既打破了横街单调的街道固式，又增强了视觉效果，使行人有一种"柳暗花明又一村"的豁然开朗之感。横街南侧的葑门塘呈东西向延伸，形成与横街相辅相成的景观轴线。河流一侧是枕河而建的建筑，另一侧是植物品种丰富的景观绿化带，既能尽显江南"人家尽枕河"的独有特色，又能丰富横街的景观。

葑门横街内的沿街建筑大多数为2层，部分建筑为3层。底层多为开放的商铺，绝大部分建筑仍保留明末清初时期的建筑风格，青灰色的墙体瓦顶、木制的梁枋门窗及精雕细刻的窗棂，

蓟门横街

烦琐的细节无一不彰显出传统的江南文化，真实又极具生命力。

◆ 薪火传承

蓟门横街，历经南宋至今的沧桑岁月，是苏州古城内唯一较完整的百年老街。它承载着老苏州的悠长记忆，展现着市井生活的独特风貌。在苏州市政府精心修复下，横街焕发新颜，既保留了历史韵味，又提升了基础设施。

留住古城烟火气，再现苏式生活韵。不到蓟门横街，就不懂苏州市井生活。任由岁月荏苒，蓟门横街仍然是当地人常去的买菜老街，更逐渐成了吸引年轻人打卡参观的市井文化热门景点。近年来，苏州市政府按照"修旧如旧"的原则，运用现代化的修建手段，对蓟门横街进行改造，使其在恢复历史风貌的基础上，成为一条充满市井文化和民俗风情的特色街区。如今的蓟门横街，实现了颜值与内涵双提升，基础设施得到了全面升级，道路平整，排水畅通，秩序井然。蓟门茶室、书场、水码头等历史元素得到了恢复，老百姓最亲切的南北货店、烟纸店、酱菜店等日杂老店铺被一一保留了下来。在葑门横街与葑门西街的交接处，一座具有地方特色的标志性牌坊拔地而起，成为新的地标。这些店铺不仅承载着老苏州的日常生活记忆，也凸显出前街后河、河街并行的独特的苏州市井生活风貌。

保障民生"菜篮子"，守护餐桌幸福味。葑门横街自古以来便是苏州人的"菜篮子"，承载着这座城市的烟火气息和"市井活化石"的美誉。它位于苏州城的东南角，周围环绕着众多水塘，因盛产葑（茭白）而得名。众多的水塘和弯曲的河流托起了葑门横街的生活，让这里的生活依水而展开。自然形成的农副产品交易集散地，成为城区居民日常生活的重要补给站，承载着百姓对新鲜食材的期盼。随着时代的变迁，葑门横街成为城区内唯一的露天农贸市场，继续承载着为民服务的使命。为了让百姓吃上质优价平的放心菜，苏州政府大力推进"菜篮子"工程，葑门横街成为最重要的一环。如今的葑门横街，不仅保留了传统的水八鲜、时令小吃等本地美食，让苏州百姓能够品味到浓浓的家乡味道；同时，全国各地的优质农产品也源源不断地涌入这里，如陕西的冬枣、新疆的库尔勒香梨、湖北的草鱼等，为苏州百姓提供了丰富多样的食品选择。这里充分保障了一年四季的食品供给，让苏州百姓能够尽情享受来自天南海北的美食盛宴，大饱口福。

研学足迹

葑门横街：苏州市姑苏区。

十全街：展现姑苏古韵，探寻红色印记

时光苏记

十全街是苏州市姑苏区东南部的一条古老街道，东起葑门安利桥堍，西至人民路三元坊口，全长2 004米，宽约10米，沿路梧桐树浓荫蔽日。该街道已有千年以上的历史，宋代起名为十泉街，因街上有十口井而得名。清代因乾隆自号十全老人，官员为奉承皇帝，将街名改为十全街。十全街至今依然保留着"水陆平行、河街相邻、两路一河"的江南水乡城市的传统格局，每隔不远，便有一座小桥横跨河面，通往两侧的居民区。

这里到处铭刻着古老历史的印记，街道古树名木林立，内藏网师园、沧浪亭、南园、织造府等名胜古迹。其中，67号原为清代彭定求、彭启丰祖孙状元的尚书府第；111号原为辛亥革命老人李根源之曲庐精舍；265号原为怀厚堂，系王鏊后裔王颂蔚故居。画家赵子云、小说家程瞻庐曾居此街。乌鹊桥、带城桥、砖桥、帝师桥等14座古色古香的小桥攒集于此。十全街显现出极为丰富的历史文化底蕴。

如今，十全街已成为苏州古城的前沿"顶流"。一眼望去，颇具明清风格的新楼旧宇中，一家家网红餐饮店鳞次栉比，一爿爿休闲饰品店如新笋解箨，尽显潮流和年轻业态，使这条街彰显出古城焕发现代新生的无限可能。

第六章 历史街巷

十全街

◆ 薪火传承

十全街深藏着丰厚的历史底蕴与革命精神,街上多处辛亥革命名人故居,诉说着那段峥嵘岁月中的爱国情怀与坚定信念。经过改造的十全街焕发新颜,成为展示苏州特色文化与艺术的重要窗口,吸引着无数游客前来探寻历史的印记,感受江南的韵味。

延续先辈革命精神,信仰之花常开不败。以孙中山先生为代表的革命党人发动的辛亥革命,结束了中国延续几千年的君主

专制制度，拉开了近代中国社会变革的序幕。在小小的十全街上，分布着多处辛亥革命名人故居。怀厚堂是大学士王鏊后裔王颂蔚的居所，王颂蔚的妻子谢长达则是苏州振华女校的创始人，热心妇女解放运动，被著名教育家叶圣陶赞为"振兴女子教育最早的先锋"。武昌起义之后，她组织成立苏州女子北伐队，为革命筹募军费，堪称女中豪杰。阙园是辛亥革命先驱者李根源的故居。李根源早年加入同盟会，追随孙中山参与"二次革命"。他在辛亥革命中与蔡锷等人共同起义，为云南的光复立下赫赫战功。之后，他历任要职，曾在北洋政府任航空督办、农商总长、代国务总理等职。然而，因对曹锟贿选总统的愤慨，他选择了退出北洋政府，定居苏州生活了14年，并将这里视为他的第二故乡。此外，十全街上的灌木楼（何亚农故居）、朱培德公馆及马崇六公馆，它们的主人都是积极追随孙中山先生投身辛亥革命的爱国将领。这些故居和故事，共同织就了十全街浓厚的革命氛围，成为苏州乃至整个中华民族宝贵的历史文化遗产。

立足古城区域特色，历史街道焕发新生。苏州民间流传有"晒煞十全街"的谚语，其背后隐藏着一段历史变迁。在清末民初时期，十全街狭窄得只能容纳一辆人力车勉强通过，街道两旁没有余地种植树木进行绿化，因此，炎炎夏日下，行走在这条街上的人们备受烈日的煎熬，这便是"晒煞十全街"的由来。时代的车轮滚滚向前，改革开放后，苏州实行街坊改造。十全街整条街的民房被修葺一新，重现粉墙黛瓦、古色古香的江南风貌。街道被拓宽，可以两辆汽车并行，街两旁种上了郁郁葱葱、枝繁叶茂的梧桐树，为行人撑起了一片片清凉的绿荫，变成了"清凉十全街"。如今的十全街，还吸引了众多国内外游客前来驻足，南林饭店、南园宾馆、苏州饭店等涉外宾馆鳞次栉比,各类售卖古董、字画、工艺品、服装等具有苏州特色的小店也如雨后春笋般涌现。这条街道以年轻人为主要消费群体,致力于打造多元化的休闲和艺术空间。在这里,传统建筑和名人文化交相辉映,江南特色文化与优质商业资源完美融合,十全街成为游客们深入了解苏州的一扇重要窗口。

 研学足迹

十全街:苏州市姑苏区。

山塘街：凝聚千年底蕴，传承商会文化

时光苏记

山塘街位于苏州市姑苏区西北部，东起阊门，西至虎丘，全长约 3 600 米。中唐时期，诗人白居易任苏州刺史，对苏州城外西北河道进行疏浚清淤，利用自然河浜开挖成直河（由阊门外护城河直达虎丘山麓），称山塘河，便于行舟。又把挖出的泥土填堆成长堤，长堤宽阔成路，也直通虎丘，当时虎丘称武丘，山上有武丘寺，故白居易笔下称为武丘寺路，后人为纪念白居易的功绩，将其命名为白公堤，堤长七里（1 里为 500 米），又称七里山塘。

山塘街享有中国文化遗产保护典范单位、中国历史文化名街等称号，系首批中国历史文化街区之一。步入街区，苏州八座城门之一的阊门坐落于此，"阊"是通天气之意，表示吴国将得到天神保佑，日臻强盛。又因吴欲灭楚，该门方位朝对楚国，故亦名破楚门。明清时期，这一带是全苏州最繁盛的商业街区。清代乾隆年间的名画《盛世滋生图》表现了当时阊门至枫桥的十里长街万

商云集的盛况。当时这里各种店铺多达数万家,各行各业应有尽有,各省会馆纷列其间。清代孙嘉淦在《南游记》里这样描述阊门:"居货山积,行人流水,列肆招牌,灿若云锦。"如今的山塘街在保留原汁原味的江南古建筑风格的基础上,发展成苏州著名的旅游商业步行街,是苏州最著名的旅游景点之一。

山塘街

青春里的苏州记忆

◆ 薪火传承

历经千年沧桑，山塘街不仅是苏州古城的缩影与展现吴文化的窗口，更是天堂街市的绝美写照。在推动吴文化的传承与弘扬中，山塘街对本土文化的挖掘，对吴地民俗风情的展现，彰显了苏州深厚的历史文化底蕴。

积聚千年底蕴，承载水乡文化。历经千年岁月的洗礼，山塘街已然成为老苏州的缩影、吴文化的窗口、天堂里的街市。回溯历史，唐代杰出诗人白居易督导开挖山塘河，且积土成堤。他曾在诗中描绘道："自开山寺路，水陆往来频。银勒牵骄马，花船载丽人。"当地百姓感念白居易，在山塘街上建有唐少傅白公祠。七里山塘还流传着刘伯温的神奇传说。相传刘伯温曾在此街设置七只石狸猫，谐音"七利"，寓意着七利而无一害，可保佑江山长存、世代昌盛。因此，苏州百姓又将山塘街亲切地称为"七狸山塘"。此外，山塘街还遗存古戏台、安泰救火会、山塘雕花楼、贝节孝坊、报恩寺、五人墓等众多吴文化古迹。如今的山塘街历经多次保护性修复后，带给游客更多的古典氛围和别致韵味，成为游客探寻苏州悠久历史和深厚文化的最佳去处。

扎根姑苏古城，传承商会精神。《红楼梦》开篇，曹雪芹将苏州的阊门与山塘一带赞誉为"最是红尘中一二等富贵风流之地"。得益于得天独厚的地理位置和水陆交通的便捷，山塘街在明清时期便崭露头角，成为商贸和文化的交会点，赢得了"神州第一古街"的名号。商贾云集，会馆林立，岭南会馆、三山会馆、潮州会馆等著名会馆，均在此留下了深厚的历史印记。1905年，苏州商会成立后，凭借苏州交通、经济和商业的三重优势,逐渐跻身全国八大商会之列。在历史的洪流中,从五四运动、五卅惨案到九一八事变,当中华民族屡次受到列强的欺压和凌辱时,苏州商会总是满怀爱国热情,站在时代的前沿。他们以发展实业、振兴经济为己任,在捍卫工商权益、抵御外侮、加强国际交流及推动地方经济社会发展等方面,都发挥了不可或缺的作用,为苏州的近现代史谱写了浓墨重彩的篇章。2005年,值苏州商会百年庆典之际,苏州商会博物馆在山塘街的原汀州会馆揭牌成立。这座博物馆不仅成为传播苏商文化、弘扬苏商精神的重要平台,更是展示苏商卓越贡献的生动窗口。在新的历史征程中,商会作为党和政府与非公有制经济界沟通的重要桥梁,作为政府管理非公有制经济的得力助手,正助力苏州民营经济实现新的腾飞。

山塘街:苏州市姑苏区。

平江路：守护历史文脉，构筑文化自信

时光苏记

平江路位于苏州市姑苏区，南起干将东路，北与白塔东路和东北街相接，因该路有古井十口的缘故，古名十泉里，至今已有800余年历史。宋时苏州称平江，后人又为此路取名平江路。平江路全长约1 606.8米，宽3.2米，西侧平江河即为古城内"三横四直"干流中第四直河，宽5~6米，从南端苑桥到北端华阳桥，属于典型的水乡特色。

平江路

按清同治《苏州府志》记载，该路一直称作平江路，沿用至今。平江路延续了唐宋以来的街坊格局，直路沿河，四散巷支。由于沿河而建，平江路上由北至南共有 17 座石桥，每座石桥又各具特色。巷子则与平江路垂直相接，高高耸立的垣墙夹着曲折的街巷，内部则是各家的小园，清末民国时期众多名人志士曾居住于此，为街巷平添了不少人文气息。

平江历史文化街区曾获得联合国教科文组织颁发的"2005 年度亚太文化遗产保护荣誉奖"。2009 年，入选首批国家级旅游休闲街区的中国历史文化名街。2022 年，文化和旅游部发布《关于国家级旅游休闲街区名单的公示》，认定全国各省市共 55 个街区为国家级旅游休闲街区，平江历史文化街区成为苏州唯一入选的街区。

◆ 薪火传承

习近平总书记在苏州平江路考察时强调，平江历史文化街区是传承弘扬中华优秀传统文化、加强社会主义精神文明建设的宝贵财富，要保护好、挖掘好、运用好，不仅要在物质形式上传承好，更要在心里传承好。平江路历经千年依旧保持着独特的水陆并行格局与风貌，历经保护性修复，依旧濡养着温润的气质，见证着苏州古城的永续发展。

保护和发展并举，守住古城历史文脉。"一条平江路，半座姑苏城。"在老苏州人心中，是先有平江路，而后有的苏州城。与宋代平江知府李寿朋主持刻绘的《平江图》碑相对照，现代的苏州城依旧保持着古老而独特的"水陆并行、河街相邻"的双棋盘格局、"三纵三横一环"的河道水系模式，以及"小桥流水，

粉墙黛瓦"的独特风貌。平江九巷深藏顾颉刚、洪钧、叶圣陶等名人的故居，全晋会馆、丰备义仓旧址等是大运河南北经济文化交流的生动见证，它们共同彰显出街区数百年濡养出的温润气质。早在1982年，苏州就入选首批24个国家历史文化名城，并在全国率先提出全面保护古城风貌的城市发展战略。经过40余载的不懈努力，苏州已经形成了一套以"一张蓝图绘到底"为核心的，国内最为系统、最为完备的古城保护规划体系，并受到联合国教科文组织的高度评价——该项目是城市复兴的一个范例，在历史风貌保护、社会结构维护、实施操作模式等方面的突出表现，证明了历史街区是可以走向永续发展的。

认同与自信互构，守好历史文化记忆。 穿越千年时光，连接久远的过去与美好的未来，平江历史文化街区可谓是中华文明传承发展的生动现场。如今的平江路，苏绣、宋锦、缂丝、苏帮菜、制扇技艺、评弹等众多非遗项目随处可见。平江路历史文化街区成为世人体验苏州非遗活态传承、感受古今苏州蓬勃生机的窗口。在路边，随处可见的苏州评弹茶馆吸引着众多游客前来赏听，在这里，游客可以领略到苏州文化的精致、雅致和平衡之美，感受古城文化的深厚底蕴。平江路通过弘扬江南传统文化，让世界更加了解和欣赏苏州，让游客于潜移默化中沐浴文化春风。

研学足迹

平江路：苏州市姑苏区。

丁香巷：丁香聚民心，贞烈传芬芳

时光苏记

丁香巷是平江路上一条居住类苏州古街巷，位于苏州市姑苏区平江路东侧，西起平江路，东至仓街，长360米，宽2~4米，1987年，原来的卵石路面改为异形道板路面后又改为长方形砖状水泥道板路面。因巷内长有大丁香树，故名丁香巷。

丁香巷在明代卢熊的《苏州府志》中就有记载，《苏州城厢图》《吴县图》《苏州图》中也均标有丁香巷。也有人认为，丁香巷之所以这样命名，是为纪念一位成长在该巷的革命女烈士丁香。还有人将丁香巷与中国现代派象征主义诗人戴望舒的代表作《雨巷》联系在了一起。戴望舒诗中对雨巷、丁香般姑娘的描述，用象征性的意象及意象群来营建抒情空间，给读者带来了无限浪漫及诗意想象。

丁香巷内部还有更窄的里弄，如财神弄、人民里、东弄堂、石人弄等。其中财神弄有口凿于清光绪三十四年（1908）的古井，名为如意泉，井圈形状内圆、外六角。清末，苏州自治局成立后，于1908年在苏州城区疏浚了一批公用水井，如意泉正是其中之一。

作为姑苏区特色街巷，如今的丁香巷已进行了修复更新，粉墙黛瓦的传统民居被鲜花点缀，墙面风貌古朴、整洁、统一，充满着苏式生活气息，已成为国内外游客在游玩平江路时必打卡景点之一。

丁香巷

薪火传承

丁香巷，诗意盎然的名字背后隐藏着历史传奇与革命情感。巷名的由来寄托了百姓对美好品德的向往，巷子中弥漫的花香见证着烈士的信仰与爱情。它如同历史的画卷，展现了苏州古城的独特韵味与人文风情。

抑恶扬善的价值坐标。关于平江历史文化街区内丁香巷的名字起源，流传着多种说法。其中，最为久远的说法与北宋时期的"五毒宰相"丁谓和他所钟爱的丁香树有关。出生于苏州的丁谓，天资聪颖但相貌不佳，年少时顽劣异常。幸运的是，他遇到了一位姓郁的严师，通过郁先生的耐心教诲和严格管教，丁谓逐渐收敛了心性，学业也取得了长足进步。丁谓在诗歌、图画、博弈、音律等领域有着深厚造诣，是公认的文学家，在治国理政和军事理财方面更是展现出过人的才智,曾被封为晋国公。但是他心术不正,为讨好宋真宗大兴土木,耗费了大量民脂民膏。据《宋史》记载,"溜须拍马"这一典故正是出自丁谓的轶事。他被后世评价为宋代五大奸臣之一。随着丁谓的恶名远扬,官民对他的憎恨之情日益加深,于是将丁谓的老师郁先生居住的流真坊老巷改名为丁香巷,希望通过巷子里古丁香树的馥郁香气,来洗涤丁谓留下的恶名与污点。这寄托了百姓对美好品德与清新风气的向往与追求。

永不凋谢的红色芳华。丁香巷9号原来是一个修女院,美国修女白美丽曾在此抚养过一名弃婴,并为其取名白丁香。白丁香天资聪颖,年仅15岁便进入东吴大学学习生物和代数,并秘密加入中国共产党,在这里,她遇见进步青年乐于泓。1932年,两人在上海结婚,随后丁香被党组织派遣至北平地区,负责组建地下联络站。由于叛徒告密,白丁香不幸被捕。在南京雨花台,年仅22岁的她遭受了秘密处决,生命如昙花一现,却留下了永不磨灭的芬芳。1982年,值白丁香烈士牺牲50周年之际,她的丈夫在其就义的小路旁,亲手种下两棵丁香树。岁月流转,每到春暖花开之时,这条小巷便被盛开的丁香花所覆盖,浓香四溢。白丁香如同丁香树一般坚韧不拔,革命的信仰"从顶燃到底,一直都是光明",饱含为国为民的炽热情感。她与丈夫之间那段美好的情缘,也如同丁香花一般绚烂而动人,永远地被镌刻在这条充满花香的小巷之中。

◆ 研学足迹

丁香巷:苏州市姑苏区。

定慧寺巷：巧夺天工的古老建筑，高情厚谊的鸿儒之情

时光苏记

定慧寺巷位于苏州市姑苏区东部，东口在官太尉桥塘岸，正对吴王桥，西口在凤凰街北段，小巷东西不足300米长，街面仅10米宽。因巷中有古寺定慧寺，故名定慧寺巷。巷西口新立花岗石牌坊一座，镌联曰："名士当年留旧宅，禅门今日尚生辉。"名士是指曾宅于此巷的王文罕及其兄弟。《吴门表隐》云："双塔，宋雍熙中判司王文罕建，并舍田五百八十亩。今祀文罕为伽蓝神，兄弟三人并有像。"这条巷子曾名王判司巷，因王文罕曾在宋太宗雍熙年间（984—987）任判司。虽职位不高，但王文罕兄弟捐资重修罗汉院，并增建双塔。巷内有定慧寺、吴作人艺术馆、罗汉院双塔及正殿遗址等遗迹。

定慧寺曾是大文

定慧寺巷

豪苏轼在苏州的留宿处。双塔塔院内凝聚了几处宋代遗构，这里有南宋、明代、清代、近现代各个时期的碑刻，记录了罗汉院的兴衰变迁史，是文献资料也是文物。寺院内的标志性建筑双塔，高七层，相距约 20 米，高度分别为 33.3 米和 33.7 米，是该区域的标志，也是古城苏州的符号之一。

◆ 薪火传承

定慧寺巷的静谧深处，一砖一瓦间，映射出古代建筑的辉煌；一曲一吟中，流淌着文人墨客的挚情。双塔院与苏公弄宛如两颗璀璨的明珠，凝聚了古人的智慧与深情，共同见证了古代文化与建筑艺术的辉煌。

科学精巧的建筑智慧。定慧寺巷内有罗汉院，院内东西比肩并立着两座七层八角形的楼阁式砖塔，因而得名双塔院。这两座塔，一座叫舍利塔，另一座叫功德塔，建筑结构、形式、体量一模一样，系北宋年间王文罕、王文安、王文胜三兄弟捐资创建，因此又被称为兄弟塔。明代诗人赞美双塔"双阙中分河影乱，两峰高并月华清"。因两塔间相距约 20 米，如此紧密相邻的建筑布局对地基要求极高，在全国来看都是独一无二的，体现出古时建筑师们对建筑工程的深厚理解和精湛技艺。更令人惊叹的是，塔冠上高达 10 米的塔刹，每个重达 5 吨，当初工匠们是如何将这些庞然大物运到 20 多米的高空进行安装，至今仍是未解之谜。双塔及其正殿遗址目前是江苏省内唯一保存的宋代建筑遗迹，所存宋代石雕柱础的精美程度令人叹为观止。尽管经历了千年的风雨洗礼，但双塔依旧屹立不倒，它们以无声的方式向我们展示了古代劳动人民在建筑科学上的精巧设计和超凡智慧。

质朴美好的纯真友谊。定慧寺巷深处,有一条不起眼的小弄堂,名曰苏公弄,因纪念大文豪苏东坡而得名。尽管苏东坡一生未在苏州做过官,但他与苏州有着很深的渊源。宋元丰元年(1078),苏东坡受"乌台诗案"牵连被贬谪至黄州。在那里,他找到了心灵的慰藉,寄住在黄州定慧寺寓所啸轩。常与寺中海常禅师往来,探讨禅宗奥义,结下深厚友谊。宋元祐六年(1091),苏东坡官至杭州,当他闻知苏州也有一座定慧禅院时,黄州的旧日景象即刻浮现眼前,于是只身前往探访。他与守钦禅师相遇,两人禅理相推、诗意相悦。守钦禅师为他在寺内建造居所,亦名啸轩。苏东坡在杭州任职期间,每次到访苏州,必会寄居定慧寺。宋绍圣元年(1094),苏东坡再度被贬至惠州,其后苏州定慧禅院守钦禅师特命卓契顺居士前往探询,并带去自己所作的《拟寒山十颂》以相切磋。苏东坡大为感动,挥笔作《次韵定慧钦长老见寄八首》相唱和,请契顺带回苏州。这段佳话中蕴含的聚散诗缘与深情厚意,在历史的长河中熠熠生辉,成为后人传颂不已的美谈。

◆ 研学足迹

苏州市姑苏区。

第六章 历史街巷

九如巷：红色革命摇篮，优良家风范本

时光苏记

九如巷，旧称钩玉巷，位于苏州市姑苏区中东部，东出五卅路，西折南出十梓街，向北穿越住宅楼可抵体育场路。整条巷子长161米，西段宽2.5米，东段宽5.7米，都是弹石路面。巷名来历一直有三种说法：一是元末吴王张士诚宫女所葬的地方；二是张士诚宫女埋玉的地方；三是巷形弯如玉钩，且九如与钩玉在吴方言有谐音，故民国时期改成了九如巷。

"九如"出自《诗经·小雅·天保》："如山如阜，如冈如陵，如川之方至……如月之恒，如日之升，如南山之寿，不骞不崩，如松柏之茂，无不尔或承。"诗中连用九个"如"字，含有祝贺福寿延绵之意。九如巷3号曾是乐益女子中学校长张冀牖的家，也是张家四才女和六兄弟的生活之处。九如巷里不仅刻印着张家十姐弟成长生活的珍贵记忆，也记录着他们与名士鸿儒交往的过去。因为这个传奇家族，九如巷成为传统文

九如巷

化和现代思潮的碰撞交融之地,成为百年沧桑巨变的历史见证者。

九如巷不仅见证了一个家族的百年变迁,也是苏州红色摇篮——中共苏州独立支部的诞生地。如今,九如巷中的苏州独立支部旧址已成为苏州市党性教育实训基地,被推选为江苏省首批100个红色地名之一,南侧主楼成为中共苏州独立支部纪念馆,现已成为苏州红色教育的著名景点。

◆ 薪火传承

九如巷曾是早期共产党人的活动地,也是苏州第一个党组织的诞生地。同时,这里走出了张家十杰,他们在文学、艺术、科学等领域取得了卓越成就。这条巷子见证了仁人志士为民族未来不懈奋斗的历程,也传承着优良家风与中华文化精髓。

点燃革命火种的红色摇篮。早期共产党人侯绍裘、叶天底、张闻天等人曾在九如巷里任教或从事革命活动。1925年9月,苏州第一个党组织——中共苏州独立支部在乐益女中秘密建立,它如同暗夜中的一盏明灯,照亮了苏州的革命道路。面对极端险恶的外部环境,这个独立支部带领苏州的党员、团员们开展一系列革命活动,以乐益女中为坚固的堡垒,宣传革命形势,传播革命真理,培养革命积极分子,为共产党的壮大不断注入新的力量。他们多次秘密邀请恽代英、萧楚女等青年运动领导人到苏州发表演讲,进一步激发民众的革命热情。1926年1月至5月,在独立支部的领导下,苏州爆发了7次较大规模的罢工斗争,参与者多达2 000余人。九如巷见证了一批仁人志士用初心和热血争取民族未来的光辉岁月,他们对党和革命事业的忠诚信仰,对理想信念的始终不渝,激励一代又一代的共产党人为了国家的富强和民族的振兴不断求索前行。

传承优良家风的鲜活范本。张冀牖是民国著名教育家,以开明的思想著称。他倾尽家产创办了苏州乐益女中和平林中学,培养了大批具有新思想的优秀人才。在他的悉心教导和优良家风的熏陶下,张家的 10 个子女也个个出类拔萃、德才兼备,成为各自领域的佼佼者。著名作家叶圣陶曾说过:"九如巷张家的四个才女,谁娶了她们都会幸福一辈子。"大姐张元和,与昆曲小生顾传玠因曲结缘,她自己也是专工清唱的昆曲专家,晚年在国外创办曲社,致力于弘扬昆曲艺术和培养昆曲人才。二姐张允和与"汉语拼音之父"周有光结为连理。她曾任人民教育出版社历史教材编辑,并著有《昆曲日记》等书,为昆曲艺术的传承留下了宝贵的文字记录。三姐张兆和与文学家沈从文结为连理,她的才华和智慧在《人民文学》的编辑工作中得到了充分体现。四妹张充和则与汉学家傅汉思共谱跨国恋曲,她在美国的哈佛、耶鲁等 20 多所大学执教,传授书法和昆曲艺术,为中华文化的传播做出了杰出贡献。作为弟弟的文学家宗和、诗人寅和、作曲家定和、植物学家宇和、教育家寰和、音乐家宁和,也在各自领域取得了卓越的成就。

◆ 研学足迹

:苏州市姑苏区。

书院巷：两袖清风存正气，浩浩文脉育达官

◆ 时光苏记

书院巷是苏州市姑苏区南部的一条街巷，东至人民路三元坊，西与原三多巷相接于查家桥，今合并三多巷，西端改为东大街口，长564米，宽3～9米。

该巷历史悠久，唐朝时称南宫坊，有牌坊立于巷东口。五代时期吴越国广陵王钱元璙的南园在此，范成大《吴郡志》始有"南宫坊南园巷"的记载。宋理宗赐宅魏了翁于南园巷，并赐"鹤山书院"四字，遂称书院巷。明永乐年间（1403—1424），以鹤山书院旧址为巡抚大臣行馆，明宣德五年（1430）至清宣统三年（1911）为巡抚衙门。书院巷内的巡抚衙门，明清两代曾有不少名臣治事其中，如周忱、海瑞、汤斌、陶澍、梁章钜、林则徐等。武昌起义后，巡抚程德全在此宣布江苏独立，成立军政府。1980年，巡抚衙门大堂拆除，现仅存清同治五年（1866）重建的大门、仪门、后堂、后楼等建筑，尚有盘槐、朴树等古木；1982年，巡抚衙门旧址被列为苏州市文物保护单位。

书院巷历经千年，如今这里静立着苏州中学、苏州卫生职业技术学院等学府，它的东端紧挨着三元坊，该名称来源于清朝第一、苏州唯一连中三元者钱棨，钱棨也是中国历史上唯一的连中六元者。步入书院巷，光阴在这里留下的痕迹，正娓娓述说着小巷的厚重历史，古今更迭之间仿佛能听到先人的吟诵，更能感受到他们对知识的热爱和对真理的追求。

书院巷

🟢 薪火传承

书院巷是苏州人文气息浓厚的一条小巷，隐匿其中的鹤山书院由魏了翁曾孙魏起奏请元文宗后得以创建。鹤山书院历经百年，至今仍是苏州重要的教书育人之地，魏了翁的事迹和教育理念被世人广为传颂，激励着无数后来者砥砺前行。

养成良好社会风尚的教化理念。 魏了翁是南宋时期著名的理学家，他坚守义理思想，以"求仁"和"明人伦"为教育目的，引导民众熟读圣贤书，深研先人智慧，唤醒人心向善的本性。因

此他每到一处为官,都把兴建学堂、讲授理学、培养人才作为自己的首要使命。他在临邛白鹤山下筑室讲学,因此自号鹤山,被世人尊称为鹤山先生。他先后在四川蒲江、湖南靖州等地创办鹤山书院,培养了大批人才,逐渐形成了影响深远的鹤山学派。鹤山书院是元代苏州创建的第一所书院,内有高节堂、事心堂、靖共堂、读易亭,并设魏文靖公祠,它传承魏了翁读书穷理、涵养气质、转变社会风气的宏志遗愿,并将其学术思想、育人理念融入苏州浩浩文脉之中。

不愧苍天不负民的为政之道。明永乐年间(1403—1424),鹤山书院被朝廷改建为巡抚衙门,成为苏州最大的行政官署。自明宣德年间(1426—1435)设立应天巡抚开始,到清乾隆年间(1736—1796)设江苏巡抚直至清末,这里先后涌现出一大批清官名流。他们之中有整治淞江与白茆河水患的海瑞,清除苏州上方山迷信活动的汤斌,设立"担粥法"、赈济苏州灾民、兴修水利的林则徐,等等。这些清官名流们"清风两袖去朝天,不带江南一寸棉",以高尚的品德和卓越的才能,为苏州的繁荣和发展做出不可磨灭的贡献。正是他们的存在和努力,使得苏州这方水土得以常葆锦绣光泽,成为世人瞩目的繁华之地。

研学足迹

书院巷:苏州市姑苏区。

庙堂巷：赓续红色血脉，心系天下苍生

时光苏记

庙堂巷位于苏州市姑苏区，东起养育巷，西至剪金桥巷，巷长400米，宽2～4米。庙堂巷始称于宋代，因巷内有吴地百姓纪念安史之乱中两位将士而建的东岳二圣庙，故名庙堂巷。

苏州旧时这里香火极盛，民国时期有名人杨荫杭、潘承锷、吴曾善居住于此。中国现代作家、文学翻译家杨绛一家居住在庙堂巷16号，在这里度过了10年的求学时光。杨绛先生曾在《回忆我的父亲》一文中提到，父亲杨荫杭迁居苏州以后，把位于庙堂巷的一文厅买下来，请清末状元张謇题"安徐堂"的匾额，是为纪念明光禄寺少卿徐如珂。一文厅的旧址忠仁祠始建于明崇祯年间（1628—1644），晚清重修，堂前有南向砖雕门楼，人物雕刻花卉精致，雕刻甚多而不设斗拱，较为别致，现为苏州市保护建筑。

庙堂巷6号原为雷允上业主雷显之别业，后被用作上海外贸休养院。庙堂巷8号是供奉、祭祀清代画家、吴门画派代表人物陆治的包山祠。庙堂巷22-1号是苏州市文物保护单位畅园，是苏州最有代表性的小园之一。如今，巷内是姑苏老城的生活场所，家家户户都会种些花草树木装点门面，令人感受到巷内的文人气息和安逸生活。

庙堂巷

◆ 薪火传承

  苏州庙堂巷走出了医者仁心的雷允上医药世家,爱民如子的一代名臣徐如珂,以及作为爱国知识分子典范的"三杨"。他

第六章 历史街巷

们的爱国情怀和民族精神激励着一代又一代人胸怀天下,为祖国的繁荣富强而努力奋斗。

振兴药业,百草泽民。 苏州诵芬堂雷氏,自清康熙元年(1662)起,其家族深厚的医学底蕴和精湛的制药工艺代代相传。其中,第五代传人雷大升治病有方、为人厚道,以"雷允上医生"为招牌,名动苏州大街小巷。居于庙堂巷内的雷显之,是医药世家的第十一代传人,他同雷徽明合作编写了《雷允上诵芬堂丸散饮片全集》等药学著作,为后世留下了宝贵的医药遗产。同时,雷显之担任了雷允上诵芬堂药铺上海分店经理,凭借其卓越的经营才能,成功地打击了奸商对雷允上研制药物的仿制侵权行为。这使得有"东方神药"之美誉的六神丸得以保护传承,并荣列为国家一级中药保护品种。时至今日,经过专家们的最新研究证实,雷允上六神丸具有良好的抗病毒作用。

青春里的苏州记忆

爱民如子，一文聚心。 明崇祯年间（1628—1644），光禄寺卿徐如珂居于庙堂巷内。明末时期，苏州百姓群起声援东林党人，共同抵抗阉党魏忠贤的暴政。在朝廷准备发兵意图血洗苏城的紧急关头，徐如珂挺身而出陈词抗辩，成功说服朝廷放弃了这个残酷的计划，仅凭一己之力，拯救了十万吴地百姓的生命。徐如珂的英勇行为深深地打动了苏州的百姓。他们视其为一代忠臣，对其充满敬意。当徐如珂因故被削去官职回乡时，百姓们自发地每人捐献一文钱，在庙堂之上为徐如珂建造了一所居所，并将其命名为一文厅，以此纪念他的伟大事迹。徐如珂去世后，苏州的百姓依然感念他的恩德。朝廷追其军功，将一文厅更名为忠仁祠，并将其作为祭祀徐如珂的场所。

家国情怀，报国有志。 民国时期，一文厅成为"三杨"家族的宅居，这"三杨"分别是杨荫杭、杨荫榆和杨绛，他们均是爱国知识分子的光辉典范。杨荫杭是杨绛的父亲，是中国近代史上的进步学者和法学家，在担任《申报》副总编兼主笔期间，深入洞察人民生活，关注国家民族命运，提出了建立社会主义制度的远见卓识。杨荫榆为杨绛的姑姑，是中国近代史上著名教育家、首位大学女校长。在抗日战争中，她坚贞不屈，拒绝与日军合作，并倾尽个人积蓄扩建二乐女子学术社，为妇女提供安全庇护。最终因保护同胞而惨遭日军杀害，展现了无畏的爱国精神。著名文学家杨绛，在与钱锺书赴英留学前，在庙堂巷完成了两人的结婚仪式。当得知家乡被日军占领后，她毅然决定回国。上海沦陷期间，杨绛夫妇抱着"倔强的中国老百姓，不愿做外国人"的决心，留在上海等待解放。晚年，她在清华大学设立"好读书"奖学金,并将大部分财产捐献给国家,展现了深厚的家国情怀。"三杨"的格局与情怀激励着无数晚生后辈效力祖国、胸怀天下。

◆ 研学足迹

庙堂巷:苏州市姑苏区。

本章相关音频

本章相关视频

第七章
园林精粹

苏州古老的园林文化，是中华民族优秀传统文化不可分割的组成部分，是苏州人民对自身文化价值和文化生命力的充分肯定，更是坚定历史自信、文化自信、奋发进取的精神动力。

苏州文人士大夫在个人命运的沉浮起伏中，在出世入世的矛盾纠结里，培育出了共同的情感价值和理想精神；在修齐治平、尊时守位中，逐渐形成了相近的人生观、价值观和审美观；在知常达变、开物成务中，沉淀出了有别于其他地域的独特文化标识。历史更替，社会变革，苏州园林文化坚守本根而又不断与时俱进，将优秀传统文化和社会主义先进文化能动地创造性转化、创新性发展，增强了苏州园林文化价值的历史纵深性。

习近平总书记在文化传承发展座谈会上强调，"在五千多年中华文明深厚基础上开辟和发展中国特色社会主义，把马克思主义基本原理同中国具体实际、同中华优秀传统文化相结合是必由之路"。苏州园林文化的兴盛发展，是苏州民间文化、红色文化、民族文化长期融通与汇集的结果。青年学子认真品鉴苏州园林文化，坚守精神信仰，就会坚定文化自信，从而获得奋发前进的勇气，焕发出守正创新的活力。

拙政园：抱朴守拙真君子，坚守初心赤子情

时光苏记

拙政园位于苏州市姑苏区东北大街178号，占地面积52 000平方米，是中国园林的杰出代表，也是江南私家花园的典范，以其悠久的人文历史、丰富的文化内涵、高度的造园成就、疏朗自然的风格、典雅秀丽的景色而著称于世。它是中国四大名园之一，且历史最为悠久。拙政园始建于明正德四年（1509），解官回乡的御史王献臣以大弘寺基建造宅园，取西晋潘岳《闲居赋》中"筑室种树……此亦拙者之为政也"之意题名拙政园，后屡易其主。清咸丰十年（1860）至清同治二年（1863）年，拙政园曾属太平天国忠王府。1951年整修。

拙政园以其独特的园林艺术和历史文化价值，被誉为"天下园林之母"。园内的山水景观部分约占据园林面积的五分之三，庭院错落，曲折变化。园内还有许多特色建筑，如小飞虹、得真亭、志清意远、小沧浪、听松风处等轩亭廊桥，它们依水而建，独具特色。园内的住宅部分也充满了传统特色，建筑形式多样，如青砖黛瓦的平房、雕梁画栋的楼阁等。拙政园分为东、中、西三部分，园南是住宅区，体现江南地区传统民居多进的典型格局，另一侧建有苏州园林博物馆。

1961年拙政园被列为第一批全国重点文物保护单位，1997年被列入《世界遗产名录》，2007年拙政园被评为国家AAAAA级旅游景区。

拙政园小飞虹（摄影：倪浩文）

◆ 薪火传承

拙政园历经风雨洗礼，仍保持着古朴典雅的风貌。它代表着抱朴守拙的君子品格与坚守初心的赤诚情感，凝聚了历代园主的高尚情操与坚定信念。

抱朴守拙的君子之道。拙政园有着500多年的历史，经历了32位主人的更迭。首任园主王献臣，是明代一位执法无私、公正严明的巡察御史，后遭人诬陷被谪贬，虽平反昭雪，但多年在宦途上遭受的挫折、冷落，让他对仕途心灰意冷，因此他选择回到家乡姑苏城，隐居于他所钟爱的拙政园。这座园林的规划

建筑，巧妙地提炼和模仿了自然之美，通过山、水、石、植物等元素的组合，营造出一种自然、和谐且幽美的景观，反映出园主大隐隐于市的情怀。王献臣的避世隐居并非消极的逃避，而是他坚守正道、不同流合污的坚定选择。晚年他虽幽居于此，但心志并未消沉。其好友文徵明在《王氏拙政园记》中记载，王献臣"其志之所乐，固有在彼而不在此"，指出王献臣的志向并不在园林之中，而在国家的正道之上，展现的是一位君子的高尚情操。

坚守初心的赤子情怀。王献臣以拙政为名打造私家园林，此举不仅是努力设法使自己的私家宅院往自然山水靠拢，更是其修身养性、恪守本心的为政理念的生动诠释。他通过精心布局和巧妙设计，使园林与自然融为一体，流露出他对清静生活的向往和对本心的坚守。明万历年间（1573—1620），工部侍郎王心一因反对魏忠贤而受贬归隐。他购得拙政园东部荒园，修建改造并将其命名为归田园居。王心一著有《兰雪堂》八卷传世，又将园中至爱之所取名为兰雪堂，取意于李白"独立天地间，清风洒兰雪"，寓意园主高洁的情操和浩然正气。无论是王献臣还是王心一，他们都将"文以拙进、道以拙成"作为坚守正道的毕生追求。当代青年学子应从传统的拙政文化中汲取智慧，学习拙诚笃实、仁信忠义的精神品质，保持谦虚谨慎、戒骄戒躁的作风，牢记初心与使命，培养以勤补拙的品质，不断提高为人民服务的能力和水平。

研学足迹

拙政园：苏州市姑苏区东北大街178号。

狮子林：凝聚山水神韵，传播禅宗文化

时光苏记

狮子林，位于苏州市姑苏区东北角的园林路23号，为苏州四大名园之一，是中国早期洞壑式假山群的唯一遗存，被誉为"假山王国"。狮子林始建于元代，元至正二年（1342）临济宗的天如禅师来到苏州，其弟子为其买地置屋。天如禅师为纪念自己的师父，取名师子林，又因园内"林有竹万，竹下多怪石，状如狻猊（狮子）者"，亦名狮子林。1917年，上海颜料巨商贝润生购得狮子林，用了将近7年时间加以修建，并筑住宅与祠堂。中华人民共和国成立后，贝氏后人将园林捐献给国家，由苏州园林管理处接管整修，于1954年对公众开放。

园中最高峰为狮子峰，另有含晖、吐月等名峰，园内多竹，竹间建有方丈禅窝。东南部有族校、家祠、住宅、燕誉堂、小方厅等景点，中部建有湖心亭、九曲桥、石舫、荷花厅、见山楼，西北部有一小院古五松园，园西堆土山，形成前祠堂、后住宅、西部花园的格局。园林几经兴衰变化，寺、园、宅分而又合，传统造园手法与佛教思想相互融合，近代贝氏家族又把西洋造园手法和家祠引入园中，使其成为融禅宗之理、园林之乐于一体的寺庙园林。

1982年狮子林被定为江苏省文物保护单位，2000年入选《世界遗产名录》，2004年被列入国家AAAA级旅游景区，2006年被国务院批准列为第六批全国重点文物保护单位。

狮子林雪景（摄影：倪浩文）

◆ 薪火传承

狮子林是融禅意于石海之中的园林杰作，它在喧嚣的都市中构筑出一片宛如万山深处的静谧天地，通过太湖石假山展现出物我相忘的审美意趣。徜徉其间，自然与人文融为一体，有限的空间里凝聚着无限的山水神韵。

彰显物我相忘的审美情趣。狮子林的特色之一是规模庞大的太湖石假山，这些假山匠心独具，融入了500余只栩栩如生的狮子石像。园中神似狮子的奇石设置的初衷是追寻一种物我两忘的超脱境界，即主体与客体的边界在头脑中浑然为一而兼忘，万物本质可以回归源头。开园祖师维则高僧，曾为狮子林写下《狮子林即景十四首》，其中有句"人道我居城市里，我疑身在万山中"。狮子林藏于喧嚣闹市,但曲径通幽、奇石得趣、洞壑深邃,让人感觉身临天上仙境。园林并非随意而为,而是取法自然,经过精心摹拟与缩移,将真山真水的神韵凝聚于一园之中。这种以显寓隐、以实写虚、以有限见无限的手法,使得身处园林的游客仿佛置身于城市中的山林之间,心灵得到前所未有的释放与超越,达到中华传统美学中物我同一的至高境界。

传播独具特色的禅宗文化。习近平主席在联合国教科文组织总部发表演讲时指出,"佛教产生于古代印度,但传入中国后,经过长期演化,佛教同中国儒家文化和道家文化融合发展,最终形成了具有中国特色的佛教文化,给中国人的宗教信仰、哲学观念、文学艺术、礼仪习俗等留下了深刻影响"。禅宗是儒释道在修身和治心方面合流后形成的具有中国独特性的佛教文化。狮子林在元代建造之初,又叫菩提正宗寺,是寺庙园林的典范。其园林设景构思处处透露着禅意。园名即源自天如禅师弟子对师尊在天目山狮子岩修行成就的纪念,狮子一词象征着佛陀的威严与德行。全园假山象征佛家须弥山,设计21个山洞和9个曲径,营造出"净土无为,佛家禅地"。园内修竹阁典出《洛阳伽蓝记》,立雪堂取意《景德传灯录》,各种景致无不传递出独立高远的精神风貌和心地境界。

研学足迹

狮子林:苏州市姑苏区园林路23号。

耦园：耦园聚良缘，巾帼献芳华

🔷 时光苏记

耦园，位于苏州市姑苏区仓街小新巷6号，原名涉园，为清雍正时保宁知府陆锦所筑。清光绪初年（1875），湖州沈秉成购得涉园废址，聘名画家顾芸等设计，营筑宅园。因住宅东、西两侧各建有一园，且"耦"与"偶"相通，寓意夫妇偕隐之意，故名耦园。1932年，杨荫榆于此创办二乐女子学术社。1939年，史学家钱穆携眷寓居东花园。1958年，苏州振亚丝织厂将其用作工人疗养所、宿舍、仓库、托儿所。1994年向社会全部开放。

耦园是布局独特的庭院式园林，三面临河，一面沿街，宅园总面积约8 000平方米，占地面积约2 667平方米，园分东、西两部分，园宅之间以重楼连通。东园为涉园故址，主体建筑城曲草堂为园主宴客之处；西园面积较小，以书斋织帘老屋为中心，分隔为前后两个小院，前院有湖石假山，后院有湖石花坛，园北立有藏书楼。

2000年11月30

耦园

日,耦园被列入《世界遗产名录》。2001年6月25日,耦园被列为第五批全国重点文物保护单位。

薪火传承

耦园在苏州的众多园林中,独具中式浪漫气息。青砖白石间,诉说着沈秉成与严永华的深情厚爱;翠竹碧水旁,留下杨荫榆女士为女子教育的坚定足迹。每一个角落,都如诗如画,诉说着往昔岁月。

景情合一的良缘胜地。 在苏州园林里,耦园以其深厚的中式浪漫情调和珍贵的藏书而独树一帜。尽管封建时代的婚姻往往笼罩在父母之命、男尊女卑的悲剧阴影下,耦园的主人沈秉成与严永华却以他们的爱情故事为那个时代增添了一抹难得的亮色。沈秉成,号听蕉,工楷书,富藏书,喜金石书画,官至安徽巡抚并署两江总督。他的妻子严永华,号不栉书生,工丹青,娴诗赋,通音律,堪称一代才女,园中"耦园住佳偶,城曲筑诗城"等诸多楹联诗句都是她的手笔。两人不仅琴瑟和谐,更是文学上的知音,是志趣相投、才气相当的精神伴侣。沈秉成辞官寓居苏州时,购得娄门陆锦所筑涉园的废址,邀请画家顾芸规划设计,扩建增筑而成耦园。其园名与布局构筑,都表达了园主夫妻对真挚爱情的追求。园名"耦"通"偶",意指两人一起耕种,亦指佳偶连理、双栖归隐终老。园中布局景物成双成对,东园与西园、东池与西井成对景,表达阴阳调和、夫妻平等的人伦之美,东园中的主山留云岫和次山桃屿分别象征着男女主人,寓意着忠贞不渝的夫妻感情。

英勇无畏的巾帼气概。 1924年,教育家杨荫榆自美国留学

归来,被任命为北京女子师范大学校长,成为中国首位国立大学女校长。辞职南归后,她先后在苏州女子师范学校、东吴大学等多所学校任教。20世纪30年代中期,她商借耦园东园空关的房舍,与俞庆棠、韩孝芬等人合作办起了二乐女子学术社。由于耦园周边是贫民聚集区,众多女童缺乏教育机会,因此学术社特别针对青年女工和附近贫困家庭的女孩提供免费教育。在杨荫榆及同仁的不懈努力下,许多之前无法接受教育的女童和女工得以走入学术社的课堂。日寇占领苏州后,邻近街坊妇女将二乐女子学术社视为首选的安全庇护所,杨荫榆毫不犹豫地接纳了她们。同时,她勇敢地与日军就附近居民遭到的暴行进行正面对抗。1938年元旦,杨荫榆在盘门外吴门桥遭到日本士兵的残忍杀害,享年54岁。

◆ 研学足迹

耦园: 苏州市姑苏区仓街小新巷6号。

网师园：滋养渔隐之志，搭建友谊之桥

时光苏记

网师园，位于苏州市姑苏区东南部带城桥路阔家头巷11号，是苏州园林中小型古典山水宅园代表作品。网师园始建于南宋时期，原为宋代藏书家、官至侍郎的扬州文人史正志的万卷堂故址，花园名为渔隐，后废。至清乾隆年间（1736—1795），退休的光禄寺少卿宋宗元购之并重建，定园名为"网师园"。网师乃渔夫、渔翁之意，又与渔隐同意，含有隐居江湖的意思，网师园便意谓渔父钓叟之园。

清乾隆六十年（1795），太仓富商瞿远村买下网师园，按原规模修复并增建亭宇，俗称瞿园。今网师园的景物建筑为瞿园遗物，保持着旧时世家一组完整的住宅群及中型古典山水园。全园清新有韵味，占地约5 000平方米，共分三部分，境

网师园池景（摄影：倪浩文）

界各异。东部为住宅，中部为主园，西部为内园。网师园按石质分区使用，主园池区用黄石，其他庭用湖石，不相混杂。网师园内亭台楼榭无不临水，全园处处有水可依，各种建筑配合得当，布局紧凑，以精巧见长。园内主要建筑有丛桂轩、濯缨水阁、看松读画轩、殿春簃等。

网师园于1982年被列为全国重点文物保护单位，1997年被联合国教科文组织列入《世界遗产名录》，2003年被评为国家AAAA级旅游景区。

◆ 薪火传承

网师园，这处深受水乡泽国滋养的幽雅之地，滋养了士大夫们的渔隐之志，在岁月的流转中凝练中华园林艺术的精髓。以苏州网师园内殿春簃为蓝本建造的、远在异国他乡的明轩，宛如一颗璀璨的明珠，传递中华文化的独特韵味，见证中美两国的深厚友谊。

寄情山水的独立人格。 在中国古代社会，渔樵耕读作为渔夫、樵夫、农夫和书生的象征，深刻反映了古代劳动人民的基本生活方式和士大夫阶层的理想追求。这一理念在士大夫的艺术作品中得到了广泛体现，传达出淡泊名利、回归自然、向往田园的崇高思想价值观。苏州作为典型的水乡，其独特的地理环境使得渔夫成为归隐生活的首选象征。南宋时期，侍郎史正志在被劾罢官后，选择在苏州筑园，并以渔隐为主题，体现了对归隐生活的向往和追求。至清乾隆年间，光禄寺少卿宋宗元同样辞官归家，在原址上重新治园，命名为网师园。这一园林被《园冶》赞誉为"以清幽为美，以精致见长"，充分展现了历代园主对山林水泽气象的热爱和对自然洒脱意境的追求。园主们不仅注重呈现清幽精致的园景，以表达清休退养的生活氛围，更在匾额楹联的设计中突出激励警策之意。这种设计理念强调了独立人格的自足圆满，表达出中国古代士大夫虽然身处逆境，但不敢懈怠、不忘己任的情操修养。

连通中外的精神符号。在20世纪70年代，随着中美关系的逐渐解冻，两国之间的文化交流也开始蓬勃发展。美国大都会博物馆积极筹划在纽约建造一座中国庭院，并派遣代表团前往中国进行实地考察。这一举措为两国文化交流奠定了坚实基础。1979年元旦，中美两国正式建立外交关系。1980年6月，以苏州网师园的殿春簃为原型，美国纽约大都会艺术博物馆精心打造了明轩。明轩这座占地面积460平方米、建筑面积230平方米的古典园林，不仅是中国首个出口至海外的园林样本，更开创了园林艺术对外贸易的先例。明轩的落成在美国引起了广泛关注。当时的美国总统尼克松、国务卿基辛格等政要纷纷前往参观，美国各地的民众也慕名前往，络绎不绝地争睹这一中华文化瑰宝。如今，明轩已成为中美两国人民友好交往的生动见证，继续在两国文化交流中发挥着重要作用。

◆ 研学足迹

网师园：苏州市姑苏区带城桥路阔家头巷11号。

沧浪亭：沧浪濯缨守正道，高山仰止聚贤才

时光苏记

沧浪亭，位于苏州市姑苏区人民路沧浪亭街3号，原为五代时吴越国广陵王钱元璙的花园，五代末期为吴军节度使孙承祐的别墅，后废置。北宋庆历年间，宋代诗人苏舜钦以四万贯钱买下废园，进行修筑，后成为苏舜钦的私人花园。其园名出自《孟子·离娄》"沧浪之水清兮，可以濯吾缨；沧浪之水浊兮，可以濯吾足"，苏舜钦则自号沧浪翁，并作《沧浪亭记》。欧阳修应邀作《沧浪亭》长诗，一句"清风明月本无价，可惜只卖四万钱"，让沧浪亭名闻天下。

沧浪亭造园艺术与众不同，以廊环园，三面环水，拥有苏州古典园林独一无二的开放性格局。园内以山石为主景，在有限的范围挖池堆山，利用本来的地貌，因景写意，以水环园。园内迎面一座土山，沧浪亭便坐落其上。山下凿有水池，山水之间以一条曲折的复廊相连。假山东南部的明道堂是园林的主建筑，此外还有五百名贤祠、看山楼、翠玲珑馆、仰止亭和御碑亭等建筑与之衬映。

沧浪亭在1982年被列为江苏省文物保护单位，2000年被联合国教科文组织列入《世界遗产名录》，2006年被国务院列为第六批全国重点文物保护单位。

第七章 园林精粹

沧浪亭

◆ 薪火传承

从明代文瑛和尚的重建，到清代宋荦的移亭造景，再到清代陶澍创建五百名贤祠，园主对沧浪亭的修缮与增建都深深体现了其对贤才的敬仰与传承。沧浪亭蕴含的崇德尚贤、保民为本的理念，对现代社会治理仍具有启示意义。

崇德尚贤的精神坐标。北宋文豪苏舜钦，因官场风波罢职后退隐苏州，筑起沧浪亭以寄托情怀，此举不仅开创了苏州园林的崭新篇章，更成为后世仕途失意者寻求心灵慰藉的典范。明代高僧义瑛禅师，钦佩苏舜钦的贤德，遂在其旧址上重建沧浪亭，奠定了崇德尚贤的精神坐标。清康熙年间（1662—1722），江苏巡

抚宋荦再度修葺此园,将原本临水的沧浪亭移至园内小山之巅,使"沧浪之水清兮、浊兮"的意象升华为"高山仰止,景行行止"的崇高境界,增添了园林的观赏与寓意功能。清道光年间(1821—1850),江苏巡抚陶澍在沧浪亭内创建五百名贤祠,以纪念自春秋吴国至清代间与苏州历史息息相关的杰出人物。这些名贤涵盖政治、文学、忠杰、循吏、经学、隐士、军事、理学、水利、医学、历算、孝子等十二个类别。名贤祠经历次兴废,贤像有遗有增,现存名贤594人。每一位名贤像下均刻有赞语四句,概述此人的高尚品行,靠右一行题姓名职衔,故每一画像,犹一人物小传。习近平总书记多次引用《墨子》中"尚贤者,政之本也",强调人才选拔和任用对于国家治理的重要性。崇尚贤能、见贤思齐的传统美德,不仅体现了中华民族修身齐家治国平天下的智慧,也为当今社会的治理体系和治理能力现代化建设提供了宝贵的借鉴。

民惟邦本的智慧启示。习近平总书记指出,我国古代主张民惟邦本、政得其民,为政之要莫先于得人、治国先治吏。清代主政江苏的官员,大都崇敬苏舜钦的品格与境界,倡导重修沧浪亭以延续其文化意蕴,更是在其中融入保民为本的执政情怀。康熙帝南巡视察河防,作诗勉励地方官员勤政仁学,又作对联"膏雨足时农户喜,县花明处长官清",表达他对农业的深切关注和对百姓的深厚情感,也寄托了他对清明吏治的坚定追求。这副对联被赠予江苏巡抚吴存礼,现镌刻园中御碑亭内。园中的闲吟亭内镌刻有《江南潮灾叹》,这是乾隆皇帝在获悉江南苏松地区遭受连延数州县的海潮灾难后,仿杜甫《乾元中寓居同谷县作歌七首》之体撰写的诗文,后由江苏巡抚安宁勒石立碑于此,以示督抚诸臣、勉力竭心抚恤灾民，警告墨吏豪胥戒侵索。沧浪亭的主厅为明道堂，原为明、清两代文人讲学之所，堂名明道由清朝同治年间巡抚张树声袭苏舜钦"观听无邪则道以明"诗句而来，蕴含执政者坚守正道、服务民众的崇高追求。

◆ 研学足迹

沧浪亭：苏州市姑苏区人民路沧浪亭街3号。

环秀山庄：自然与人文共鸣，教书与育人共筑

◆ 时光苏记

环秀山庄位于苏州市姑苏区景德路272号，是一座极具特色的苏式园林，内有江南最美的湖石假山。该庄最初为五代吴越钱氏的金谷园，历经兴废，宋代为景德寺，明代是首辅申时行的住宅，清代蒋楫住此，建求自楼，以藏经籍。清光绪二十年（1894），汪为仁购买庄园作为汪氏宗祠耕荫义庄的一部分，亦称颐园，同年更名为环秀山庄。

环秀山庄

环秀山庄占地面积不大，以山为主，辅以池水，建筑不多，但其内湖石假山为中国之最。在小空间范围内，凝聚了中国传统山水诗和山水画的美学意境，将建筑、园林、雕刻、诗书和灰雕

等传统艺术融合在一起,呈现出园林建筑所独有的雄、奇、险、幽、秀、旷等特色。庄内有一座绝美假山,虽占地仅330平方米,高不足7米,但蕴含了群山奔注、伏而起、突而怒之气势,表现了岭之平迤、峰之峻峭、峦之圆浑、崖之突兀、涧之潜折、谷之深壑等山形胜景,为崇山峻岭、名山大川之缩影。

1988年,环秀山庄被列为第三批全国重点文物保护单位;1997年,被列入《世界遗产名录》。

◆ 薪火传承

环秀山庄是苏州园林中的小巧之作,以精妙绝伦的湖石假山独领风骚,是儒家文化与自然美学完美融合的典范。一代书学理论家朱长文曾在此讲学著述、传承经典,其淡泊名利、潜心治学的精神,与环秀山庄的清雅景致交相辉映,共同绘就江南文化史上的绚彩篇章。

宛自天开的艺术创新。环秀山庄在苏州园林世界遗产九座园中面积最小,却以其精妙绝伦的湖石假山,享有"独步江南"之誉。"中国园林之父"陈从周曾经评价:"环秀山庄假山允称上选,叠山之法具备。造园者不见此山,正如学诗者未见李杜,诚占我国园林史上重要一页。"清代叠石大师戈裕良运用大斧劈法将假山规划得简练遒劲、结构严谨,在不到700平方米的空间内,逼真地模拟了自然山水,尽得造化之妙。根据清代学者钱泳《履园丛话》记载,戈裕良用独创的钩带法,将拱券结构技术移植到假山堆叠中,石与石环环相扣,以少量之石堆叠出大型山体。选材上利用太湖石的独特质感,模拟出中国山水画中的皴法效果,

整体上峥嵘峻峭、形态逼真,具有"山形面面看,景色步步移"的艺术效果。因此,环秀山庄名冠江南,被誉为"苏州三绝"之一,实至名归。

春风化雨的教育情怀。环秀山庄在北宋时期,是书学理论家朱长文的乐圃。朱长文在父亲辞世后,回到苏州,着手经营祖辈留下的园圃。他借用孔子的"乐天知命故不忧"和称赞颜回的"在陋巷不改其乐"之语,将园圃命名为乐圃,并建造藏书楼乐圃坊,珍藏两万余卷珍贵典籍,慕名来访者不计其数,在当时有"士大夫过者以不到乐圃为耻,名动京师,公卿荐以自代者众"的美谈。宋元祐元年(1086),苏轼等人联名举荐"安贫乐道、阖门著书"的朱长文出任苏州州学教授。朱长文不负众望,倾注心血于教育事业,使州学规模得以三倍扩展。他在乐圃讲习20多年,饱览群书,著述甚多,撰写了中国历史上首部琴史专著和书法理论总集《墨池编》。朱长文的学识与才华备受朝廷赏识,后被召为太学博士,赴京师传授《春秋》。晚年他将毕生研究《春秋》的心得编纂成《春秋通志》一书。他的一生为经学研究与传承做出卓越贡献,且为人淡泊名利、勤俭节约、乐观积极,称得上是儒家君子的杰出代表。

◆ 研学足迹

*环秀山庄:*苏州市姑苏区景德路272号。

艺圃：刚正不阿展风骨，安贫乐道享生活

◆ 时光苏记

艺圃，又名醉颖堂、药圃，位于苏州市姑苏区阊门内天库前文衙弄5号，总占地面积约3 300平方米。艺圃始建于明嘉靖年间（1522—1566），大学士文震孟在袁祖庚醉颖堂的废园遗址上建造园林，后题名为药圃。清顺治年间（1644—1661），园为姜垓所得，改名颐园，又名敬亭山房，其子姜实节又将园易名为艺圃。

艺圃保存了明代园林的风格、布局和造园手法，采用明末清初苏州一带造园家常用的叠山理水方式，从山水布局、亭台开间到一石一木的细部处理无不呈现出古朴典雅的风格特征。全园采用池水、石径、绝壁相结合的手法，取法自然而又力求超越自然，简练疏朗，表达出造园的基本理念，可称明代住宅园林中的佳作。艺圃西南角布置数座小园以为辅景，造园者根据小园的特点，营造一方山色空蒙、水波浩渺、林泉深壑、亭榭虚凌的园林艺术景观，以取得"纳千顷之汪洋，收四时之烂漫"的效果。住宅部分直接临水，与园林相交融。临水的水阁为住宅的一部分，水阁与两侧附房，形成了水池的北岸线，岸线平直开阔，略显单调，有利于从建筑内部感受对面的画境。

1995年艺圃被列为江苏省文物保护单位，2000年被联合国

教科文组织列入《世界遗产名录》，2006年被列为第六批全国重点文物保护单位。

艺圃

◆ 薪火传承

气节风骨是中华文化的璀璨瑰宝，艺圃的三任主人袁祖庚、文氏兄弟、姜埰及其后辈，是卓绝风骨的杰出代表。他们身处历史漩涡之中，仍坚守松柏劲节，以高洁之志谱写壮丽的生命赞歌。

刚直不阿的气节风骨。气节风骨作为一种卓尔不群的道德品格，是中华优秀传统文化和民族情结的重要载体。在艺圃博雅堂的抱柱上，镌刻着"三代前贤松柏寒"的对联，赞颂了园圃的三任主人袁祖庚、文震孟、姜埰身上坚韧不屈的松柏劲节。明代礼科副使学宪袁祖庚是艺圃的第一任园主，他在40岁辞官归隐后选择在苏州建造宅园，取名醉颖堂。"颖"出自"毛遂自荐、脱颖而出"的典故。"醉颖"寓意藏愚守拙，饱含袁祖庚的自我肯定与不甘。第二任园主文震孟是苏州鼎鼎有名的才子文徵明的曾孙，官至礼部左侍郎兼东阁大学士，因反对宦官魏忠贤而连遭处罚，后隐归于艺圃，并改其名为药圃。"药"在《楚辞》中与芷、兰同义，象征清幽高洁、避世脱俗的志趣。清军攻陷江南后，文震孟之子文乘义无反顾地加入反清义军，被捕后英勇就义，其妻亦随之殉节，展现了家族的坚贞气节。第三任园主姜埰因直言敢谏触怒崇祯皇帝，流放途中明朝灭亡，后辗转来到姑苏，购得药圃，将其更名为敬亭山房。他的后辈作为明朝遗民，拒绝在清廷出仕，为人所敬仰。

风雅物境的生活美学。文震孟归隐后，其弟文震亨自南京归返苏州故里，陪伴兄长并共居于幽雅的艺圃。文震亨对园林艺术情有独钟，亲自为艺圃构思设计，建造了思敬居、博雅堂和乳鱼亭等景致。文震亨在园林艺术方面的精湛造诣，都凝聚在他的著作《长物志》中，书名取自晋人王恭"平生无长物"的典故，长物即多余之物，实则反其意而用之。在他看来，书中所述之物皆与人们的日常生活息息相关。著作分为室庐、花木、水石、禽鱼、蔬果、书画、几榻、器具、位置、衣饰、舟车、香茗十二卷，全面阐述了晚明士大夫的造园理念和园林生活美学，成为古代文人生活美学的典范，并体现了当时文人雅士平衡物质生活与精神世界的生活态度和美学理想。这种生活态度并未削弱文震亨的家国担当。在明末朝廷岌岌可危之际，头发花白的文震亨再度出仕。清军攻占江南后，文震亨绝食而亡以表忠诚，彰显了其高尚的气节。

研学足迹

艺圃：苏州市姑苏区文衙弄5号。

留园：躬身济民流芳百世，中华文化生生不息

◆ 时光苏记

留园，曾名东园、寒碧山庄，位于苏州市姑苏区留园路338号，南临留园路，北至半边街。于明万历二十一年（1593）始建，后多有荒废或易主。1953年，苏州市人民政府决定修复

留园冠云峰（摄影：倪浩文）

留园，其后不断修缮整治。留园为中国大型古典私家园林，占地面积23 300平方米，清代风格。该园以建筑艺术著称，厅堂宽敞华丽，整体布局紧凑又富变化，充分体现古代高超的建园艺术。

留园内部利用云墙和建筑群把园林划分为中、东、北、西四个不同的景区，中部以山水见长，东部以厅堂庭院建筑取胜，北部竹篱小屋一派田园风光，西部颇有山林野趣。其间以曲廊相连。留园内亭馆楼榭高低参差，曲廊蜿蜒相续有700米之多，颇有步移景换之妙。建筑物约占园总面积的1/4，在不大的范围内造就了众多且各有特性的建筑，处处显示了咫尺山林、小中见大的造园艺术手法。

1961年，留园被国务院列为第一批全国重点文物护单位；1997年，留园被列入《世界遗产名录》；2007年，留园被评为国家AAAAA级旅游景区。

🔷 薪火传承

晚清重区盛宣怀以慈善济民之心，谱写了留园的传奇篇章。中华人民共和国成立后，政府及专家团队勇担修复重任，再现留园昔日辉煌。从私人园林到世界文化遗产，留园的变迁彰显了保护与传承的力量，映射出中华文化的生生不息。

慈善济民的仁爱之心。清光绪二年（1876），告老还乡的盛康买下刘园，修葺后更名为留园，最终传给了他的长子盛宣怀。盛宣怀一生致力于兴办洋务和实业，被誉为"中国商业之父"。同时，他也是一位慈善家，擅长将行业商会等民间力量融入募款活动，架起了公益慈善与民间力量之间的桥梁。盛宣怀在救灾方面尤为积极，他首次提出了以工代赈的策略，并成功地疏浚了山东的小清河。他在天津和烟台设立了广仁堂，同时在上海创建了万国红十字会等慈善机构，曾当选中国红十字会首任会长，是近代中国最著名的赈济家之一。孙中山曾称赞他"热心公益，同时在经济界极有信用"。盛宣怀对留园感情颇深，曾以园中的三座太湖石峰冠云、瑞云、岫云为三个孙女取名。晚年他在留园参悟人生，并将慈善事业的重心放在了苏州。他继承父亲盛康设立的留园义庄，将接济范围从宗亲扩展到周边贫苦群众。他组织面向公众开放的留园游园活动，巧借花期举办各种花事活动，还在园内设置餐饮服务。由于他经营有道，这些活动带来了可观的收入，这些收入全部用于支持留园义庄的正常运营。

园林遗产的守护示范。在中华人民共和国成立前夕，由于长年战乱的影响，苏州的园林遭到了严重破坏，无一幸免。其中，留园的受损程度尤为惨重，昔日辉煌的园内只剩下残梁断柱、破壁颓垣。五峰仙馆、林泉耆硕之馆等建筑的梁柱被军马啃咬成葫芦形，马粪堆积如山，门窗也被破坏殆尽。这与清代学者俞樾所赞誉的"吴中名园之冠"相去甚远。中华人民共和国成立后，苏州市人民政府立即着手修复工作，留园被定为修复工作的重中之重。尽管修复工作面临重重困难，但工作人员毫不退缩，经过 100 天的艰苦奋战，圆满完成了修复任务。这次修复不仅引发了业界的广泛关注与高度评价，更被学界誉为建筑学上的奇迹。留园在修复过程中采用了从民间收集旧宅材料，再结合历史记载进行修复的创新方法，为我国古建筑修复提供了新的范例，并与后来国家倡导的修旧如旧原则不谋而合。留园成为中华人民共和国成立后第一个经过整体修复向公众开放的苏州园林，真正实现了"长留天地间"的美好愿景。

研学足迹

留园：苏州市姑苏区留园路338号。

退思园：践行仁心之举，勇开风气之先

◆ 时光苏记

退思园位于苏州市吴江区同里古镇新填街 234 号，始建于 1885 年。园主任兰生，在安徽凤阳等地任兵备道，因被弹劾"盘踞利津，营私肥己"而被解职，回归故里后，请同里著名画家袁龙构思设计建造宅园，历二年而建成，取《左传》"进思尽忠，退思补过"之意，得名为退思园。

宅园占地面积约 6 500 平方米，布局紧凑，格调清新，简朴无华。园林格局紧凑自然，以湖池为中心，建筑沿池岸布置，结合植物配置，点缀四时景色，给人以清澈、幽静、明朗之感。退思草堂作为全园主景，体态轻盈，位置适中，于堂前贴水平台上环顾四周，园内各建筑围成一个旷远舒展、彼此对应的开阔景区，宛如一幅山水画长卷，恬淡静谧。每一建筑可独自成景，又均是另一景点的对景，在同一景区内，由于观景角度变换，所见景色亦不尽相同。园林建筑物的位置、体量、造型尺度合宜，富于变化；花木泉石布局互相衬托得体；园内低矮曲折的池岸、清澈明净的池水、随波漾动的倒影融为一体，透出一股沁人心脾的清幽气氛。整个园林贴水而建，别具风格，水乡韵味，使人百看不厌。

退思园于 1981 年被列入太湖风景区景点之一，1982 年被江苏省人民政府批准为省级文物保护单位，2000 年被列入《世界遗产名录》，2001 年被国务院批准列为全国重点文物保护单位。

第七章 园林精粹

退思园

◆ **薪火传承**

任兰生以心系苍生的博大胸怀，致力于造福一方百姓，充分展现了儒家君子的崇高风范。其子任传薪则承继先志，勇开风气之先，倾力于推动女子教育，为平权事业做出了卓越贡献。两代人的努力与奉献，共同赋予了退思园深厚的历史内涵和文化底蕴，使其成为后人传颂不已的典范。

进退为民的家国情怀。退思园的首任园主任兰生是一个做事干练且有责任感的官员。在安徽任职期间，他兴修水利，疏浚河塘，赈济灾民并建设学校，深受百姓爱戴，被誉为"皖北必不可少的一员"。后遭内阁学士周德润的弹劾，他被迫革职归乡，着手建造私家花园。退思园不仅是任兰生寄情山水的一方天地,也是其保持进取人格的精神乐土,更是他思考人生进退的交叉点。在园内,任兰生修宗祠,置义田,建义庄,为孤儿、寡妇及丧失劳动能力的族人提供生活保障,并允许任氏子弟免费在园中学习。他的这些善举充分体现了其济弱扶贫的情怀。两年后退思园落成的同时,黄河决堤导致郑州、安徽被淹,朝廷一纸诏书将任兰生派往前线组织抗洪。他依然恪尽职守,亲力亲为,巡视灾区,关心民苦。不幸的是,一次在江岸巡视中,他不慎从马上摔下,后因成疽难治而病逝他乡,年仅50岁。任兰生的一生彰显了"不以物喜、不以己悲"的君子风范。无论是出世归隐还是入世为官,他都心系苍生、造福一方。

男女平权的教育实践。任兰生的儿子任传薪是退思园的第二代主人,他效法梁启超、蔡元培在上海建立的女校,将退思园作为校舍,创立丽则女校,开苏州女子教育风气之先,为当地女子提供平等的教育机会。任传薪将园内的退思草堂、琴房、旱船、桂花厅等光线充足的空间改造成教室,并捐赠了家藏的50000余册书籍,设立了图书馆。此外,他还增设了自然实验室、音乐室和小工场等,甚至在校外建造了风雨操场。任传薪又赴德国、日本考察女子教育。为提高教学质量,任传薪延聘钱基博(钱锺书的父亲)、范烟桥、柳亚子、陈去病等名师来校任教,使得丽则女校声名远扬。在任传薪的领导下,丽则女校成绩显著。1915年,学校学生的绣品在巴黎马塞会议上荣获银奖;1921年,上海世界书局出版的《新时代国文大观——全国学校成绩》收录了全国中学生的优秀作文,其中丽则女校就有14篇入选。时任国民政府教育总长的傅增湘到校参观,并亲笔题写"诚勤朴爱"校训。1915年,袁世凯与日本政府签订卖国"二十一条",丽则女校的师生们义愤填膺,召开声讨大会,写血书抗议,并自筹款项建造了"五九"国耻纪念碑。这座纪念碑至今仍屹立在退思园中,见证着那段屈辱的历史和丽则女校师生们的爱国情怀。

◆ 研学足迹

退思园:苏州市吴江区同里古镇新填街234号。

瑞园：传承家族文化，领略中庸之美

◆ 时光苏记

瑞园位于苏州市吴中区环香山路舟山村 99 号，北依穹窿山，南濒太湖，远离闹市，是苏州园林中为数不多的依山而建的（现代仿古）园林。瑞园由香山帮国家级非遗传人薛福鑫担纲设计，

瑞园

省级非遗传人薛林根、郁文贤、韩建贤率领苏州太湖古典园林建筑团队耗资上亿元、历时6年建成的一座现代仿古园林。

瑞园是一座精心打造、颇具规模的私家花园,占地约2 000平方米,集苏州园林之精髓,吸取"移步换景,咫尺之内再造乾坤"的造园技法,利用假山、亭、廊、池、桥等元素将整个园林有机分割,使不同的院落体现不同的视觉及功能效果。

园内厅堂轩敞,曲径通幽,顺山势自高而下,水面宽广,山光云影相接,池畔湖石玲珑。整个瑞园以水面为中心,四面

设计布局各类形态各异的建筑,有天香楼、海棠轩、藕香榭、花篮厅、鸳鸯馆等。内部名树古木众多,奇果异卉,四时芳华不断,其中以孩儿莲最为珍贵。孩儿莲又称红茴香,目前苏州少有,而瑞园这棵树龄已有百年。瑞园中的石舫置于岸边,朴实无华,充满诗情画意。暗香门前视野开阔,这里可远观穹隆山,透过葫芦形门洞看到的风景别具一格,楼廊内部尽显苏州园林特色。

◆ 薪火传承

瑞园栖息在苏州西南角的青山秀水间,诠释了中国人对中和境界的追求;赓续家族未竟之事业,连通民族血脉,既蕴涵着淡泊宁静的园林意境,又显示了中华优秀传统文化的深厚底蕴。

家族情感的传承载体。瑞园是陈氏家族几代人共同梦想的寄托,是家族情感、家族精神的传承载体。在中国传统文化中,孝是一种至关重要的情感,它不仅是个人品德的体现,更是家族和社会和谐稳定的基石。崇德楼为瑞园的主楼,其外壁两边镶嵌着《孙氏福禄寿印存》与二十四孝图文碑刻作品,寓意百善孝为先,以推崇孝道。瑞园后人秉承"善继人之事,善继人之志"的古训,自然地继承起家族和民族的未竟之事业,连接起与家族和民族血脉的联通纽带。

中庸之道的栖居之所。苏州园林历来讲求动与静、刚与柔、虚与实、造作与自然的和谐统一,瑞园更是这一传统的典范。瑞园巧妙地平衡了筑山和理水的关系,背靠苏州最高峰穹窿山,园内池水又与山泉相通,形成真山真水格局。整座园林南北呈长方形,依次分为春夏秋冬四区,花卉名木遍植其间,作四季轮回八节花开之景。这种设计理念不仅体现了中国人对出世与入世中和境界的追求,也寄托了中国人对向往自然与现实担当之中庸之道的深刻思考。

文化传播的推广通路。在现代社会背景下诞生的瑞园,坚持文化与旅游相结合的发展理念,不断提升园林旅游的环境舒适度、服务体验度和文化和谐度。园内设立的穹窿书院、仁明书院等文化场所,不仅为游客提供了学文论道的好去处,也让人们在聆听园林故事的同时,守护中华优秀传统文化的根基。通过这些举措,游客能够沉浸式地体验国学魅力,感受淡泊宁静、人与自然和谐共处的园林意境,潜移默化间实现对中华优秀传统文化的弘扬和传承。

◆ 研学足迹

> 瑞园:苏州市吴中区环香山路舟山村99号。

本章相关音频

本章相关视频

第八章
璀璨非遗

　　传承与弘扬中华民族的优秀传统文化,对于激发新时代青年的爱国情怀、塑造其思想品格,引导他们正确理解并追求远大理想,同时脚踏实地地付诸实践,具有重大而深远的意义。苏州是江南文化的中心,历史底蕴深厚,流淌着源远流长的文脉。勤劳智慧的苏州人民在漫长的历史进程中,通过丰富的生产生活实践,创造并留下了无数珍贵的文化遗产。这些以精湛的传统技艺、韵味独特的戏剧曲艺、丰富多彩的民俗仪式等为载体的非物质文化遗产,数量繁多、内涵丰富,深深植根于中华民族的精神家园,成为中华民族文化根基中不可或缺的重要组成部分。进入新时代,以习近平同志为核心的党中央从坚定文化自信、实现中华民族伟大复兴中国梦的全局和战略高度,不断深化对非物质文化遗产的珍视与保护,带领中华儿女赓续民族精神、共同守护中华民族乃至全人类宝贵精神财富。习近平总书记考察苏州时指出,对于中华优秀传统文化"不仅要在物质形式上传承好,更要在心里传承好"。新时代青年应深入挖掘并深刻理解非物质文化遗产中所蕴含的深邃哲学、人文精神、教化智慧及道德精髓。这些宝贵的文化遗产,不仅为我们格物致知、修身齐家提供了有益指引,更为推动文化的繁荣发展、助力文化强国的建设及铸就中华民族现代文明的新篇章,注入了青春的力量与活力。

桃花坞木版年画：艺韵飞扬绘就幸福愿景

时光苏记

桃花坞木版年画源于宋代的雕版印刷工艺，由绣像图演变而来。到明代，苏州刻戏曲、小说、插图盛行，加上受到宋、元、明画派的影响，桃花坞木版年画发展成为民间艺术流派。它与河南朱仙镇、天津杨柳青、山东潍坊杨家埠和四川绵竹的木版年画，并称中国五大民间木版年画。

清代雍正、乾隆年间是桃花坞木版年画的鼎盛时期，每年出产量达到百万张以上。在苏州山塘街和阊门内桃花坞大街一带分布着几十家店铺作坊，生产的年画流行于江苏各地，远销上海、浙江、湖北、河南和山东等，并远播海外，对日本的浮世绘绘画艺术影响较大。

桃花坞木版的印刷兼用着色和彩套版，通常以头大身宽的人物为主，色彩以红、黄、蓝、绿、紫、淡墨等色为基调进行组合，构图对称，形象丰满，色彩绚丽，突出表现欢乐气氛，刻工、色彩和造型具有精细秀雅等江南地区民间艺术风格。年画内容丰富，除人物以外，还有山水、花鸟、民间传说、戏文故事和装饰图等，多体现吉祥喜庆、民俗生活、戏文故事、花鸟蔬果和驱鬼避邪等中国民间传统审美。其形式以门画、中堂、条屏为主，富有装饰性和朴实感，具有强烈的民间艺术特色，为民众所喜闻乐见。它是苏州地区劳动人民精神信仰、文化心理和对美好生活向往的重要艺术载体。

2006年5月,桃花坞木版年画被列入第一批国家级非物质文化遗产名录。

桃花坞木版年画

◆ 薪火传承

桃花坞木版年画宛如江南文化的璀璨瑰宝,既寄托着人们对幸福生活的深切向往,又铭刻着历史的繁荣印记。其独特的艺术风采和深厚的文化内涵,向世界传达了和美共生的崇高理念。这些画作见证了时代的变迁,凝聚了民间智慧的精髓,激励着我们

追求和谐共荣的美好未来。

幸福吉祥的寓意呈现。桃花坞木版年画寓意吉祥如意，深得江南百姓之心，曾是苏州家家户户的新年必需品。年画中财神的形象异常丰富，既有广为流传的《招财进宝》《关公》《三星》等，又有独具苏州地方风情的《金钱虎》《春牛图》等。这些作品成为江南民众祈求财运亨通、福祉连绵的重要象征，是他们深厚文化底蕴与独特审美情趣的结晶，寄托了江南地区民众对幸福生活质朴而真挚的向往，展现了人们无穷的智慧与创造力。

繁荣富庶的艺术表达。桃花坞木版年画是盛世吉祥的情景写照。"苏湖熟，天下足"，明清以后，江南一带成为我国最为繁荣富庶的地区。清代康熙、雍正、乾隆时期，桃花坞木版年画以其精湛的艺术手法，生动地展现了苏州市民生活与城市景观。这些年画场面气势磅礴，构图精巧复杂，内容博大精深，风格写实且具有民间特色。艺术家们运用成熟的套色技法，不仅使画面色彩鲜艳、层次丰富，更凸显出浓郁的民间风情，真实记录了康乾盛世时期苏州的城市风情世相。

和美共生的价值传递。桃花坞木版年画中最突出的主题是和气与致富，影响深远、备受推崇的代表作《一团和气》，以其独特的艺术构思和深邃的文化内涵，成为年画艺术中的璀璨明珠。画面中央的人物形象，头戴红花、扎羊角发髻，身穿锦团服饰，手捧"一团和气"卷轴，乍看像老妪，细看又似稚童。习近平总书记考察苏州时，对这幅作品给予了高度评价："《一团和气》年画寓意很好，我们要推动形成一团和气的社会氛围！"年画的整体构图呈现圆形，这一设计饱含着"和合共生、金玉满堂""以和为贵"的中华生活智慧，对于家庭和睦、社会和谐、世界和平都有重要启示。

◆ 研学足迹

> 桃花坞木版年画"一团和气"馆：苏州市姑苏区大儒巷38号。
> 桃花坞木刻年画社：苏州市姑苏区山塘街190号。
> 桃花坞木刻年画博物馆：苏州市姑苏区平门校场桥路8号。

苏绣：针针不息绣美江南

◆ 时光苏记

苏绣是苏州地区刺绣产品的总称，其发源地在苏州吴县一带，遍衍江苏省的无锡、常州、南通、扬州、宿迁、东台等地。自明以来，形成了精、细、雅、洁的艺术风格和地域特色，以精妙绝伦的绣工、活泼多变的针法、丰富多彩的形象著称。在清代，苏绣与湘绣、粤绣、蜀绣并称为中国四大名绣，是苏州传统文化的象征之一。

苏州刺绣至今已有 2 000 余年的历史，传说来源于仲雍的孙女女红首制绣衣。日常生活中，苏绣主要作为艺术欣赏品和日用品，且有多种不同的分类法，如以材料分，有丝绣、发绣、绒绣等；以绣法分，有平绣、乱针绣、虚实乱针绣、点翠绣等；以形式分，有单面绣、双面绣、双面三异绣等。

近现代以来，苏绣立足于传统艺术的创新，针法技巧更为丰富，形式内容更为多彩，充分体现平、齐、细、密、匀、光、和、顺的传统技艺特点，也更加秀美高雅。

2006 年 5 月，苏绣被列入第一批国家级非物质文化遗产名录；2010 年，镇湖苏绣实施地理标志保护；2014 年，苏州镇湖刺绣艺术馆被列为第二批国家级非物质文化遗产生产性保护示范基地。

第八章 璀璨非遗

◆ 薪火传承

苏绣作为中华文化的瑰宝,以其方寸之间显现天地万象的精湛技艺,展现了苏州人温婉细腻的性格特质、对精工细作的极致追求,以及尽善尽美的钻研精神。自改革开放以来,苏州在文化与科技的融合发展方面所取得的成就,如同苏绣中的绝活双面绣一般,既保持着温润的水乡韵味,又蕴藏着绵长而持续的高质量发展动力。

苏绣

精工细作的匠人精神。苏绣需要手艺人全心投入、精益求精,它要求手艺人将心、眼、手等全身的精神和力量都凝聚于一针一线之间。随着工业社会的技术革命,苏绣技艺面临着手工与机器的博弈难题。从生产效率和商业效益的角度来看,机械化生产似乎更符合市场的需求。但是,苏绣的真正价值不仅在于其技艺的精湛和时间的积淀,更在于其中蕴含着的情感深度。习近平总书记考察苏州时指出,中华优秀传统文化代代相传,表现出的韧性、耐心、定力,是中华民族精神的一部分。苏绣手艺人坚守传统手工劳作的匠艺精神,不断追求精致与完美,使品质与工艺成为苏绣的代名词,让苏绣在市场上独树一帜。

古风今韵的技艺创新。清末民初,在西学东渐的潮流中,苏绣发展历史开始步入快速创新阶段。清代苏绣大师沈寿,将西方绘画中肖像写实的精髓融入刺绣技艺,创新推出了仿真绣。民国年间苏绣大师杨守玉,融汇西方绘画造型的光影、笔触和色彩因素,创造出别具一格的乱针绣,丰富了中国刺绣艺术的表现形式和风格面貌。20世纪50年代,苏绣大师任嘒閒首创的虚实乱针绣,以乱针绣为基础,将中国画的虚实留白与西洋画的素描明暗相融合,达到了艺术上"以少许胜多许"的境界。众多苏绣大师的作品被作为"国礼"在国际舞台上频频亮相,《木槿花开》《培尼亚和里韦拉》《岁月如歌》《仕女蹴鞠图》等作品由习近平主席先后赠予韩国总统、墨西哥总统、英国女王伊丽莎白二世、国际奥委会等各国元首和国际组织。当代苏绣以开放包容之姿,不断吸收借鉴人类文明的优秀成果,成功融合传统与现代技艺,为中国传统艺术的现代化发展开辟了广阔道路。

双面精彩的城市象征。双面绣是苏绣皇冠上的一颗明珠,集中展示了苏绣精湛绝伦的技艺,是苏州文化的生动象征。其细密的针脚、精巧的构图及温婉动人的风格,将苏州粉墙黛瓦之外的五彩斑斓展现得淋漓尽致,形象地诠释了苏州魅力,一面是江南气韵浓厚、人文鼎盛,一面是产业地标耸立、经济繁荣。习近平总书记指出,"苏州在传统与现代的结合上做得很好,不仅有历史文化传承,而且有高科技创新和高质量发展,代表未来的发展方向"。苏州既厚文崇教又精工重商,人文精神的崇尚与商业精神的精细相互融合、相互促进,共同铸就了这座城市独特的魅力,正如姑苏双面绣所展现的千年璀璨。回溯历史,深厚的文化底蕴与经济的蓬勃发展相互交融,为苏州注入了生生不息的活力,也铸就了这座城市独特的城市脉动。

研学足迹

苏作工艺馆:苏州高新区(虎丘区)长江路399号。

中国刺绣艺术馆:苏州高新区(虎丘区)镇湖街道绣馆街1号。

洞庭碧螺春制作技艺：匠心守护茶香吴韵

🔷 时光苏记

中国名茶洞庭碧螺春产于苏州太湖洞庭东、西山。唐代陆羽《茶经》有茶叶出自"长洲县（今苏州市）洞庭山"的记述。清初，洞庭茶俗称"吓煞人香"，清康熙三十八年（1699），康熙南巡太湖，因其茶"清汤碧绿，外形如螺，采制早春"而赐名为"碧螺春"。自此，碧螺春茶每年进贡朝廷，名扬天下。

洞庭东、西山气候适宜茶树培植，而"摘得早、采得嫩、拣得净"和"手不离茶，茶不离锅，揉中带炒，炒揉结合，连续操作，起锅即成"的传统采制技艺，更使碧螺春以"形美、色艳、香浓、味醇"四绝闻名中外，被誉为"茶中仙子"。清代著名文人龚自珍更是盛赞"茶以洞庭山之碧螺春为天下第一"。

碧螺春是一种驰名中外的绿茶，1915年在巴拿马太平洋万国博览会上获得金奖；1954年周恩来总理用碧螺春在日内瓦招待过外国记者；1959年在农业部组织的评比会中被列为中国十大名茶之一；1972年中美签订"上海公报"期间，周恩来总理将碧螺春作为礼品赠与美国国务卿基辛格。"洞庭山碧螺春"是江苏省首件地理标志商标，2021年入选中欧地理标志互认互保产品名单。

2020年1月，苏州吴中碧螺春茶果复合系统入选第五批中国重要农业文化遗产名单。2011年5月,碧螺春制作技艺被列为第二批国家级非物质文化遗产代表性项目名录扩展项目。2022年11月,碧螺春制作技艺作为中国传统制茶技艺及其相关习俗项目重要组成部分被列入联合国教科文组织人类非物质文化遗产代表作名录。

碧螺春制茶设备

薪火传承

新时代背景下,碧螺春制作技艺传承人秉持与时俱进的理念,继承并发扬热爱事业、精益求精和吃苦耐劳的可贵精神。政府、企业和社会各界通力协作,延续着"碧螺仙子"这一品牌所代表的醇厚浓郁、回味悠长的千年茶香传奇。

守护技艺的定力与韧性。洞庭碧螺春的产地在苏州东、西山一带,这里素有"家家有茶园,户户会炒茶"的传统,炒茶技艺被视为一门家族传承的艺术,融入了茶农们的血脉与日常生活。时至今日,始终有一批制茶人坚守着拥有500多年历史的土灶徒手炒制技艺与茶果间作模式。这些制茶人坚守着古老的传统,不使用机械或电力。他们熟知柴火所能提供的均匀热度、炒与揉的完美结合,以及果木作为燃料为茶叶带来的浓郁香气,这些都是现代科技至今难以替代的。他们秉承淡泊、志远和清雅的茶道精神,以无尽的耐心和坚定的毅力,守护着苏州这片土地上的山水名茶。

碧螺村

坚守品质的初心与使命。2024年1月,江苏省人大常委会批准颁布了全省首部针对茶叶的立法《苏州市洞庭山碧螺春茶保护条例》,旨在通过完善的制度设计,强化对碧螺春茶树种质资源的保护,同时实施严格的地理标志产品保护和地理标志证明商标保护的双重保障机制,从规范、保护和发展等方面推动品牌保护，产地内高达75%的古老茶树品种得到了有效的保护。同时，政府对碧螺春茶的生产、销售及消费环节实施全过程监管，以确保其品质与信誉。这种坚定的保护意识和切实的做法，极大提升了洞庭碧螺春品牌的知名度与美誉度。

振兴乡村的愿景与目标。苏州市各级政府大力支持当地企业将洞庭碧螺春积极打造为"生态绿茶第一品牌"，并成功推动其入选中国农业品牌目录。连续举办洞庭山碧螺春茶叶节、茶文化旅游节等大型活动，深入挖掘并展示碧螺春在生态、休闲和文化等方面的独特价值。通过基地提升、品质提优、市场拓展、品牌强化、文化弘扬等关键举措，不仅提升了碧螺春的市场地位和品牌知名度，还有效带动了旅游经济的联动发展，进一步延伸了碧螺春产业链，为乡村振兴和农民增收注入新的活力。同时，茶农们积极创新，研发出碧螺春拿铁、奶茶、冰淇淋、茶酥等一系列受欢迎的衍生品，这些产品已成为年轻人追捧的网红商品，为传统茶文化注入新的时尚元素。

◆ **研学足迹**

江南茶文化博物馆：苏州市吴中区东山镇碧螺村碧螺景区环山路西坞158号。

昆曲：薪火相传演绎时代华章

时光苏记

昆曲是我国现存最古老的戏曲形式，也是世界三大古典戏剧源头之一，发源于元朝末年苏州地区的昆山一带，原名昆山腔，它与起源于浙江的海盐腔、余姚腔和起源于江西的弋阳腔，并称为明代四大声腔，同属南戏系统。

16世纪中叶经魏良辅改良后，昆山腔成为一种格律严谨、形式完备、声腔音乐婉转悦耳柔媚悠长的演唱艺术。梁辰鱼依照昆曲音律填写《浣纱记》传奇，把原来限于清唱的昆曲运用于舞台表演艺术。《浣纱记》的成功，标志了一个新的剧种——昆剧的诞生。昆曲曲文秉承了唐诗、宋词、元曲的文学传统，又经梁辰鱼、汤显祖、洪昇、孔尚任、李玉、李渔、叶崖等文学艺术家奉献智慧，昆曲艺术成为融文学、戏剧、表演、音乐、舞蹈、美术于一体的富有诗情画意的舞台综合艺术，集中国古典艺术与美学之大成，是东方艺术的杰出代表。其丰富、严谨、完整、精深的戏剧艺术体系，成为中国各种戏曲发展的资源，被称为"百戏之祖，百戏之师"，有"中国戏曲之母"的雅称。许多地方剧种，如晋剧、蒲剧、湘剧、川剧、赣剧、桂剧、越剧、闽剧等，都受到过昆剧艺术多方面哺育和滋养。特别是受直接影响的江南滩簧艺术，借鉴了昆曲声腔特点，在语言风格上更为通俗化和口语化，清末以后发展为苏剧、锡剧、沪剧和甬剧等。昆曲独特深厚的美

第八章 璀璨非遗

学传统与独具神韵的东方风格,数百年来历经沧桑而始终具有永恒的魅力。

由昆剧奠基的中国戏曲表演体系与俄国斯坦尼斯拉夫斯基体系、德国布莱希特体系,并称为世界三大表演艺术体系,因而中国昆剧艺术是人类艺术大家庭中的重要组成部分。2001年5月18日,中国昆曲被联合国教科文组织列入人类口头和非物质遗产代表作名录,这是我国第一个得到国际相关组织机构正式承认的非物质文化遗产。这标志着昆曲以其丰厚的历史文化积淀与极其珍贵的民族戏曲价值得到了世界的公认,成为全人类共同的精神文化财富。此后,昆曲事业更加受到党和政府的关心与扶持。2006年5月,昆曲被列入第一批国家级非物质文化遗产名录。

中国昆曲博物馆(摄影:倪浩文)

薪火传承

在历史的长河中,昆曲赓续艺术薪火、绽放时代光芒,以求真尚美的艺术追求、自觉自信的文化担当和守正创新的精神,不断焕发出新的生命力。当代昆曲人肩负着传承与发扬的历史重任,将使这一传统艺术在新时代绽放出更加璀璨夺目的光彩。

求真尚美的艺术追求。昆曲始终将形式美、情感真、思想善作为艺术追求目标。巅峰之作《牡丹亭》突出地展现了昆曲的古典文学语言美学特质,该剧以清丽柔婉的曲词、儒雅的念白及细腻抒情的表达方式,创作出如"良辰美景奈何天,赏心乐事谁家院"等脍炙人口的经典诗句。在思想层面上,《牡丹亭》深刻地反映了人们冲破封建束缚、勇敢追求人生幸福的强烈愿望。20世纪50年代,毛泽东主席曾两次亲临剧场观看昆剧《十五贯》,他对这出戏的人民性给予了充分的肯定,高度评价其确立的"反对主观主义和官僚主义思想作风,提倡调查研究、实事求是的思想作风"主题。

自觉自信的文化使命。昆曲艺术历经600年沧桑岁月,依旧绵延不息,这得益于当代昆曲人深厚的文化自信和不懈的坚守。1949年中华人民共和国成立,党和政府大力扶持和振兴中国传统的戏曲事业,相继恢复了北方昆剧院、上海昆剧团、浙江昆剧团、江苏省昆剧院、江苏省苏州昆剧院、湖南省昆剧团和永嘉昆曲传习所等昆曲院团,昆曲得以重获新生。当代昆曲人不断开拓创新,以精品佳作回应当代人的精神诉求。《范文正公》通过范仲淹的形象,传递出勇于担当、心系家国的崇高情怀;《眷江城》向那些无畏生死、默默奉献的抗疫英雄致以最崇高的敬意;《瞿秋白》深刻刻画了中国共产党早期领导人的坚定信念和革命风骨。这些作品积极弘扬时代精神，让古老的昆曲艺术在新时代焕发出勃勃生机。

守正创新的传承担当。在传承和弘扬昆曲艺术的过程中，当代昆曲人坚持传统为体、现代为用，不断拓宽昆曲艺术的空间，推动其创造性转化与创新性发展。在著名作家白先勇的牵线搭桥下，海峡两岸的文化精英汇聚一堂，与江苏省苏州昆剧院展开紧密合作，共同打造了青春版《牡丹亭》。这一创新举措吸引了众多青年学子的关注，激发了年轻观众对昆曲艺术的热爱，促进了昆曲观众群体年轻化，观众的平均年龄下降至30岁。该剧目自2004年首演至今已在国内外演出近四百场，荣获多项殊荣，在豆瓣上的评分更是高达9.1分。

◆ 研学足迹

中国昆曲博物馆：苏州市姑苏区中张家巷14号。
昆曲文化中心展示馆：昆山市前进中路321号。
昆山昆曲博物馆：昆山市马鞍山东路1号。
戏曲百戏博物馆：昆山市巴城镇并蒂莲路2号。

苏州评弹：水乡曲艺润泽民心

◆ 时光苏记

苏州评弹是苏州评话和苏州弹词两个曲种的合称，是运用苏州方言进行说唱的地方曲艺，俗称说书。它发源于江苏苏州地区，流传于汉语吴方言区，即江苏南部、上海全部和浙江北部，涵盖长江三角洲的大部分地区，是我国优秀传统艺术的瑰宝，被誉为"江南曲艺之花"。

作为口头语言的说唱艺术早在汉代就已出现，唐代又有所发展，到宋代更是逐渐流行，并出现了瓦子之类的说唱专门场所。明代又有词话、陶真等。苏州评话亦称大书，只说不唱，源于宋代的说话技艺；苏州弹词亦称小书，既说又唱，自明末以来在苏浙沪一带广泛流行。苏州评弹约在清代初期（17世纪末）趋于成熟，清乾隆时期（18世纪）已经相当繁荣。中华人民共和国成立后，苏州评弹更展新貌，出现了空前繁荣的景象，成为中国曲艺的重要曲种。

苏州评弹与中国昆曲、苏州园林一同被称为苏州的"文化三绝"。2006年5月，苏州评弹被列入第一批国家级非物质文化遗产名录。

◆ 薪火传承

苏州评弹是深深植根于民间土壤的优美曲种，秉持着对人民群众的深厚情感和对文化使命的坚定担当。它紧密结合现实生

旧时评弹表演场景（摄影：倪浩文）

活，深入挖掘社会百态，以吴侬软语的独特韵味，精彩演绎着丰富多彩的人生故事。在建设中国特色社会主义的新时代背景下，苏州评弹将时代主题与文化使命紧密相连，不断创新发展，实现了常说常新的艺术追求，为弘扬中华民族优秀传统文化、传承吴地文脉做出了不可磨灭的贡献。

扎根人民的文化生态。苏州评弹作为一种具有显著群众性和普及性的艺术表现形式，在文化传播的历史长河中占据着重要地位。从早期的露天演出到清初的茶馆书场，它始终以市井平民为主要受众，深受广大普通百姓的喜爱。中华人民共和国成立后，苏州评弹进入了一个崭新阶段，评弹艺人们以高涨的热情进行创作。他们深入工厂、农村，体验生活，从中汲取灵感，创作了《林海雪原》《青春之歌》等一系列新曲目，为苏州曲艺文化繁荣兴盛和区域经济社会发展注入了强大的精神力量，共同谱写了苏州文艺发展的壮丽篇章。

沁润民心的艺术效能。苏州评弹充溢着吴地腔韵，深深扎根于水乡的文化土壤，以其独特的韵味和魅力，潜移默化地影响着近代江南乡民的观念、信仰乃至审美世界。苏州评弹记录了最诗

意的苏式生活，它以吴侬软语为媒介，弹唱出姑苏的万种风情，尽显雅俗共赏之乐。评弹故事传诵英雄人物、揭露旧社会黑暗、歌颂革命精神等，与听众的伦理道德、价值观念和思想情感产生强烈共鸣。苏州评弹不仅滋养着吴地人民的心灵，满足着听众的娱乐需求，更深情地演绎着原初姑苏的鲜活印记，让人间烟火与生机盎然在音符间交织流淌。

推陈出新的创作自觉。 中华人民共和国成立后，苏州评弹艺术得到了党和政府的高度重视和大力支持。在党的文艺方针指引下，评弹演员们怀着高涨的热情，积极组建评弹团体，适应时代创造出多种表演形式，提高流派艺术品位，推动评弹艺术日趋全面发展，并逐渐走向成熟。改革开放以来，苏州评弹遵循陈云同志关于评弹艺术"出人、出书、走正路"的指示，努力弘扬民族文化，不断推进评弹艺术的繁荣发展。现如今，苏州评弹新编《声声慢》等脍炙人口的作品，成功"圈粉"众多年轻人，使他们成为评弹艺术的忠实拥趸。

◆ **研学足迹**

苏州评弹博物馆：苏州市姑苏区中张家巷3号。

古琴艺术（虞山琴派）：德艺并重奏响心灵和音

◆ 时光苏记

古琴又称瑶琴、玉琴、七弦琴，是我国古老的弹拨乐器，也是民族乐器中最具代表性的乐器之一，迄今已有 2 000 多年的历史。古琴音域宽广，音色深沉，余音悠远。

北宋年间，苏州人朱长文编纂了我国现存最早的一部《琴史》专著。古琴艺术发展至明朝，已形成多种流派。其中明末清初发轫于常熟，由严天池创立、徐青山拓展的虞山琴派，取其精华，合众家之长，形成了独特的清、微、淡、远的琴曲风格。虞山琴派 400 年来盛传不衰、影响深远，被后人誉为"古音正宗"。徐青山丰富和完善了虞山琴派的理论，使虞山琴派成为中国第一个有代表人物、代表琴谱、

虞山派古琴艺术馆

理论纲领和地域特色的琴派。2004年，常熟市被江苏省文化厅命名为古琴之乡，同年被联合国教科文民间艺术国际组织命名为古琴之乡。

2003年11月，古琴艺术（虞山琴派）作为中国古琴艺术的重要组成部分被联合国教科文组织列入第二批人类口头和非物质遗产代表作名录。2008年6月，被列为第二批国家级非物质文化遗产代表性项目名录扩展项目。

薪火传承

古琴是中华民族以礼教民、以乐化民的传统器物之一，它以独特而深邃的音韵，架起了人与自我、人与人、人与自然之间心灵对话的桥梁。虞山琴人注重提高古琴的器乐化，由声多韵少转向"韵多声少"，不仅丰富了古琴的音乐表现力，更进一步凸显了其在提高人的道德修养、建构和谐人格及实现中和审美理想方面的积极作用。

德艺并重的修养之道。 中国自古以来具有"士无故不撤琴瑟""君子之座必左琴而右书"的理念，凸显了古琴在传统文化中的重要地位。古琴属六艺（礼、乐、射、御、书、数）之中的乐，是古代培养全面素质人才的关键环节，更被历代文人视为君子德行操守的象征符号。古琴在乐中占据着特殊的地位，它主张琴如其人，特别强调演奏者的德艺并重。这种艺术观念强调，古琴不仅是一种乐器，更是一种精神的象征，一种修身养性的工具。时至今日，虞山琴派仍以生生不息的精神，传承着经久不磨的韵味，不仅陶冶着人们的情操，更在社会和谐与文明程度的提升方面发挥着独特的作用。

天人合一的心灵境界。古琴艺术在表现琴曲意境时，多以山水为背景，生动描绘人与自然的和谐共生。其美学理念崇尚远离尘嚣、归隐山林的超脱情怀，追求"清、微、淡、远"的艺术境界，在广袤无垠的宇宙中探寻心灵与道的完美融合。虞山派的创始人严天池对古琴的构造讲求"琴制长三尺六寸五分，象周天三百六十五度，年岁之三百六十五日也"，这其中蕴藏着深邃的天机数理。古琴艺术完美地融合了儒家"中和之音"和道家"大音希声"的音乐观，体现了古人修身、齐家、治国、平天下的崇高理想和情操。

美美与共的命运共通。自古至今，琴被文人学士用于抒发内心的寂寞和对美好的追求，琴声可表达主人潇洒飘逸的内心世界和高雅清丽的气质情调，也可用于朋友间的友情沟通和心声吐露。2023年4月7日，国家主席习近平邀请法国总统马克龙漫步广州松园，并一同欣赏中国古琴曲《高山流水》。这首跨越千年的琴曲讲述的是《列子·汤问》中俞伯牙与钟子期相知相惜的故事，他们的故事也是中华文化中知音一词的由来。翌日，中法两国领导人共同签署并发布庄严的联合声明，重申了双方之间的深厚友谊，承诺将在各领域进一步加强合作与协调，携手为人类社会的繁荣与和平贡献力量。

◆ 研学足迹

苏州市非物质文化遗产博物馆：苏州市吴中区临湖镇环镇路99号。

虞山派古琴艺术馆：常熟市南赵弄10号。

吴门医派：独步医术济世为民

◆ 时光苏记

苏州自古繁华富庶、经济发达，加之当地百姓对健康的普遍关注，大大推动了吴地医学活动的发展。苏州的中医，向称吴医，历代名医辈出、著作宏富，形成了独具特色的地方医学流派，在中国医学史上占有十分重要的地位。"吴中多名医，吴医多著述，温病学说倡自吴医"，这三大特点是吴门医派的精华所在，也是吴中医学甲天下的由来。

明清时期，苏州中医处于鼎盛时期，吴中医学呈现世医多、儒医多、著述多的特点。明崇祯十五年（1642），苏州名医吴又可名著《温疫论》问世，开我国传染病学研究之先河，并为温病学说奠定了基础。18世纪中叶，苏州名医叶天士口述本《温热论》问世，为温病学奠基之作。温病学派及其学说的完善与发展，是吴门医派对中医药学的一个重大贡献。防治温病良好有效的疗法、成熟可靠的药方，迄今还在医疗临床发挥着造福人类的作用。

雷允上六神丸，是吴门医派成熟时期的产物，荟萃了吴门医派理论精髓，是温病学的经典代表药。其配方独特，未采用植物性药材，而是选用了多种动物性、矿物性药材，并采用优选的制作工艺，既保留毒性药材中的有效治疗成分，又降低了毒性药材对人体的毒副作用，是中医药利用毒性药物、提高临床治疗效果的代表性药物，对中医药的研究具有指导性价值。

六神丸是原创性中药微丸剂型，为目前中药流行剂型——微滴丸的滥觞。其工艺独特，技艺超前，是中医药剂型改革的创新之举。作为治疗温病的一种良药，六神丸具有清热解毒、消炎止痛的作用，对时令温邪、疫毒、烂喉、丹痧和疔痈疾病均有良好疗效，素有"中药中的抗生素"的美誉，自问世以来，行销海内外。

1956年雷允上后人将六神丸秘方献给国家，六神丸被国家中医药管理局列入国家保密品种，药方被国务院注密档案库收藏。1994年，国家科技保密办公室宣布将"九芝图牌"六神丸列为机密级国家秘密技术，保密期限为长期。2008年6月，雷允上六神丸制作技艺被列为第一批国家级非物质文化遗产代表性项目名录扩展项目。

雷允上老药铺

 薪火传承

吴门医派是中医药学的重要分支，它紧密结合江南地区的地

域特征和气候条件,研制出抗感染治疗等方面的名方良药,以仁心仁术为百姓解除病痛。吴中名医善于博采众长,敢于创新发明,在实践中积累丰富经验。他们著书立说,以温病理论补充伤寒理论,完善中医理论体系,推进中医学的繁荣发展。

自立自强的独门医术。苏州吴门医派在六经辨证的基础上创立了温病学卫气营血辨证理论与临床体系,为中医治疗温病开辟了新路径,在明清时期达到鼎盛阶段。明代苏州名医吴又可在其所著的《温疫论》中提出,瘟疫之病"乃天地间别有一种异气所感",即感染途径是自口鼻而入,这与现代传染病传播途径认识一致。现代制药技术突飞猛进,但临床研究发现,拥有150多年历史的雷允上六神丸在防治流感、抗击病毒、灭菌消炎方面效果甚佳。

悬壶济世的为民情怀。元代葛应泽"济世之道莫大乎医,去疾之功莫先乎药"的座右铭是吴地医者仁心的鲜明写照。吴医学派遵循中医因地因人治病原则,根据江南水乡的地理环境、气候条件,研创出湿邪致病理论,造福姑苏百姓。苏州雷允上中药以微丸的形式做到药量小、价格亲民,专门用于为老百姓防病治病。当代苏州生物医药业继承悬壶济世为苍生的精神,全力建设中医药发展高地,推广8种中医药预防保健(治未病)干预方案,探索中医治未病健康工程苏州模式;完善中医药一站式配送服务,打造百姓身边的"15分钟中医药健康圈";深入开展六神丸的临床研究,拓展其在病毒感染性、炎症性疾病等领域的应用范围,为广大病患带来更多的健康福音。

崇实求新的传世基因。吴门医派历来尊崇汉代医圣张仲景的学术思想,但是吴又可、叶天士等吴门医派代表人物结合江南温病多发的临床实践基础，敢于突破《伤寒论》的窠臼，澄清了当时关于温病、伤寒的模糊看法，并在此基础上进行了医术的创新，显著提升了温病治疗的疗效。当代苏州中医药事业继承吴医崇实求新精神，加快推进高质量发展，坚持中医药"事业、产业、文化"三位一体发展的总体发展布局，重视传统资源的保护发掘与创新利用，制定并出台了《苏州市生物医药产业创新集群建设实施方案》，将现代中药列为"中国药谷"建设的重点领域方向，推进创新中成药、中药复方制剂、中西医结合、中药药学等研究，促进传统中药的二次开发。

研学足迹

苏州中医药博物馆：苏州市姑苏区景德路314号。

香山帮建筑营造技艺：精工细作缔造苏式建筑传奇

时光苏记

香山帮历史悠久，起源于春秋战国时期，形成于汉晋，发展于唐宋，繁盛于明清。香山帮是以木匠领衔，集木匠、泥水匠、石匠、漆匠、堆灰匠、雕塑匠、叠山匠和彩绘匠等古典建筑全部工种于一体的建筑技艺者的统称。

香山帮建筑营造技艺以布局巧妙、结构紧凑、建造精巧、色调和谐的特点而名闻天下，体现在绮丽多姿的园林构造、朴实典雅的民居建筑、奇巧精妙的梁架结构、精美灵活的腰檐转角和丰富多彩的内外装饰。明永乐年间（1403—

香山帮建筑

1424），香山帮匠人蒯祥受命主持明皇宫三大殿、承天门（天安门）和王府六部衙署的营造，被明宪宗帝尊称为"蒯鲁班"。清末民初的姚承祖是又一位建筑大师。他主持和参与了众多古建工程，并整理编写了集香山帮建筑营造技艺之大成的《营造法原》，该书被誉为苏派古建的宝典。

2006年5月，香山帮传统建筑营造技艺被列入第一批国家级非物质文化遗产名录；2009年9月，作为中国传统木构建筑营造技艺的重要组成部分，被联合国教科文组织列入第四批人类非物质文化遗产代表作名录。

◆ 薪火传承

香山帮作为一种独特的建造范式流派，深刻植根于中国丰富的地域文化和复杂多变的气候环境之中。凭借其精湛的技术创新能力和深厚的文化底蕴，香山帮匠人巧妙地实现了人与自然之间的和谐共生，充分满足了人们对于宜居环境的追求。在过去的600多年里，香山帮匠人一直秉承着精益求精的工匠精神，通过精细的分工和卓越的系统整合能力，不断传承和弘扬着苏派建筑的独特魅力。

科学精神与人文精神结合的匠心巧思。香山帮是中国古代传统建筑业的重要流派，它注重将建筑的实用与审美、技术与艺术、工匠文化与文人文化融为一体。在科学性的体现上，香山帮匠人深谙我国南北方气候的差异性，能够因地制宜巧妙设计建筑的梁枋、庭院、弄堂、天井等构造，绿色低耗地解决了通风、采光、排水、保温、抗震等建筑技术难题。在人文性的体现上，香山帮匠人同样展现出了独特的审美追求，主张"无雕不成屋，有刻斯为贵"，无论是民宅建筑还是私家园林，砖雕、木雕、石雕等装饰艺术都被广泛应用于厅堂楼阁，为居住者的生活增添了浓厚的文化气息和艺术亮色。

分工细作与团结协作并举的运筹帷幄。香山帮建筑工匠群体，不但工种齐全，而且分工细密，能适应高难度建筑工艺的需求。例如，木匠分为大木和小木，小木的木雕工艺精良，与浙江东阳木雕并驾齐驱。此外，香山帮匠人还擅长在把作师傅的统一指挥下，相互协作、形成合力，从而营造出色调和谐、结构紧凑、制作精巧且布局灵活多变的建筑风格。这种独特的工匠精神和建筑技艺，为当代苏州吴中区香山街道全力打造"香山·帮"社会治理品牌，发扬工匠精神精雕细琢社会治理工作提供了宝贵的智慧源泉，赋予了香山帮新的时代内涵。

连接古今与融通中外交会的文化纽带。香山帮匠人对中国建筑的影响跨越千年的历史长河。明清繁盛时期，香山帮匠人以其卓越的技艺，成功缔造了北京故宫、天安门及苏州园林等众多建筑瑰宝。进入现当代，香山帮匠人继续发挥其独特的建筑才能，积极参与了西藏布达拉宫、南京夫子庙仿古建筑群、朝天宫等重大修缮工程。20世纪70年代末，香山帮匠人开始走出国门，他们建造的仿古园林、小品陈设和园林微缩模型等遍布全球，加拿大的逸园、爱尔兰的爱苏园、新加坡的蕴秀园、美国的兰苏园等深受国际友人的喜爱，为传播中国形象、促进国际文明交流做出了积极贡献。

◆ **研学足迹**

香山帮建筑艺术博物馆：苏州市吴中区环太湖大道156号。

苏州端午习俗：以民族智慧铸牢中华民族共同体意识

◆ 时光苏记

关于端午节的起源，有着不同的说法。一般认为是为了纪念屈原，然而在古代吴文化发源地的苏州，端午是为了祭祀早于屈原 200 多年的春秋时期吴国名臣伍子胥，因此苏州端午节也有着不一样的习俗。

相传春秋末年的吴越之战中，设计建造了苏州城的伍子胥冤死，投尸于胥江之中，吴地百姓哀怜伍子胥的不幸，为他立祠于江边，在民间信仰中逐步奉其为江神、潮神、涛神，至今已有 2 500 多年历史。

苏州端午习俗渊源可以追溯到古代的原始图腾崇拜，它综合了原始信仰、英雄崇拜（纪念伍子胥）、鬼神崇拜（挂钟道图）、防疫抗病习俗（悬艾草和菖蒲、喝雄黄酒、佩香囊、祛五毒）及体育娱乐（龙舟竞渡、舞龙、舞狮）等众多文化内容。

2006 年 5 月，苏州端午习俗被列入第一批国家级非物质文化遗产名录。2009 年 9 月，苏州端午习俗作为中国端午节的重要组成部分，被联合国教科文组织列入第四批人类非物质文化遗产代表作名录。

端午节划龙舟题材的桃花坞木刻年画（供图：倪浩文）

◆ 薪火传承

端午节,是流行于中国与汉文化圈诸国的传统文化节日。湖北的秭归、黄石,湖南的汨罗和江苏的苏州为四个国家级非遗中国端午节项目保护地。端午节传统,各地风俗殊异、各有千秋,但共同寄托着人民对生活吉祥如意的美好期盼。苏州的端午节习俗不仅彰显了江南地区的独特风情,更深刻地传承了伍子胥忠孝仁义的精神内涵,激励着苏州和全国人民弘扬优秀传统文化,共同筑牢民族精神家园。

避毒祛邪的生活智慧。消毒避疫是端午习俗中的重要主题。先秦时代的人们已经意识到,端午正值暑毒盛行的夏至前后,病菌易于滋生,人体易受邪气侵袭,从而引发各类疾病。在苏州地区,民众历来有在端午节佩戴香囊的习俗。这些香囊内含有雄黄、菖蒲、冰片、樟脑等中草药成分。现代医学证实,中药香囊对多种致病菌、病毒都有抑制作用,具有除邪避秽、鼓舞正气、疏风解表和清气开窍等功效。此外,人们还会悬挂菖蒲以驱散蚊虫,饮用雄黄酒以杀菌消毒,这些习俗体现了中国人遵从自然律令、趋吉避害的生活智慧。

同乐共喜的社会氛围。端午节期间,包粽子、吃"五黄"(黄鳝、黄鱼、黄瓜、咸鸭蛋黄和雄黄酒)等传统习俗,促进了人们的团聚与共同参与,寓意着温暖、团结、和谐的社会氛围。白居易曾赋诗"粽香筒竹嫩,炙脆子鹅鲜。水国多台榭,吴风尚管弦。每家皆有酒,无处不过船",生动描绘了在苏州与友人欢度端午,共享美食、音乐、美酒的场景。时至今日,苏州民众依旧保持着与亲戚朋友共度端午佳节的传统习俗,他们同邀亲友划龙舟、诵诗歌、逛集市，在欢声笑语中体验着传统节日的魅力。这些活动不仅丰富了群众的节日生活，更在潜移默化中传承了民族精神和文化基因。

民族团结的家国记忆。 端午文化不仅承载着中华儿女的深厚记忆，更融入了浓烈的家国情怀。在苏州，端午节被赋予了特殊的意义，它不仅是仲夏入暑时人们祛病强身的生活仪式，更因伍子胥的英雄事迹而注入了鲜明的爱国主义精神。这一节日因此成为凝聚吴地文化之根与中华文明之魂的重要载体。端午节龙舟竞渡作为一项历史悠久的传统活动，不仅彰显了齐心合力、拼搏向前的精神，更成为每一个中国人内心深处最朴素的道德认知与精神追求。人们通过共同纪念传统节日，在激烈的比赛中体现出团结协作、奋勇争先的优秀品质，成为中华民族精神的重要组成部分。

 研学足迹

苏州民俗博物馆：苏州市姑苏区潘儒巷32号。

苏州"轧神仙"庙会：乐善共融弘扬仁爱精神

◆ 时光苏记

"轧神仙"庙会是苏州民间以神仙庙为中心、在阊门地区进行的综合性民俗庙会活动。"轧神仙"庙会起源于南宋，历经元、明，到清代尤为兴盛，是苏州民间规模最大的庙会。

神仙庙，又名福济观，建于南宋淳熙年间（1174—1189），原址在阊门内下塘街，2000年重建于阊门外南浩街，观中供奉八仙之一的吕纯阳（吕洞宾）。"轧"字，在吴语中读作"嘎"，有挤来挤去之意。农历四月十四为吕纯阳生日，传说吕纯阳要化身下凡，混迹人群中济世渡人，这一天在神仙庙内外遇到的每个人都可能是他的化身。因此，市民们都要到神仙庙来进香，在人堆中你挤我轧，都想轧到神仙，沾上仙气，消灾祛病，益寿延年，交上好运。由此，形成了"轧神仙"庙会的民俗活动。庙会上的各种工艺品、花花草草及吃的糕点都冠以"神仙"之美称。

"轧神仙"由民间宗教活动逐渐演变成盛大的庙会活动，在苏州妇孺皆知，参与群众遍及苏州并辐射到无锡、上海、杭州、嘉兴、湖州等地，是苏州春夏之交的民俗节日盛典，被称为苏州人的狂欢节，具有浓厚的市民文化特征，存续800余年，堪称城市文化的活化石。2014年12月，苏州"轧神仙"庙会被列入第四批国家级非物质文化遗产代表性项目名录。

第八章 璀璨非遗

"轧神仙"庙会

◆ **薪火传承**

作为苏州历史悠久且影响深远的传统民俗文化活动之一,"轧神仙"不仅是江南富庶地区群众欢聚一堂、共襄盛举的生动写照,而且蕴含着姑苏习俗中祈祷家人朋友健康平安、教化世人行善积德的深刻主题,以其独特的传统魅力成为苏州人自己的节日。

祈福佑安与怀仁行善互济。"轧神仙"庙会的主日是吴门医派吕祖诞辰,人们在这一天举行盛大的庙会活动进行祈福,表达

对身体健康与和美生活的向往和期许。随着时代的变迁，庙会活动在与民间文化、商品经济的交融中，逐渐淡去宗教意义，然而"广行仁爱、济贫助困"的利世精神却历久弥新，成为庙会活动的核心内涵。当代苏州人积极创新与转化传统庙会形式，深入挖掘并弘扬吴门医派的仁爱精神与施药习俗。在"轧神仙"庙会中，一系列养生产品应运而生，如"神仙香囊""神仙养生茶""神仙汤"等，这些产品不仅承载着中医药的深厚底蕴，也展示了江南传统民俗文化的独特魅力。

物质富足和精神富有兼具。 江南的庙会活动兴盛于经济发达的宋明时期，它与当时繁荣的集市相融合，成为城市乡村开展商品贸易的大型场所，满足了人们购置生产资料、生活用品等物质需要。庙会通常是以祭祀英雄、圣人、先贤或纪念共同信念为核心而展开的集会，其间丰富多彩的民间仪式演出和手工艺表演，为民众提供了情感抒发的渠道，这在精神文化相对匮乏的年代，大大地满足了人们追求美好、崇善向上的精神诉求。在当代，"文化搭台、经济唱戏"的模式依然延续，共同构筑着民众对经济社会繁荣发展的美好愿景。

娱乐目的与教化功能并举。 庙会活动通过精彩纷呈的传统舞蹈、音乐、戏曲表演及民间手工艺制作等多元文化形式，再现了世代相传的遗风古俗。这不仅满足了民众的审美享受，更传承了乐善好施、行善积德和精忠报国等优秀传统价值观，教化人们发扬协作精神、凝聚集体意识，对于提升社会道德水平和促进文化繁荣发展具有深远影响。在当代社会，庙会活动将醇厚的传统文化以鲜活的形式展示出来，让古老的民俗焕发出现代化的生机与活力。这有助于保护和传承非物质文化遗产的多元价值,引导公众形成积极健康向上的生活方式和价值追求,为构建社会和谐提供强大的文化支撑。

◆ **研学足迹**

> 苏州"轧神仙"庙会(每年农历四月十三至四月十五):苏州市姑苏区。

本章相关音频

本章相关视频

第九章
基层治理

党的二十大报告提出,完善社会治理体系,健全共建共治共享的社会治理制度,提升社会治理效能,建设人人有责、人人尽责、人人享有的社会治理共同体。在习近平新时代中国特色社会主义思想指引下,苏州将党的领导贯穿基层治理全过程,出台《关于实施高质量党建引领基层治理现代化"根系工程"的意见》,围绕"美美与共·海棠花红"党建品牌,全面推动美美乡村、美美社区建设,切实将基层党组织的政治优势、组织优势转化为基层治理效能。在基层治理实践中,苏州各地坚持问题导向和系统化思维,紧扣基层治理是什么、做什么、怎么做等时代命题,结合自身特点,积极探索、勇于实践,不断健全基层党组织联系群众、服务群众的组织体系末梢根系,在推进基层社会治理现代化的赶考路上阔步前行。

新郭社区：党建引领基层治理古今交融

◆ 时光苏记

新郭社区位于苏州市区西南部，东与长桥街道接壤，西南傍石湖，北接大运河。相传隋开皇年间（581—600）苏州故城移址于此新立城郭，故名新郭。中华人民共和国成立前，新郭社区曾是新郭乡址所在地。社区辖区面积1.45平方千米，总户数2 541户，总人口5 276人。居民主要由官庄前花园小区居民、桃花源小区居民、原新郭村村民等三地人员组成。居民构成上，60岁以上老年人753人，其中80岁以上138人；残疾人58人，低保边缘户6户。社区在册党员97名，下辖3个党支部。党总支班子成员5人，居委会行政班子成员5人。

姑苏区吴门桥街道新郭社区党群服务中心

作为村改居社区，新郭社区近年来充分利用其深厚的文化底蕴，在城市化进程、古城更新推进过程中，挖掘保护传承古新郭文化，在共建美好家园上积极探索，充分调动社区、共建单位、社会组织、志愿者等资源力量，以"古新郭·今相邻"党建品牌为引领，搭建平台、促进交流、解决问题。社区积极开展党组织为民服务项目，加强基层服务功能，让文化相互交融，凝聚强大基层治理合力，以先锋力指数提升民生幸福指数，推进基层治理共建共治共享。

◆ 薪火传承

习近平总书记指出，一个社区要搞好，一定要有非常强的党组织领导的基层组织，把社区各方面服务搞周到，把群众自治性的事情组织好。新郭社区坚持党建引领，整合资源共治，打造便捷生活圈，优化治理效能。挖掘民俗文化，促进邻里同心，增强居民凝聚力。通过多项措施，社区实现了基层治理创新发展，提升了居民生活品质和幸福指数，为共建和谐社区奠定了坚实基础。

加强党建引领，凝聚共治力量。社区坚持党建引领，通过"挂钩+属地+行业"模式，积极链接挂钩资源，深化共建合作，不断扩大党建"朋友圈"，以大党委引领基层治理创新发展，为民生服务项目注入不竭动力。围绕居民实际需求，搭建协商共治平台，整合大党委资源，推进暖心长椅等一批惠民项目，常态化组织开展便民利民服务，激发社区服务新活力，全力打造"15分钟便民生活圈"。依托社情民意联系日、居民协商议事会、海棠民情站，拓宽民情民意收集渠道，引导居民依法合理反映诉求，将诉求问题解决到位，思想教育到位。

延伸先锋触角，优化治理效能。社区全面推进网格党支部建设，充分发挥海棠先锋作用，点对点沟通，做到及时反馈问题、高效解决问题，不断实现从被动到主动、从粗放到精细的转变，

推动网格治理深度融合。积极探索"党建＋网格＋警格"深度融合新模式，将长效治理微行动融入垃圾分类、防养老诈骗、文明典范城市创建等方方面面，撬动基层治理水平大提升。社区通过拉网式排查消防安全隐患，以零容忍的高压态势，将所有排查出的隐患整改到位，确保消防安全问题不反弹、不回潮，让社区安全更有保障。

挖掘民俗文化，共筑邻里同心。社区着眼古新郭文化遗存，以"古新郭·今相邻"党建品牌为引领，以新郭人共同话题、共同记忆为切入口，联合社会公益组织开展为民服务，深入挖掘新郭传统民俗，开展"穿越新郭·古今交融"项目，组织辖区居民群体中的青年党员，通过开设人文课堂，围绕国潮、山水、数字、汉服、非遗等多种元素，打造沉浸式文化活动，不断将居民群众凝聚在社区党组织周围，共同建设和谐向上的文化生态。

◆ **研学足迹**

姑苏区吴门桥街道新郭社区党群服务中心：苏州市姑苏区官庄前街68号。

中街路社区：中街向心力，汇聚巷能量

◆ 时光苏记

中街路社区地处姑苏区古城核心地带，古称清嘉坊，自古以来，文人墨客汇聚于此，古建古宅星罗棋布，附近有15条大大小小的古街古巷，人口密集。近年来，中街路社区党委发挥社区大党委向心力，汇聚行动支部、志愿团队、商户自治联盟、共建单位、社会组织五大能量，以古城保护和社区治理为两大方向，打造"中街向心力，汇聚巷能量"特色党建工作品牌。

位于中街路116号的中街路社区党群服务中心，共3层，面积约2 000平方米。建有一站式便民服务大厅，配备初心书房、社区助餐点、网格化联动工作站、读者小站·江南书房、"金相邻·中街之声"海棠电台等活动场所，为周边居民提供一站式综合服务。社区还建立了网格化联动工作站，通过党建引领，融合街巷联盟、共建单位、特色志愿团队等服务力量，以一支红色巷管家队伍、一个云上巡控平台、一份131项服务清单，实现了先锋阵地、文化基地和暖心平台的融合，打通党建工作走向居民群众的"最后一微米"。

◆ 薪火传承

社区党委聚力协同社区共治共享，凝聚巷能量。通过整合文化资源、创新治理模式、传承民俗技艺和提升居民素养等多项举

措,打造富有历史底蕴和文化氛围的街巷环境,让居民在享受现代城市生活的同时,感受到传统文化的魅力和价值。

姑苏区金阊街道中街路社区

发挥文化资源优势,打造旅游名片。社区党委将背街小巷和古建古宅资源整合成"五街十巷十五景"的街巷地图,并通过小巷系列项目挖掘"中街探幽"微旅游线路,组织党员志愿者对路线控保建筑、古树、古井等文物进行维护,开展志愿讲解服务。创新开发"名人风骨""民国风情""百花深处""阊门探幽"4条小巷主题文旅路线,让社区居民感受到身边丰富的历史文化财富,积极宣传和保护这些"传家宝"。

传承民俗技艺精髓,焕发巷弄活力。探索形成"家底清晰化—体验趣味化—开发精准化"工作法,梳理辖区非物质文化遗产和手工技艺名录清单,按照"一人一艺一方案"进行登记,对接辖区手工艺匠人资源,设立民俗手工艺社区合伙人,系统研究传承举措。在二十四节气、传统佳节、民俗节日前后，举办非遗文化集市、民俗展，以及传统文化、非遗技艺体验活动，让越来越多的独门技艺走进寻常百姓家，推动民俗文化和传统技艺赓续相传、焕发生机。

创新社区治理模式，优化民生服务。 积极探索开放式古城区治理模式，以区域网格化联动工作站为基础，组建由职能、辅助、支持和社会力量四部分构成，以城市管理、派出所、交警、社区等10支传统职能型力量为核心的公共服务队伍。实施"1+4"管理模式，即巷管家调度中心下设联合共享中心、矛盾调解中心、调度指挥中心和集成办公中心四大功能中心，形成高效智能指挥系统，健全联系服务群众的"末梢根系"。推行"群众点课、社区排课、专家授课"模式，打造多样化社区课堂，满足居民学习需求，提升居民生活品质。

◆ **研学足迹**

姑苏区金阊街道中街路社区党群服务中心：苏州市姑苏区中街路116号。

娄葑街道基层社会治理实训基地：提升培训成效，赋能基层善治

🟢 时光苏记

娄葑街道基层社会治理实训基地位于东港新村内，面积约1 200平方米。作为娄葑居民寻根地、奋斗精神传承地、实践能力提升地、工作能量补给地，该基地由街道居家养老爱心厨房、街道基层治理实训基地、东港新村老旧小区改造展示点、东港家乐社区党群服务中心、东港家怡社区党群服务中心5个基础

阵地组成,是一个区域性的综合型党群服务基地。

基地一楼为教学展示区,依托一批有影响力的民生实事项目,将民生实践中的得失感悟转化成实实在在的现场教学资源,26个图文并茂的优秀案例满载近年来街道在民生服务、城市管理、综合治理、富民增收、党的建设五大领域的"学思践悟"。基地二楼为情景式互动教学区,设有垃圾分类、消防知识、急救模拟等情景教学。二楼还有合作机构的共建学习点,设有3个会议室、培训室,主办各类干部培训和讲座活动。

2020年,苏州市委组织部将实训基地列为"'三大法宝'重燃激情,火红年代再攀新高"系列学习活动沉浸式实境教学点,这是唯一一个以基层社会治理实践项目为展示内容的教学点。2021年,苏州市委组织部、市委宣传部、市委党史工办将实训基地列为"重温百年历程,打造'最美窗口'"党史学习教育沉浸式主题党日活动现场教学点,苏州市委政法委将实训基地列为党史学习教育沉浸式主题党日活动教学点。

工业园区娄葑街道基层社会治理实训基地

◆ 薪火传承

实训基地深化社会治理培训,创新教学方式,丰富教学资源,注重课程实际效能,使学员在互动体验中提升学习投入感。积极拓展合作与交流,强化资源整合,探索形成广泛适用、科学高效的基层社会治理学习实践交流平台。

积极创新提实效,打造沉浸学习新体验。基地创新教学方式,通过多样化的形式和全面性的主题,极大提高了学员的参与度和互动性。采用情景式、体验式、模拟式、思辨式等现代教学手段,充分激发学员的学习热情。同时,基地设立项目化案例展示区、情景式互动教学区等多个功能区,结合各类互动游戏,为学员打造了多场景、多领域、多主题的沉浸式学习体验。基地推出了"葑水清莲"廉勤文化馆,让学员在领略传统文化内涵的同时,进一步增强沉浸式学习效果。这些举措不仅提升了课程的实效性,也为学员提供了更加优质、全面的学习体验。

强培训聚合力,构筑交流共建新平台。基地注重从思想、政治、实践、业务等多角度深化培训,聘请资深专家,引入经验丰富的社区支部书记实地指导,大大地提升了培训的针对性与实效性。为扩大影响,基地采取"输出去、请进来"策略,积极对外交流,已接待团队130余批、近4 000人次,省、市领导也多次考察。基地与苏州市委市级机关工委、苏州大学等建立紧密共建关系,不断扩大"红色朋友圈"。通过与苏州活水培训公司等建立合作关系,基地进一步强化了资源整合,致力于优化培训内容、强化交流合作,打造高水平的培训资源平台。

加强实训促提升,形成多元共治新格局。习近平总书记指出,要加强和创新基层社会治理,使每个社会细胞都健康活跃。娄葑街道以党建引领、民生至上的工作思路,在民生实践中积极探索构建"法治、智治、勇治、善治、事治"相结合的基层社会治理体系,不断提升社会治理能力现代化水平。实训基地不仅体现了娄葑街道在民生工作中"主动找事做、不断追求卓越"的积极态度和敢为精神,也展示了其在社会治理方面所积累的具有地方特色的经验。通过这些举措,娄葑街道致力于为社会治理提供示范和借鉴,推动基层社会的和谐与进步。

研学足迹

工业园区娄葑街道基层社会治理实训基地:苏州工业园区一斗山路3号。

新东苑社区：议事办事服务"三位一体"，让社区生活更舒心

◆ 时光苏记

新东苑社区位于苏州工业园区斜塘街道北片，东傍星塘街，南邻独墅湖高教区，北靠东延路，西接松涛街，环境优美，交通便利。社区组建于2003年6月，由原斜塘地区建国、南沙里、金田、东旺港4个行政村动迁后组成，根据行政规划同时管辖莲花三区。社区占地总面积570 400平方米，建筑面积567 800平方米，绿化面积247 400平方米，绿化率43.37%。据对常住居民入户调查统计，社区有动迁房192幢，莲花三区94幢，共623个单元，5 076套住宅，目前入住总户数3 048户，居民9 660人，外来租住人口12 000人。

社区设立党委，下设6个党支部，11个党小组，共有党员300多名；设立居委会1个，下设20个居民小组，还设有团支部、治保会、妇代会、民兵等群团组织。

社区2次荣获苏州市安全卫生小区称号，还先后获评园区文明社区、苏州市充分就业社区、江苏省充分就业社区、苏州市绿色社区、江苏省绿色社区、苏州市文明社区、苏州市民主法治社区、苏州市公共文明服务优秀社区、苏州工业园区关心下一代工作先进集体。

第九章 基层治理

工业园区斜塘街道新东苑社区

◆ 薪火传承

新东苑社区积极构建党建引领基层治理的服务体系,打造"议事诸葛汇""解忧管家团""暖心客堂间",倡导居民参与社区治理,完善为民服务体系,彰显社区治理温度,夯实治理基础,延伸治理触角,着力构建新时代基层治理新格局。

"议事诸葛汇"聚智共议,助推社区精准决策。以党建为轴心,以居民自治为支撑,在社区党群服务中心搭建居民议事协商平台——"议事诸葛汇",邀请红色管家、党员、网格员、居民代表,围绕社区建设需要和居民实际需求,开展民主议事协商。2022年年初,居民反映小区晾晒空间不足,"议事诸葛汇"先后开展5次讨论,收集意见建议15条,向社区建议增设晾衣架的选址和数量。"议事诸葛汇"提升了社区决策的针对性和准确性,让议事平台成为延伸党组织服务触角、凝聚党员群众的前沿阵地。

"解忧管家团"贴心服务,营造社区和谐氛围。社区以有威望的红乡贤、老党员为主体构建"解忧管家团",利用好红色资源,通过议事将矛盾化解在家门口。每天轮岗值班,通过微走访、微喇叭、微服务、微议事、微心愿的"五微"服务机制,织密大事小情保障网,打造集听民声、收民情、沟通居民、宣传居民的红堡微阵地。这些热心管家发挥"解忧管家团"的智慧,利用老党员工作经验,协助社区化解各类矛盾,彰显了自治、善治、德治的理念。

"暖心客堂间"汇聚资源,共筑舒心社区生活。基层治理建设要"完善充实服务事项,提高为民服务水平,增强为民服务的精准性和实效性"。社区设立"暖心客堂间,将理发、缝补、医疗志愿服务等便民服务资源整合,为居民提供一条龙服务。社区还通过公益活动牵线搭桥,与苏州大学医学院志愿者协会、"w+"理发店等单位共建,常态化开展便民服务,让服务资源更集聚、作用发挥更高效、服务项目更丰富。

研学足迹

> 工业园区斜塘街道新东苑社区党群服务中心:苏州工业园区莲塘路14号。

石湖社区：拓展党建"朋友圈"，构建治理新格局

◆ 时光苏记

石湖社区位于苏州高新区（虎丘区）狮山横塘街道最南端，东至石湖西沿线，西至上方山沿线，南至虎丘区、吴中区交界桩，北至石湖景区北大门，辖区总面积5.13平方千米，所辖居民1 206户3 000多人。石湖社区党群服务中心位于石湖山水居西大门，共3层，建筑面积1 600多平方米。社区设置一站式服务大厅、老年人活动室、妇女儿童之家、舞蹈房、图书馆、阅览室、乒乓球室、党员活动室等场所，开展面向居民的社保、民政、综治、文化、卫计等社会化服务。社区内设置社区卫生服务站，面向居民提供常规治疗、全科医疗、健康教育、预防保健等医疗服务。

社区居委会成立于2017年3月，有工作人员13名，

高新区（虎丘区）狮山横塘街道石湖社区

他们主要从原来的新丰、石湖、新渔3个行政村村委会调入，对居民情况熟悉，具有丰富的基层工作经验。社区党委成立于2017年5月，下设3个党支部，现有党员96名。

◆ 薪火传承

石湖社区以党建为引擎，创新治理手段，通过建立"石湖之月"党建联盟、实施"海棠管家"服务、推行"1+2+X"治理模式及设立民主协商平台，高效整合资源，强化网格管理，激发居民参与热情，打造共建共治共享的社区治理新局面，切实提升了居民的幸福感和满意度。

依托"石湖之月"党建联盟，资源共建惠民服务。社区党委与苏州市植物园、苏州市动物园、苏州大学附属第一医院麻醉手术科等13家单位开展共建，成立"石湖之月"党建联盟，挖掘各单位党建、旅游、人文、志愿服务等资源，实现优化集聚共享，为居民办实事、解难事。打造"便民星期三""生态魔方""乐龄学堂""红色楼道"4个子项目，破解社区周边配套不全的难题，满足社区居民的需要。根据安全生产的工作要求，社区成立由网格工作人员、党员、志愿者共同组成的"星期三行动支部"，每周三夜里进行消防安全检查，牢牢抓住服务和安全保障两大主线。

创新"1+2+X"治理模式，抓实网格管理机制。社区党委将支部建在网格上，打造"1+2+X"的工作模式（"1"是指党建引领，"2"是指"警格+网格"，"X"是指志愿者、居民、社会组织等多方力量），构建社区治理新格局。社区以安全生产月为契机，社区工作人员协同网格员对社区出租房进行地毯式排查，并提炼四色工作法（绿色代表已配齐、红色代表全无、黄色代表缺部分、紫色代表未走访）。社区党委试点"海棠管家"，推行"三一"工作法，即织密一张红色网、打造一支先锋队、做好一批微实事。每个网格党支部书记对接三名"海棠管家"，开展包干走访，收集房屋质量、公共服务、交通出行等问题，分类研判、落实解决方案。

搭建民主协商议事平台，解决急难愁盼问题。 习近平总书记强调，涉及人民群众利益的大量决策和工作，主要发生在基层，要按照协商于民、协商为民的要求，大力发展基层协商民主，重点在基层群众中开展协商。社区积极实施"石湖议事廊"改建工程，为居民提供了民主协商议事平台，由居民自主协商解决家门口的难题。针对部分居民楼外墙涂料脱落、窗台阳台渗水、出行道路设计不合理、绿化破坏等问题，社区依托"石湖议事廊"，组织社区居民代表、物业和基建人员共同协商，通过对问题的采集、反馈、协商、处理、回访，快速高效地解决与群众日常生活息息相关的小事、烦事、难事。

◆ 研学足迹

高新区（虎丘区）狮山横塘街道石湖社区党群服务中心：苏州高新区（虎丘区）横越路石湖山水居20幢。

融湾颐湾社区:"家文化"助推社区大党建,共建共治共享"绿岛驿家"

时光苏记

融湾颐湾社区是吴中太湖新城产城融合快速推进中第一批成立的城市社区。片区有5个居民小区,永旺、歌林小镇两大商业综合体,常住人口3 000多人,外来人口约12 000人,社区治理呈现流动性强、交互性弱、诉求多元化等特点。社区党组织以党建为核、文化为魂、服务为本,将"家文化"理念融入社区大党建,通过打造"家门口"服务平台,开展"家里人"互助活动,共建"一家人"美好生活,打造"绿岛驿家"党建品牌,实现社区治理一盘棋、服务一张网、共建一个家。

融湾颐湾社区党群服务中心设有卫生服务站、综合治理办公室、人大代表接待室、图书室、健身房、青少

年活动室、多媒体会议室等，集文化娱乐、教育培训、团体活动、文化交流于一体。党群服务中心配置了24小时自助便民服务终端及政务办事自提柜，让"家门口"办事不打烊，实现了"小事不出社区，大事不出街道"。

党群服务中心一楼，一面硕大的电子屏幕格外醒目。屏幕上，社区人口、房屋、出行等实时数据一目了然，工作人员不仅能进行360°全域化管理，还可以利用数据的多维叠加，开展"一网通办""一键到家""一桥连心""三定一督"等便民服务，实现物联人、事联人、人联人，大大提高了工作效率，也让应急指挥调度变得井井有条、忙而不乱。

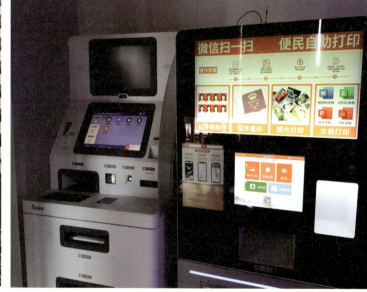

吴中区太湖街道融湾颐湾社区党群服务中心

◆ 薪火传承

社区通过构建"家门口"服务平台,实现线上线下互动共享,大大提升了居民生活便利性,也强化了邻里间的相互支持。这些创新举措让社区成为居民的心灵归宿,推动居民的民主参与和环保自觉,共绘美好生活新画卷。

打造"家门口"服务平台,"走出小家"进入"社区大家"。 社区打造线下服务空间,建成1 200多平方米的党群服务中心,实现一站式服务,为居民提供165项服务事项,让党群服务中心成为居民的贴心驿站。打造"绿岛驿家"社区党员互联网新阵地,构建党建引领学习、宣传、服务平台。通过"融颐通"小程序、"微心愿"征集等渠道,常态化联系服务居民,收集民情民意。打造资源共享空间,整合盘活社区内党建、文化、服务等资源,推动资源流动联享。引导社区内及周边单位将内部服务设施面向社区居民开放,将部分公共服务转交给专业化社会组织或社会机构,推动政府、市场和社会共同服务社区。

开展"家里人"互助活动,"点头之交"融为"守望相助"。 综合居民需求清单和社区资源清单,形成社区服务项目清单,做到民有所需党有所应。通过网格员走访、党员联系群众等方式,及时解决居民最关心、最直接、最现实的问题,开展个性化服务。日间照料中心向辖区内所有60岁以上老年人开放,提供个人照顾、保健康复、休闲娱乐等日间托养服务。与高龄、孤寡、空巢、生活特困老年人结对,定期上门关心,共建养老幸福家园。开设"四点半课堂",免费托管放学后的儿童。

共建"一家人"美好生活,"栖息之所"升为"心灵港湾"。运用"互联网+"技术,建设数字社区,探索"智慧服务+数字治理"全新模式,推动"云邻里智慧服务平台"持续迭代,赋能基层社会治理。建立"绿岛"议事会制度,邀请居民代表、物业负责人、共建单位共同讨论社区服务项目,鼓励居民参与民主议事和决策。以红色党建引领绿色生态社区建设,创建垃圾分类"三定一督"模式,提高居民的环保意识,将绿色环保的生态文化发展成为社区居民自发的群体意识。

◆ 研学足迹

> 吴中区太湖街道融湾颐湾社区党群服务中心:苏州市吴中区吴中太湖新城金碧街298号。

桂苑社区：坚持发展"枫桥经验"，构建"五融五筑"新格局

时光苏记

桂苑社区位于苏州市吴中经济开发区，东至迎春南路，西至东吴南路，南至东吴南路延伸段，北至天灵路，辖区面积约1.2平方千米。桂苑社区共有7个小区，居民4 618户，户籍人数约3 842人，总人数约12 700人。社区党支部有党员47名，社区两委成员5名。

桂苑社区坚持党建引领，整合辖区资源，凝聚各界力量，通过"五融五筑"社区治理工作法，筑强治理基石，融聚社区民心，不断提升基层社区治理能力，通过组织联动、资源联享、难题联破、品牌联创的方式，推动社区治理成效不断提升。

社区围绕"海棠花开筑蜂巢，同心共治筑融和"党建品牌，以凝聚基层治理的最大合力、延伸基层治理的神经末梢为愿景，从党建联盟共建、志愿团队培育、协商平台搭建、公益便民服务等方面进行服务优化升级，持续以党建为引领，全面提升社区治理水平。依托党建联盟一体化平台，把握精准锚定居民需求、有效串联多元资源、提升社区服务能级三个关键落脚点，让六"蜂"紧密随行，打造桂苑社区"邻里生活圈"，探索构建发展型社区服务综合体和社区治理共同体。

吴中区城南街道桂苑社区党群服务中心

◆ 薪火传承

桂苑社区积极拓展基层治理新阵地,通过打造"暖蜂驿站",提供组团式便民服务,举办"公益暑托班"等创新举措,聚合新业态群体力量,共同营造温馨和谐的社区环境。升级议事平台,引领多元共治,不断提升居民的获得感、幸福感和安全感。

融和筑党建蜂巢,融心筑志愿力量。为推动"以服务换服务,抓服务促治理"的良性循环,桂苑社区打造"暖蜂驿站"作为党建引领基层治理新阵地。组建桂苑新"蜂"党员行动支部,孵化和培育"海棠先锋"志愿服务队伍,通过"三会一课"等党建活动,为新业态群体注入红色活力,引导其立足行业特点、岗位优势,依托"文明随手拍"等平台积极投身社会治

理，形成精细化治理的触角和延伸，有效提升基层治理工作效能。

融文筑社群同心，融惠筑温情服务。 桂苑社区为社区居民提供定期组团式免费服务，推动辖区企业融入基层治理。通过零距离服务模式，有效提升居民生活满意度和幸福指数。为有效缓解社区青少年暑期看护难题，社区依托新时代文明实践站、青年学习社等阵地，联合社会公益组织，举办公益暑托班，提供教育和托管服务，助力青少年健康成长。做好对一老一小群体的关爱和服务，依托街道困难儿童关爱之家对困难儿童和家长开展针对性的心理治疗和咨询；依托街道长者食堂，在节日期间组织开展各类活动，提高社区老年人的幸福感。

吴中区城南街道桂苑家事调解工作室

融治筑民意桥梁，共治绘和谐新篇。 桂苑社区升级"澜桥议事坊"平台，畅通反映民声、表达民意、交流思想、沟通信息的渠道，带动新业态群体参与民主议事，持续打造议事坊多元一体、协同共治新局面。开展"意识防"反诈宣传，以党建引领激活志愿服务，党员团员及新业态群体通过"说说话、敲敲门"的方式，切实提高社区居民防诈反诈意识和能力。

◆ 研学足迹

> **吴中区城南街道桂苑社区党群服务中心：** 苏州市吴中区东吴南路88号。

元和街道便民服务中心：办事更有速度，服务更有温度

◆ 时光苏记

元和街道便民服务中心位于苏州市相城区惠民路155号，面积约2800平方米，现有工作人员68名。共设有企业设立、项目建设、生产运营、企业退出四大类44个综合窗口，另有公安、社保、市监、税务、市政5个进驻单位。街道法人服务事项均进驻中心，共有在办事项151项，所有办理事项及办事指南均进行公示，使办事群众真正做到"进一个门、办所有事"。

服务大厅有2层，一楼为自然人服务大厅。公安业务窗口可办理积分、户籍和身份证等业务；社保窗口可办理企业参保、退工、退休等业务；食品经营窗口可办理食品经营许可证等业务；个体税务窗口可办理个体发票代开、发售等业务。二楼为法人事项综合受理大厅和企业全链服务中心。项目建设窗口可办理施工许可证、道路开挖等业务；社会事务窗口可办理公共卫生许可、道路运输证、沿街店招牌审批等业务；企业退出窗口可办理公司注销登记等业务；企业运营窗口可办理企业变更、备案等业务；企业开办窗口可办理公司、个体工商户新设等业务。证照领取窗口可办理领取营业执照、注销通知单等业务。另外还专设有办不成事窗口，为群众提供兜底式服务。

第九章 基层治理

中心还设有 24 小时自助服务区,可提供自助打印、缴费、开票、查询等多种服务,最大限度方便群众办事。

相城区元和街道便民服务中心

◆ 薪火传承

元和街道便民服务中心坚持为民服务理念，不断优化服务方式，提升政务服务效能，打造企业和居民满意的服务窗口，建立起以提升政务服务便利化为要点、线上线下融合、就近便利办事、帮办代办为主的政务服务体系。

治理完善惠民生，服务精准添温暖。习近平总书记指出，"要改革创新，完善基层治理，加强社区服务能力建设，更好为群众提供精准化精细化服务"。元和街道便民服务中心初步完成"15分钟便民服务圈"建设。辖区内已建成8个24小时服务点，1个街道级、7个社区级。中心还为7个24小时服务点增配了智能政务服务柜，让群众办事更加便捷。2023年6月，元和街道便民服务中心开辟了无柜式自助专区——综合辅导区，工作人员从柜台内前移至综合辅导区，与办事群众肩并肩同坐办理业务，为企业和群众带去更贴心的办事体验。关爱特殊群体，考虑到特殊群体在运用智能技术、享受政务服务方面的实际困难，设立学雷锋志愿服务站，推出政务服务绿色通道，为特殊群体提供专人协助、上门办、帮办代办、预约办等服务，用实际行动让他们切切实实感受到政务服务的温度、高效便民的热度。

营商优化惠企心，环境提升筑安心。为更好地满足精细化服务要求，持续营造"亲心、贴心、热心、用心、安心"的"五心"营商环境，元和街道便民服务中心大力建设帮代办场景，形成了以便民服务中心为核心，政银合作、元立方、社区、产业园全方位覆盖的"五位一体"帮代办体系。创新"一窗通办+全程帮办"的服务模式，为企业提供全程帮代办服务，通过窗口第一时间对接、安排专人负责、语音（视频）远程指导等方式，帮助企业完成材料申报，实现企业开办随手可办。设立重大项目服务专区办公室，组建项目代办员服务队伍，为重大项目提供一对一全程精准服务。打造"元立方"服务品牌，通过政务服务进楼宇的方式，将政务服务和企业服务下沉到楼宇、产业园，使更多的企业可以用更便捷的方式体验到更高效的政务服务。

科技赋能优服务，政务创新增幸福。把现代科技作为推进社会治理现代化的重要抓手，增强社会治理整体性和协同性。为不断提升居民办事便利度和满意度，元和街道便民服务中心努力打通居民办事难点、堵点，在惠企便民方面不断创新优化服务，建立起一个线上线下融合，覆盖全域的帮代办体系。在线上，"美丽元和"微信公众号，上架政务服务"帮代办"地图，实现企业和居民指尖一键直联。企业开办使用"全链通"平台实现全流程网上办理，半天即可全流程完成"六环节"企业开办服务。30项自然人服务事项进驻到36个网格服务点，居民只需在公众号选择所在社区及网格进行预约办理申请，网格员便能第一时间收到通知，开展帮代办服务。

◆ 研学足迹

相城区元和街道便民服务中心：苏州市相城区惠民路155号。

吴江区社会矛盾纠纷调处化解中心：
进一扇大门，消所有怨气

◆ 时光苏记

2022年以来，吴江创新发展新时代"枫桥经验""浦江经验"，推进全区社会矛盾纠纷调处化解中心建设，通过多领域整合机构、多主体协同参与、多维度健全机制，推动矛盾纠纷高效处置，深化多元化解、源头治理。

吴江区社会矛盾纠纷调处化解中心

第九章　基层治理

吴江区社会矛盾纠纷调处化解中心位于吴江区松陵街道中山南路1788号，包括A、B两栋楼，建筑面积11 000多平方米。A楼共3层，为公共服务区，按楼层分为综合接待调处、诉前调解速裁、领导接访研判3个功能区；B楼共8层，为集中办公区，政法委、法院、司法局、信访局、退役军人事务局和市场监管局整体进驻，常驻工作人员近200人。

该中心有机整合原有区综治中心、人民来访接待中心、公共法律服务中心、非诉讼服务中心、诉讼服务中心、非诉讼纠纷解决分中心、诉讼与非诉讼对接中心、劳动保障维权服务中心、工伤认定（鉴定）中心、法律援助中心、行政复议受理中心、纪检监察接访中心等12个工作平台，相关单位根据本行业领域矛盾纠纷量，灵活采取常驻、轮驻、邀驻等方式参与配合，同时广泛吸纳专业性行业性调解组织、公益性社会组织、个人品牌调解工作室、心理服务、律师等社会力量进驻，为群众提供全覆盖、全领域、全过程的优质服务，推动矛盾纠纷"一站式接收、一揽子调处、一链条解决"，让居民"进一扇大门，消所有怨气"。

薪火传承

吴江区成功打造高效便捷的矛盾纠纷解决机制，通过整合资源建立一站式服务平台和三级调解体系，从源头上多元化解矛盾，为群众提供全周期、全方位的服务保障，有力维护了社会和谐稳定。中心入选全国"枫桥式工作法"单位，相关人员于2023年11月6日在北京人民大会堂受到习近平总书记亲切接见。

整合多级资源，实现一站服务。 中心进驻了12个工作平台，由司法、信访等12家单位常驻办公。根据各类矛盾多发节点，由教育、民政等16家单位轮驻接待，邀请区人民调解委员会和医疗、校园等5家专业性、行业性调委会及3家社会组织入驻，定期安排法律等领域专家"坐诊"，为群众提供22项服务事项。通过进驻中心的工作平台与职能部门参与配合，实现矛盾纠纷全口径受理、全周期办理、全要素服务，让居民进一扇门，就可办理矛盾纠纷处置所有事项。

明确三级职责，筑牢解纷屏障。 习近平总书记指出，"群防群治和小事不出村、大事不出镇、矛盾不上交是枫桥创造的基层治理经验"。中心立足经济发达区域的社会治理实践，建设区、镇、村三级社会矛盾纠纷调处化解工作体系，推动矛盾纠纷化解"资源整合、功能融合、力量协同"，按照简易矛盾村级调、复杂矛盾镇级处、重大矛盾区级解的分层分级方式，统筹矛盾纠纷调处化解工作，把矛盾纠纷化解在基层、化解在萌芽状态。实践表明，96%的矛盾纠纷在镇村得到化解，大大提升了矛盾化解的速度和效果。

深化源头治理，多元化解矛盾。 中心整合社会化解纠纷力量，形成以三级人民调解委员会为主干，专业性行业性调委会为支干，个人品牌工作室、社会组织、协商议事平台等为分支的调解组织网络。目前，已有407个组织、1 700多名调解员活跃在第一线。打造出首个区级矛调组织孵化园,培育出11个调解类社会组织。与上海青浦、浙江嘉善共建联合调解机制,建立33人联合调解专家库,化解跨区域矛盾纠纷。从律师、金融、保险和协会商会等行业选聘精干力量,组建19支特邀调解团队,为民商事纠纷提供类型化、专业化的调解服务。

◆ 研学足迹

> 吴江区社会矛盾纠纷调处化解中心:苏州市吴江区松陵街道中山南路1788号。

吴江区七都镇"渔你相伴"人大代表工作室:打通服务群众"最后一公里",让退捕渔民安居又乐业

🟢 时光苏记

2021年,吴江区七都镇1 451名渔民"洗脚上岸"。文化偏低、年龄偏大的他们面临着同样的问题:上岸后如何稳得住能致富?为用心用情做好渔家三代人的转产安置工作,畅通渔民民意表达渠道,拓宽人大代表履职尽责途径,让退捕渔民安居又乐业,七都镇人大创新思路、探索路径,2022年,建立"渔你相伴"人大代表工作室,心贴心倾听民声,零距离服务群众,实打实打通代表服务渔民群众的"最后一公里"。

目前,"渔你相伴"人大代表工作室入驻代表10名,既包括渔民所在村的村干部,又包括社会保障、卫生健康、司法信访等部门的工作人员。工作室制定了人大代表值班制度接待制度,以渔家三代人为重点服务对象,代表们每月10日坐班接访,听取退捕渔民在转产安置过程中的问题和困难,并帮助他们解决,确保渔民群众真正实现就业上有门、致富上有路、生活上无忧。截至2024年6月,工作室累计收到群众意见36件,已解决35件,1件正在办理。

◆ 薪火传承

"渔你相伴"人大代表工作室作为桥梁,紧密联结政府与民众,实现民意的有效传递与快速响应。通过规范建设、深化联络、精准监督,人大代表履职尽责,切实解决渔民转产难题,推动民生实事落地生根,充分展现了人大代表的责任感与担当精神。

吴江区七都镇"渔你相伴"人大代表工作室

建好代表履职"主阵地",小平台搭建参政大舞台。工作室坚持建好、管好、用好原则,统一相关制度和台账资料,明确接待群众、办理建议、代表活动等事项规定,确保站点建设既规范统一,又符合实际、突出特色。2021年七都镇在渔民较多的渔村社区和吴溇村分别成立了"苏州吴松源劳务合作社""古溇吴韵劳务专业合作社",把太湖蓝藻打捞、环境卫生管理等工作机会直接送到了渔民群众的家门口。

做好基层民情"联络员",小站点助力渔民创业梦。全过程人民民主,在于全过程,更在于人民,人民群众的需求就是人大代表履职的方向标。针对退捕渔民发挥靠水吃水的长处与强项,想要继续从事太湖大闸蟹养殖老本行而销售难的情况,工作室向镇上提出新建水产交易市场的建议。在七都镇的大力支持下,吴溇村水产交易市场建成,总面积达1 500平方米,共设有90个摊位。2023年该市场年交易额达2亿元,不仅壮大了村集体经济,也为更多的渔二代、渔三代提供了就业机会。工作室还积极建议强化政策引导,培育"七都大闸蟹推荐官"、开展电商直播培训班、退捕渔民就业创业训练营、退捕渔民创业大赛等一系列"订餐式"培训,帮助渔民实现创业梦想。

找准民生监督"靶向点",小项目助力撬动大民生。民生所指,监督所向。七都镇人大代表每年对民生实事项目制订专项监督计划,以代表小组牵头、代表联络站(工作室)成员参与的方式建立监督评估小组,分组认领实事项目,通过实地视察、专题调研、听取汇报、组织评估等多种形式开展监督活动,推动多方监督有机融合,切实激发监督倍增效应,让民生监督不断发挥全过程的重要属性。通过人大代表一事一小组、一季一督查,退捕渔民零工市场、庙港幼儿园、富家路口袋公园等一批民生实事项目顺利建成投用,为居民解锁了多姿多彩、便捷高效的生活新方式。

 研学足迹

吴江区七都镇"渔你相伴"人大代表工作室:苏州市吴江区七都镇吴越路224号。

本章相关音频

本章相关视频

第十章 名人殿堂

苏州,自古便是文人墨客心中的圣地,这里不仅风景如画,更孕育了无数名垂青史的人物。他们或以文学才华扬名四海,或以艺术造诣流传千古,或以科技创新引领时代,或以政治智慧影响历史。他们中既有文学家如范仲淹、唐寅,以诗词歌赋流传千古,为后世留下丰富的文化遗产;又有艺术家如沈周、文徵明,以书画作品展现苏州独特的文化魅力;还有科学家如王淦昌、钱七虎,以发明创造推动国家科技进步,为苏州现代化发展奠定了坚实基础。他们如同璀璨星辰,在历史的天空中熠熠生辉,为苏州的繁华与文明注入了源源不断的动力。

今天,回望苏州名人的辉煌历程,不仅是为了缅怀他们的功绩,更是为了从中汲取智慧和力量,学习其追求真理、崇尚美德、勇于创新的精神。作为青年学子,我们要深刻领悟苏州历史文化名人所展现出的精神内涵,将其转化为自身成长的动力和行动指南,不断追求真理和进步,坚持用科学的态度去认识世界、用敏锐的眼光观察社会、用清醒的头脑思考人生、用智慧的力量创造未来。

在新时代新征程中,青年学子更应坚定理想信念,树立报国之志,以历史名人为榜样,用求真务实的作风、久久为功的韧劲,共同书写苏州新的辉煌篇章,让这座文化名城焕发出更加绚丽的光彩。

苏州市名人馆：一馆乾坤，汇集姑苏城里的追光者

时光苏记

苏州是国务院颁布的首批历史文化名城，独特的历史文化底蕴孕育了无数杰出人士。2012年，苏州市名人馆正式成立，坐落于人民路2075号、北寺塔北400米处公共文化中心内。名人馆将传统与现代多媒体技术相融合，以448位苏州名人为展示对象，集知识性、欣赏性、教育性、趣味性、参与性于一体，为广大群众带来了历史人文资源的全新体验。

苏州名人馆按照时间维度分为先秦至宋元厅、明代厅、清代厅、民国厅、新中国厅、状元宰相厅、院士厅7个展厅，免费对公众开放。先秦至宋元厅呈现了苏州在崛起、跌宕、复兴阶段著名的历史人物，群英争竞，蔚为奇观；明代厅则以朱元璋称帝为切入点，展现了当时政坛、文坛、艺坛等众多代表人物，勾勒出丰富多彩的社会景象；清代厅展现了苏州由古代跨入近代，学术昌明，人物极盛的情况；状元宰相厅集中展现了苏州历朝历代的文武状元及宰相；民国厅围绕当时国弱力薄、列强侵略等复杂社会背景，展示了苏州各界人民为争取国家独立、民族解放的英勇事迹；新中国厅以苏南模式、三大法宝等成功典型为重点，介绍了为建设中国特色社会主义事业做出卓越贡献的苏州杰出人物；院士厅则主要展现籍贯或出生地为现苏州地区的两院院士。馆内 7 个展厅依次相邻，前后分明，共同绘就了苏州历史人文发展的时代繁图。

苏州市名人馆

◆ **薪火传承**

苏州自古便以其人才济济、文化昌盛而闻名。从古代的状元之乡到现代的院士之都，苏州人的智慧与才华一直在中华大地上熠熠生辉。苏州市名人馆通过对历朝历代名人生平事迹的展示，让我们更加深入地了解了江南英杰们的事迹与风采。站在新的历史起点，我们应继续弘扬时代精神，努力为中华民族伟大复兴贡献力量。

物华天宝、人杰地灵的精彩实证。 苏州自古以来人才辈出，在隋唐至清末的 1 300 余年科举史上，共计诞生文武状元 51 名，位居全国各府之首,是当之无愧的"状元之乡"。实际上,苏州人才概念丰富,具有多、广、杰、博的特点,思想家、文学家、经学家、训诂学家、藏书家、戏曲家、书画艺术家、医学家等应有尽有,几乎在每个时代都产生了具有全国性影响的大师级人物。从先秦时期的季札、言偃,到秦汉魏晋南北朝时期的陆澄、皇侃,再到宋代以来的范仲淹、叶梦得、范成大、王世贞、顾炎武、惠栋、俞樾、章太炎等,他们成果丰硕,贡献卓著,甚至引领着全国的学术风尚。中华人民共和国成立以后,苏州两院院士人数已达 139 人,在全国各大地级市中名列前茅,成为名副其实的"院士之乡"。

榜样力量、时代精神的赓续传承。苏州市名人馆秉承崇尚榜样及尊崇贤能的悠久传统,主要展示活跃于苏州地区的历代先贤人物。名人馆布局独具匠心,采取四位一体的模式,以史料展览为核心,串联起学术研究、藏品搜集、陈列展示及公共教育四大功能,同时,又推出"吴中耆宿——张一麐文献展""俯仰两无愧——叶圣陶文献展""诗人导演——费穆文献展"等一系列专题展览,引导公众通过一件件实物,进一步了解和感悟名人的光辉事迹。馆内的展陈充分体现了江南文化中敢为人先、务实奋进、兼容并蓄、精益求精的时代精神,古圣先贤们的德行与功业将永远镌刻于历史长河,激励我们坚定理想信念,砥砺奋斗前行。

历史自信、文化自觉的力量源泉。苏州,自古便以英才辈出、文教兴盛而著称于世。一代又一代的苏州人,在传承悠久历史文脉的过程中,不仅唤醒了深藏于血脉之中的文化自觉,更在对文化自强的执着追求与实践中,逐步铸就了坚定的历史自信。他们在政治、经济、军事、文化、科技等诸多领域，为中华民族的繁荣与发展做出了不可磨灭的杰出贡献。回望历史深处，我们一次次探寻先贤的足迹和智慧，从中汲取前行的力量。作为青年学子，我们应自觉肩负起传承与创新的双重责任，让璀璨的江南文化在新时代的浪潮中绽放出更加绚丽多彩的光芒，为这座古老而又年轻的城市续写辉煌的篇章。

 研学足迹

苏州市名人馆：苏州市姑苏区人民路2075号。

苏州状元博物馆：步入学霸世界，感悟文星魅力

时光苏记

走进一座城市，往往从这座城市的博物馆开始。自隋唐科举制度推行以来，苏州共产生了51位状元，是历史上产生状元最多的城市，因此享有"状元之乡"的美誉。2014年，苏州状元博物馆正式对公众开放，其选址设立在清朝乾隆年间状元——潘世恩的故居之内，位于苏州市姑苏区平江路街区钮家巷3号，场馆占地面积约1 000平方米，主要介绍以潘世恩为代表的苏州状元群体，馆内陈列展示与江南科举文化相关的珍贵藏品近400件。

潘世恩是苏州状元中比较著名的代表人物。他是清乾隆五十八年（1793）状元，累官至武英殿大学士、太子太保，加太傅，成为清乾隆、嘉庆、道光、咸丰的"四朝元老"，其家族共出过一状元、二探花、八进士、十六举人，世代书香，连绵不断。潘世恩故居临水而筑，距今已有200多年历史，与街巷并行，五进依次为门厅、轿厅、大厅、内厅和楼厅，是一座典型的苏州名门宅院，行走宅院之中，一树一草、一石一路都散发着浓厚的书香园林气息。

作为平江路观前片区的重要文化阵地，苏州状元博物馆以状元宅邸讲述状元故事、推介江南文化，多次荣获苏州市未成年人优秀社会实践体验站、江苏省廉政教育基地等荣誉,该馆特别提炼总结了苏州状元背后"勤政爱民、经世济用"之精神,陈列相关的主题藏品及文献,持续以史育人、以文化人,不断强化着青年学子对状元精神的思想认同、实践认同、情感认同。

苏州状元博物馆

◆ 薪火传承

苏州自古文风鼎盛,历代苏州人崇尚读书,以科举扬名于世,状元辈出,彰显了崇文重教的社会风尚。新时代青年当继承这份传统,以实干创新的精神,为实现个人梦想与社会进步不懈奋斗。

诗礼继世的家庭教育。 习近平总书记指出,"家庭不只是人们身体的住处,更是人们心灵的归宿。家风好,就能家道兴盛、和顺美满"。苏州自秦汉以后就学风盛行,书香门第者尤多,读书人从小受到家庭的熏陶,有良好的文化基础。例如,唐代苏州长洲归家由于世传家学的影响,先后出了五个状元(分别为归仁绍、归仁泽、归黯、归偕、归系),赢得了"天下状元第一家"的美称。苏州上至大家士族、书香门第,下到缺少功名背景的普通家庭,大多抱定"科甲仕宦,显亲扬名,皆从读书中来"的宗旨,由是汲汲于学,"恒以家无读书人为耻",在他们看来,"天下第一等好事,还是诵诗读书",明代苏州人莫旦就说苏州"家家礼乐,人人诗书"。

崇文向学的社会风气。 苏州科举拔萃、状元众多,有"姑苏文盛出状元"的美誉。这个现象与当时苏州的社会教育风气密切相关。苏州处于长江三角洲,钟灵毓秀,物产丰富,经济富庶繁荣。自六朝唐宋始,苏州"黜武尚文",民俗好学成风。归有光《震川先生集》第九卷描述当时苏州的学习风气:"其人耻为他业,自髫龀以上皆能诵习,举子应主司之试,居庠校中有白首不自已者。"苏州当地推崇儒学,先后建立和靖书院、学道书院、澹台书院、金乡书院、紫阳书院等教学机构,这些书院广纳各地学界名流,学者鸿儒层出不穷,推动吴地学风蔚然、教育兴盛。

奋勇争先的拼搏精神。 姑苏城里充满了读书人奋斗的故事,记载着读书人的艰辛与坚持,绘就了姑苏城辉煌而壮丽的奋斗历史。既有四朝元老、克尽厥职的潘世恩,又有秉公办事、朝野延誉的归允肃。尽管近代教育废除了科举制度,但追求卓越、拼搏奋斗的精神一直激励着后来者。"两弹一星"功勋杨嘉墀、"歼八之父"顾诵芬、中国现代防护工程理论奠基人钱七虎等科学家为国家富强、民族复兴立下了不朽功勋,让千年苏城始终熠熠生辉。作为新时代的有志青年,我们应当从内心深处树立起大道至简、实干为要的正确价值导向,掌握扎实的专业功底,积极培养敢于创新、勇于实践的优秀品质,为实现个人价值和社会进步贡献自己的力量。

◆ 研学足迹

苏州状元博物馆:苏州市姑苏区平江街道钮家巷3号。

顾炎武故居：一生家国情，千古浩然气

时光苏记

"浊醪饮罢余晖尽，灯火频催几万家。"这句诗出自清代陈至阶所写《淞南八景》之一，生动描绘了历史文化古镇千灯镇的真实样貌，而顾炎武故居就坐落在这千年古镇之中。顾炎武故居自1997年修缮后，现包括住宅区、亭林祠堂和墓、顾园三个区域，占地面积40 000平方米，建筑面积5 450平方米，为千灯明清宅第之首，先后被评为全国爱国主义教育示范基地、江苏省廉政教育基地等。

故居为整个宅第主体，朝东落西，为五进古香古色的明清建筑，自东而西依次为水墙门、门厅、清厅（轿厅）、明厅（正厅、楠木厅）、住宅楼，北侧有背弄连接灶房、读书楼和后花园，前与千年石板街相接，后与顾炎武墓地和顾园相连，整个故居由南北双备弄走廊贯通连接，晴雨无碍，宅内鱼池水亭，假山花木，现已建成古典园林，供公众游览参观。

顾炎武故居再现了顾炎武先生居家生活、读书的场景，各厅内陈列顾炎武先生塑像、手迹、著作、生平事迹和国内外对顾炎武先生及其作品的研究成果。西侧墙外为顾园，祠南向三间两厢一门楼，以三间相通作一大祭堂，两边墙上及外面走廊墙中嵌有砖石刻碑12块。顾园内有致用阁、思宜园、颂桔轩、二石斋、秀石虬松庄、秋山亭、三徐居、慈母阁、四柿亭及碑廊等11个景点，各景点以诗文、字画、语录、塑像等形式展现其爱国精神和生平往事。

顾炎武故居

薪火传承

明末清初的杰出思想家与爱国志士顾炎武，他的一生饱含对家国天下的深沉关怀。其"天下兴亡，匹夫有责"的理念，跨越时空，激励着后人为国家繁荣不懈奋斗。他强调学问与实践相结合，其廉政思想也为现代国家治理提供了宝贵借鉴。

明道救世的担当精神。顾炎武生于昆山千灯镇，是明末清初著名的思想家、爱国主义学者，其学识渊博，在经学、史学、音韵小学及诗文诸学上都有较深造诣。顾炎武终其一生皆以"国家治乱之原，生民根本之计"为怀，大声疾呼"保天下者，匹夫之贱与有责焉耳矣"。其少时加入复社，清兵南下时与友人投笔从戎参加抗清斗争，奋力守城拒敌。

经世致用的为学之道。顾炎武一直将探讨明朝灭亡原因贯穿于自己学术生涯的始终,其著作《日知录》《天下郡国利病书》等数百年来脍炙人口,书中主张做学问一定要理论与实际相结合,解决国家和社会存在的实际问题,断然摈弃"性与天道"的空谈,力倡把"博学于文"和"行己有耻"结合起来,强调学与行的统一,将为学和做人、治学与经世共同作为立身之道。党的十八大以来,习近平总书记多次强调"空谈误国、实干兴邦",号召全党要求真务实、创业实干、久久为功。作为青年学子,我们更要脚踏实地、埋头苦干、奋力前进,将中华民族伟大复兴的中国梦一步步变为现实。

宽博坚定的浩然正气。顾炎武把倡廉知耻上升到治国要义的高度,提出了"贵廉洁、贱贪污"的思想。2006年1月24日,时任浙江省委书记的习近平在浙江省委办公厅系统总结表彰会上,引用顾炎武在《与公肃甥书》中提出的"诚欲正朝廷以正百官,当以激浊扬清为第一要义"。廉政建设不仅关乎社会风气,更关乎整个国家的稳定和发展。执政者应该以国家利益为重,全心全意为人民服务,而不是谋求个人私利。新时代,我们应继续传承发展顾炎武的廉政思想,通过建立更加完善的监督机制,推动形成风清气正、廉洁高效的政治环境,完善并提升国家治理体系现代化水平。

◆ 研学足迹

顾炎武故居:昆山市千灯镇南大街52号。

范仲淹纪念馆：山馆相伴，情系天下

时光苏记

山水往往是最引人入胜的地方，它见证着沧海桑田的变迁，无声诉说着人类的历史。天平山作为江南旅游胜地，素以红枫、奇石、清泉三绝著称，人文景观颇为丰富。白居易、范仲淹、唐寅、乾隆皇帝等历史名人常有关于天平山的诗文吟诵，其中，天平山与范仲淹关系最为密切。

范仲淹纪念馆位于天平山风景名胜区内，1995年开馆，主体为宋代建筑风格，庭院式厅堂布局，由三厅一廊一房构成，面积600平方米。纪念馆紧邻始建于南宋的范文正公忠烈庙，主要包含四馆一廊和一座讲堂，展厅中的模型、《万笏朝天图》长卷、互动显示屏、瓷板画、《范氏家乘》族谱等展示项目，高度还原了作为政治家、思想家、军事家、教育家、文学家、慈善家的范仲淹丰富多彩的一生。

走近纪念馆，入口处立着一个牌坊，上面刻着"先天下之忧而忧，后天下之乐而乐"的千古名句。纪念馆的陈列全面展现了范仲淹一生的丰功伟绩，北厅为序馆，主要展示范仲淹的生平概况；中厅重点介绍范仲淹的丰功伟绩；南厅展示范仲淹在文学等方面的成就，有其所作的辞赋、散文、诗词、书画等。纪念馆大厅内还有毛主席手书范仲淹词《苏幕遮》，展厅内数字屏幕循环播放着"桑梓情怀——范仲淹与苏州"等历史纪录片，让千千万万的景仰者能够近距离感受范仲淹先忧后乐的精神和胸怀天下的情怀。

范仲淹纪念馆

◎ 薪火传承

范仲淹一生清廉自守,忧国忧民。他不仅以高尚品格赢得后世敬仰,更通过兴办教育、设立义田等举措,泽被后世,影响深远。其"先天下之忧而忧,后天下之乐而乐"的精神,成为新时代奋斗者的座右铭。范仲淹在苏州的教育实践,更是开一代风气之先,为后世教育事业树立了楷模。

节俭朴素,廉洁正直。范仲淹字希文,谥号文正,生于北宋,幼年家境清贫,求学时每天只煮一碗粥,凉了以后分成四块,于早晚各吃两块,吃完继续读书,这便是断齑画粥的故事。即便后来官至宰相，其所得俸禄往往也用来接济穷苦大众。在范仲淹去世后，宋仁宗亲笔书写"褒贤之碑"四字，并命欧阳修撰写碑文。当他去世的消息传到曾任职过的西部边陲时，边民失声痛哭。自步入仕途，范仲淹便时刻保持自省，廉洁奉公，唯恐对不起国家俸禄，以至死时"身无以为殓，子无以为丧"。范仲淹不仅自己做到了一生廉俭，还特别注重家风教育，《言行录》中记载："范公常以俭廉率家人，要求家人畏名教，励廉耻，知荣辱，积养成名。"

忠诚为国，忧国忧民。从一介书生到千古名士，范仲淹一生都在推行新政，为民奔波，任上多次处理水灾、蝗灾、饥荒等自然灾害，体恤民情，深受百姓爱戴。每到一地，范仲淹就开官仓赈济灾民，发官钱救济百姓，带领群众生产自救。范仲淹61岁时，徙知杭州，了解到苏州族中尚有不少饥困者后，便用自己积攒下来的钱，在苏州购买良田1 000亩，捐为范氏宗族公产，称为"义田"。又设立管理机构"义庄"与教学机构"义学"，做到教养全备。范仲淹去世后，其子孙继续经营并扩大义庄、义田规模，至清代宣统年间，义庄已拥有田产5 300余亩，持续运作长达800余年，堪称奇迹。习近平总书记多次引用范仲淹名句"先天下之忧而忧，后天下之乐而乐"，并赋予其在新时代的意义，就是时时刻刻为人民着想，把自己的幸福同人民的幸福紧紧联结在一起，为实现中华民族伟大复兴的中国梦而奋斗。

改革教学，风气开新。范仲淹在出任平江（苏州）知府期间，在苏州创办府学和县学，据记载，苏州府学是宋代历史上规模最大的官办地方学府，号称东南学宫之首。他又聘请著名教育家胡瑗来苏州任教，创立苏湖教学法，实行分科教育，所分科目主

要有经义斋和治事斋两大科。经义斋,即传统的六经等经典教育;治事斋,则分为水利、蚕桑、边防等子科。这种独特的教学方法和经世致用的吴学传统,绵延相承。此后,分斋教学的教育方式令各地竞相仿效,连京师太学也用此法教学,因此有"吴学天下第一"之说。近代名人冯桂芬说"天下郡县之有学自吴始",就是指宋元明清时期,全国各地府学、县学和书院社学等教育兴盛,实自苏州范仲淹开风气之先。

◆ 研学足迹

范仲淹纪念馆:苏州市吴中区灵天路666号。

孙武纪念园：同舟共济，追寻中华民族的和平基因

◆ 时光苏记

相城，因春秋时期吴国大臣伍子胥在阳澄湖畔"相土尝水，象天法地""欲筑城于斯"而得名，这里遍布孙武、范蠡、沈周等名人雅士的足迹。位于相城区内的孙武纪念园，总占地面积约85 000平方米，建筑面积4 000多平方米，由滨河漫步区、市民健身区、纪念广场区、湿地栈桥区、孙武文化区等板块组成，既是传统文化纪念场所，亦是对公众免费开放的城市公园。孙武纪念园的制高点是高13米、寓意《孙子兵法》13篇的孙武铜像，铜像正襟危坐，手握兵书，目光炯炯，眉宇间透着一股"运筹于帷幄之中，决胜于千里之外"的伟大军事家气概。

走进孙武纪念园，可以感受开放性与包容性的完美融合。纪念园采用了向阳光、向自然敞开的开放性展陈空间，盒状的墓区符合孙武"和合"的理念，孙武墓正对面雕刻了《越绝书》《皇览》《吴县志》等文献资料，墓的左侧是全长44米、图文并茂的孙武生平故事长廊。孙武文化区和休闲茶室区集中展示了孙武文化，包括数百幅"孙子兵法全球行"照片、近千本世界各种语言版本的《孙子兵法》、数百件各类孙武文化收藏品等。

《孙子兵法》诞生已有2 500余年，全书6 000字左右，共13篇，内容博大精深，充满了富有哲理的军事思想，揭示了战

争的普遍规律，同时也是世界最古老的兵书，被誉为世界"兵学圣典"。如今，孙武纪念园作为重要的文化场所，已成为海内外游客和孙武崇拜者、全球孙武后裔瞻仰、纪念和祭祀世界兵圣孙武的重要平台。

孙武纪念园

◆ 薪火传承

孙武主张以和为贵,战为迫不得已,彰显了中华民族爱好和平的深厚传统。习近平总书记引其智慧,强调"和平融入了中华民族的血脉中,刻进了中国人民的基因里"。面对世界变革,我们应汲取孙武智慧,以和合共生之理念,审时度势,从容应对挑战,为世界和平与发展贡献东方智慧。

研战强军,智胜天下。孙武生于春秋末期,是春秋时期著名军事家、政治家,也是中国古代兵家学派创始人,他凭借深邃丰富的军事思想、精妙绝伦的战略战术及非凡的指挥才能,被后世尊奉为兵圣,享有"百世兵家之师""东方兵学的鼻祖"之美誉。春秋战国时期,百家争鸣,群星灿烂,入吴后的孙武长期避隐深居,潜心研究兵法,后经伍子胥多次举荐,被任命为将军,协助吴王阖闾与伍子胥率吴攻楚,五战皆捷,在柏举之战中大败楚军,攻克楚国郢都。孙武在吴国称霸诸侯国过程中贡献巨大,展现出了杰出的军事才能,他所撰写的《孙子兵法》一书系统化、科学化地总结了战争规律,成为后世取之不竭的宝贵财富。

慎战非攻,崇尚和平。孙武一直倡导"不战而屈人之兵",他认为战争并非目的,仅是一种实现预期目标的手段。他在《孙子兵法》中提倡非战,即以和平方式解决矛盾冲突,才是化解纷争、实现和谐的最佳途径。同时,"兵者,国之大事,死生之地,存亡之道,不可不察也"。非战绝非消极避战,而是一种积极防御的智慧,每个国家都应在军事、经济及社会等各个层面,积极构筑坚不可摧的防线,以确保能够有效抵御任何外来入侵。和衷共济、和合共生是中华民族一脉相承的精神理念,也是

中国人民坚定维护世界和平的决心体现。

中国智慧，世界共享。《孙子兵法》这部博大精深的兵学宝典，客观阐释了战争决胜的规律及战略战术，处处闪耀着辩证法的思想光辉。这部著作自问世以来，便受到世人的广泛推崇和深入研究，其影响跨越了国界和时代，绵延数千年而不衰。书中概括性地提出了一系列诸如"知彼知己，百战不殆""出奇制胜"等具有普遍意义的军事策略思想，其高度的思想价值和哲理内涵不仅适用于军事领域，还可扩展至政治、经济、外交等多个方面。面对当前百年未有之大变局，我们应充分汲取传统文化精髓，挖掘其现代精神价值，融合古今智慧，更加审时度势、运筹帷幄，从容应对世界变革带来的各种挑战和困境，稳固屹立于世界之林。

◆ **研学足迹**

孙武纪念园：苏州市相城区文灵路1号。

第十章 名人殿堂

◆ 王淦昌故居：科学报国是他一生的誓言

◆ 时光苏记

王淦昌生于常熟，学于江南，是我国著名核物理学家，中国科学院院士，"两弹一星功勋奖章"获得者。中华人民共和国成立后，王淦昌参与了中国原子弹、氢弹原理突破及核武器研制的试验研究和组织领导，成为国家核科学和核武器研制的主要奠基人、开拓者之一，并荣获两项国家自然科学一等奖、国家科学技术进步特等奖等荣誉，为国家国防事业发展立下了汗马功劳。

常熟市支塘镇南街44号是王淦昌青年时期与家人居住之地。故居为清代古建筑，现存三进三院，第一进为一门房；第二进为一厅，木质梁架结构，梁上雕有蝙蝠、走兽等纹饰，院中北侧有一偏房；第三进为一座二层小楼。故居内部设施齐全，包含事迹陈列馆、核科普馆、科普走廊、录像厅等展厅，厅室多为木质梁架结构，门房属民国建筑，厅堂名为三槐堂，整体较为完整。

寒来暑往，时过境迁，台阶上的道道木痕印刻着王淦昌的青年足

王淦昌故居

迹。2017年5月，王淦昌故居修缮后免费向公众开放，该地先后被评为九三学社全国传统教育基地、全国核科普教育基地、全国科学家精神教育基地、江苏省文物保护单位、江苏省华侨文化交流基地等，每年接待全国各地数百支学习参观团队，累计已有150 000名游客前来参观学习。

◆ 薪火传承

学之大者，为国为民。王淦昌用一生践行了科学家的使命与担当。从清华大学到柏林大学，他的求学之路充满艰辛，但他始终心系祖国，拒绝国外优渥待遇，毅然回国投身科研，为祖国的核武器研究倾尽全力。古稀之年，王淦昌仍奋斗在科研一线，推动国家高新技术发展，如此家国情怀和无私奉献的精神，持久激励着后人不断奋进，为实现中国梦贡献力量。

赤子心怀报国，终生矢志爱国。 震惊中外的"五卅惨案"发生后，年仅17岁的王淦昌与同学们一道参加示威游行，抗议日本帝国主义暴行。抗议途中王淦昌被印度巡捕抓住，他义正词严道："我还为祖国的命运拼搏，你却为侵略者效劳。若此事发生在你的国土上，你能抓住自己兄弟同胞吗？"1926年，帝国主义侵略者制造"大沽口事件"，王淦昌再次义无反顾地参与集会游行，遭遇武装压制，目睹身边同学倒在血泊中。他死里逃生，受清华大学叶企孙教授点拨，深刻领悟到爱国与科学的紧密联系，毅然踏上了用科学力量振兴祖国的道路。

不求功名利禄，只为祖国昌盛。 王淦昌出生于常熟的一个小乡村，一路艰难求学，后考入清华大学，并远赴柏林大学攻读研究生。在外留学时，他非常关心祖国科学技术的发展，柏林大学毕业后的第二年，他毅然选择回到祖国。当时，国外待遇非常优渥，国内在物理方面的研究十分落后，条件也更为艰苦，但这都阻挡不了王淦昌的选择。回国之际，他婉拒导师的挽留："科学虽然没有国界，但科学家是有祖国的！我留学的目的就是为了更好地报效我的祖国。"1961年，王淦昌毅然加入中国的核武器研究，为了保密改名"王京"，从那时起，西北大漠深处便多了一个"我愿以身许国"的人，他全心全意投身到新的领域研制核武器，用一生诠释了什么是科学家精神。

心系祖国教育，助推科教兴国。1986年，古稀之年的王淦昌依然在科研战线上奋斗，参与联名起草了《关于跟踪世界战略性高技术发展的建议》，主张推动"863"计划，正是这个计划的实施，让中国高新技术研究进入了新的阶段。为支持青少年努力学习科学文化知识，王淦昌将自己获得的国家自然科学奖一等奖奖金全部捐献给了学校。在其去世后家人整理遗物时发现，王淦昌默默资助了多位贫困学生完成学业。从留学青年到白发老人，王淦昌用一生诠释了他的家国情怀，他的事迹不断激励着后人不负韶华，不负时代，不负人民，为实现中国梦奋勇拼搏！

◆ **研学足迹**

王淦昌故居：常熟市支塘镇南街44号。

叶圣陶纪念馆：追寻教育之本，唤醒学生灵魂

时光苏记

甪直是苏州市吴中区的水乡古镇，被誉为"神州水乡第一镇"，叶圣陶纪念馆便坐落在古镇保圣寺的西面，原是吴县县立第五高等小学（简称"五高"）旧址，1917年至1922年，叶圣陶曾在这里任教。为了表达对叶圣陶先生的崇敬和怀念，1988年10月，吴县政协、县委统战部将当年叶圣陶先生在甪直执教的几处旧址辟为叶圣陶纪念馆，永作纪念。

步入纪念馆大厅，映入眼前的是一尊叶圣陶先生的塑像，塑像上方"一代师表"四字庄严醒目。纪念馆保存了鸳鸯厅、四面厅、女子楼等古建筑，重建了两个展示大厅，现为江苏省学校德育基地、江苏省爱国主义教育基地等。纪念馆院中几幢建筑是经过整修后的校舍，上下各4间，为原五高的女子部楼。纪念馆后是一个花园，一角是叶圣陶先生在五高时创办的农场旧址，另一角是叶圣陶先生的墓地，碑面镌刻着赵朴初先生题写的"叶圣陶先生墓"六个鎏金大字，墓台正前方有一长40米的墓道，中央建一六角形纪念亭，亭内悬挂叶圣陶书"未厌"匾额。

纪念馆园内新建有一排7间平房，是叶圣陶生平事迹的展览厅，事迹展共分8个部分，展出的实物有85件，照片172张，文字资料149份，包含了围巾、手表、收音机等叶圣陶先生的遗物。走进叶圣陶纪念馆，参观者可以通过丰富的文字资料、照片、实物，了解叶圣陶先生的生平事迹、教育生涯，感悟其教书育人的光辉一生。

叶圣陶纪念馆

薪火传承

伟大的教育家和文学家叶圣陶以其深厚的文化底蕴和无私的教育情怀，为中国的教育事业和文学创作做出了卓越贡献，他一生致力于推动教育改革和文学创新，用自己的智慧和才华培育了无数优秀学子。同时，他以身作则，用高尚的品德和严谨的治学态度为后世树立了榜样。

热爱文学，奉献教育。叶圣陶自20岁起便以叶锦、圣陶等笔名开启文学创作生涯，中国第一个童话故事《稻草人》便出自

他的笔下。1917年，叶圣陶赴甪直镇五高执教，其间积极推动教育改革，创作了数十篇小说、散文和诗歌，同时他积极传播新文化、新思想，参与反帝反封建的斗争，与甪直人民结下了深情厚谊。因此，他将甪直视为培育自己成长的摇篮和第二故乡。中华人民共和国成立后，叶圣陶先后出任教育部副部长、人民教育出版社社长和总编等要职，参与设计中小学语文教学体系，赢得了"优秀的语言艺术家"的美誉。晚年时，他慷慨地将积蓄捐献给甪直中心小学，设立"叶圣陶奖学金"，以奖励德智体美劳全面发展的优秀学生，展现出他对教育事业的深厚情感和无私奉献的精神。

　　为人师表，鞠躬尽瘁。1912年，时年18岁的叶圣陶因家境贫寒，自苏州桥中学毕业后便投身于教育事业，在苏州言子庙小学执教，并立下"此身定当从事于社会教育，以改革我同胞之心"的宏愿。他先后担任过小、中、大学教师，在商务印书馆和开明书店任编辑时，编写过多套中小学教材。他常以极高的标准要求

叶圣陶雕像

自己，待人谦虚勤恳。张中行在《叶圣陶先生二三事》一文中提到，叶圣陶坚持用普通话写文章，但他普通话较生疏，于是经常不耻下问，积极提升自我。叶圣陶还致力于规范现代汉语，推动了出版物汉字及汉语拼音方案的编纂与标准化工作。他的一生无私地奉献给了中国的教育事业，是教育界的杰出楷模。

注重实践，全面发展。 叶圣陶主张教育应着重培育学生的实践技能与创新能力，他实践导向的教育理念和全面关注学生发展的教学方法，为中国教育领域的进步做出了宝贵的贡献。他力主打破传统教育中机械记忆的桎梏，主张将学生从传统的死记硬背中解放出来，鼓励学生通过实践探索来获取知识和经验。他提出"读万卷书，行万里路"的教育箴言，强调教育应该贴近生活，锻炼学生的实践能力和实际应用能力。同时，叶圣陶还特别注重学生的品德教育，认为教育的目的不仅仅是传授知识，更重要的是培养学生的道德品质和社会责任感。

◆ 研学足迹

叶圣陶纪念馆：苏州市吴中区甪直风景区。

青春里的苏州记忆

苏州全国劳动模范事迹馆：一业终生，他们是最美的奋斗者

◆ 时光苏记

劳动模范是中华民族的精英、中国人民的楷模，是中华人民共和国的功臣。为大力弘扬劳模精神、劳动精神和工匠精神，2013年苏州市吴中区开始筹建苏州全国劳模事迹馆，并于2020年11月正式开馆。

苏州全国劳动模范事迹馆坐落于苏州著名的天平山风景区南麓，范仲淹纪念馆旁。事迹馆占地面积约11 000平方米，室内展区面积5 800平方米，主要由9幢建筑组成，馆内分为全国馆和苏州馆，集中展示了227名全国劳模的先进事迹。此外，配套有劳模讲堂、劳模影院和综艺馆室等，室外公共绿地景观5 000平方米。同时，在展馆西北方向建成了约20 000平方米的劳模生态林。

事迹馆展馆主要通过展板、实物、影像、场景再现等方式，展示全国劳模的事迹和风采。其中，全国馆按年代分为20世纪50至60年代、20世纪70至90年代、新世纪3个篇章，以"时代领跑者"为主题，展现了中华人民共和国成立以来具有影响力的160名全国劳模风采，代表人物有"中国的保尔·柯察金"吴运铎、"铁人"王进喜、"两弹元勋"邓稼先、"杂交水稻之父"袁隆平、"国防建设者"胡震等。苏州馆以"实干兴邦，筑就辉煌"为主题,主要分为社会主义革命和建设时期、改革开放时期、新世纪新时代3个时期,重点展示了挡车工洪金凤、举重运动员陈艳青等67名劳模的光荣事迹。

苏州全国劳动模范事迹馆

◆ **薪火传承**

人民创造历史,劳动开创未来。习近平总书记指出,"长期以来,广大劳模以平凡的劳动创造了不平凡的业绩,铸就了'爱岗敬业、争创一流,艰苦奋斗、勇于创新,淡泊名利、甘于奉献'的劳模精神,丰富了民族精神和时代精神的内涵,是我们极为宝贵的精神财富"。在苏州这片充满活力的土地上,劳动模范们与时代同行,用汗水和智慧书写着劳动者的辉煌篇章。这些模范不仅是苏州的骄傲,也是全国劳动者的楷模。

唱响劳动者赞歌。自中华人民共和国成立以来,苏州这片沃土孕育了200多名全国劳动模范,他们同城市共成长,与时代齐

奋进。当今时代的模范不仅继承了先辈模范爱岗敬业、无私奉献的崇高精神,更在时代的浪潮中不断学习现代知识,掌握前沿科技,勇于创新实践,成为新时代苏州劳动者的鲜明标识。他们在各自的岗位上,以非凡的执着和卓越的贡献,生动诠释了"劳动最光荣、劳动最崇高、劳动最伟大、劳动最美丽"的价值追求,集中展现了当代苏州劳动者勇立潮头、敢于担当、砥砺前行的时代风采,成为苏州千百万劳动大军中令人瞩目的旗帜。

凝聚奋斗者精神。习近平总书记在给中国劳动关系学院劳模本科班学员的回信中,殷切提出"用你们的干劲、闯劲、钻劲鼓舞更多的人,激励广大劳动群众争做新时代的奋斗者"。苏州作为中国改革开放的排头兵,历来是奋斗者的热土。在这里,每一天都书写着无数感人至深的奋斗篇章,每一刻都见证着属于这座城市的奇迹诞生。这其中有26载坚守10米车厢的大巴车驾驶员孙惠栋、带领农民种桑养蚕走上致富之路的胡毓芳……无言却

苏州全国劳动模范事迹馆(内部)

有力量、平凡却有为的他们，用辛勤的汗水、无私的奉献诠释着劳模精神、劳动精神和工匠精神。

奋发现代化力量。习近平总书记指出，"对一切为党、为国家、为人民作出奉献和牺牲的英雄模范人物，我们都要发扬他们的精神，从他们身上汲取奋发的力量，共同为推进中国特色社会主义伟大事业、实现中华民族伟大复兴的中国梦而顽强奋斗"。苏州劳动者牢记使命、奋发有为，踏上了为实现中华民族伟大复兴做出贡献的新征程。在广阔的科研机构、高科技企业、城乡创业园区，现代劳动者们时刻钻研、潜心创造的身影随处可见，他们以实际行动展示了苏州劳动者在推进中国式现代化进程中的崭新风采和坚定决心。

◆ **研学足迹**

*苏州全国劳动模范事迹馆：*苏州市吴中区灵天路699号。

费孝通江村纪念馆:社会学的摇篮,共富裕的华章

时光苏记

费孝通是我国著名的社会学家、人类学家、民族学家和社会活动家,是中国社会学和人类学的奠基人之一。江村,是费孝通为开弦弓村所取的学名,后来成为江南农村的一个缩影,也正因费孝通先后26次来访,江村成为国内最重要的社会学调研基地、一代代社会学工作者心中向往的圣地。

费孝通江村纪念馆坐落在苏州市吴江区七都镇开弦弓村南村的中心,位于苏震桃公路西侧。纪念馆坐北朝南,占地面积10 000平方米,建筑面积2 200平方米。整个纪念馆由6个部分组成,分别是费孝通纪念馆、江村文化馆、孝通广场、景观池、碑廊和茶楼,纪念馆房屋建筑以地面一层为主,局部二层,分设费孝通纪念馆和江村文化馆两大主题馆。

走入费孝通纪念馆,大厅中央竖立着一尊费孝通先生的雕像,下方文字简述着费孝通的一生,雕像后方墙上印着"江村如画美美七都"的字样。纪念馆以费孝通社会调查的大量珍贵图片和调研学术成果为主线,分为"光辉的一生""从实求知""民族研究""志在富民""情系江村"等8个部分,阐述了他26次造访江村的每一个足迹,充分体现了费孝通作为中国社会学泰斗级人物,用毕生精力为人类文明进步和社会发展所做出的伟大贡献。

费孝通江村纪念馆

◆ 薪火传承

费孝通一生深入研究中国农村与农民问题，通过实地调查探寻适合中国的现代化路径。他从江村起步，以卓越的理论和实践，为中国社会学和人类学界树立了不朽的丰碑。他"志在富民"的理念，与新时代中国的发展目标高度契合，激励着后来者继续为人民的幸福而努力。

深入田野，从实求知。费孝通诞生于吴江一个书香世家，曾在燕京大学社会学系和清华大学研究院深造，后赴英国伦敦大学攻读社会人类学，获得博士学位。他一生致力于社会学研究，成果丰硕，其中《江村经济》被誉为人类学实地调查和理论发展工作中的一个里程碑，是国际社会学和人类学界的传世经典之作。

他的一生始终与"乡土中国"紧密关联,并坚信中国问题的核心是农民和农村问题。他以吴江开弦弓村(江村)为研究起点,七十年如一日,坚持"到实地去""行行重行行",进行田野调查和社区研究,从微观到宏观,通过社区审视社会,理论与实际相结合,通过江村经济来求索适合中国特点的现代化。他的理论创新、真理追求都深深植根于中国大地,展现了一位学者的坚定信念和执着追求。

志在富民,还学于民。费孝通以"从实求知"为治学之本,并强调"从'实'当中求到了'知'之后,应当再回到人民当中去。从哪里得到的营养,应当让营养再回去发挥作用。中国人讲'知恩图报',我图的'报'就是志在富民"。这与习近平总书记倡导的"以身许国、心系人民的光荣传统,把论文写在祖国的大地上"高度契合。费孝通一生倡导的"志在富民"就是还学问于人民。他沿着从"江村到小城镇、再到中小城市以及大中城市为核心的区域经济"的研究思路持续拓展,足迹遍布黄河、长江及珠江三角洲等地,通过实地调查,总结概括人民的实践经验,提出乡土工业化等富有前瞻性的建议,为求解中国城镇化与乡村振兴问题做出了卓越贡献。

富而后教,文化自觉。在世纪交替之际,费孝通简洁地概括了自己的一生追求,"总的看我的历史,我是从农村出发去认识中国,提出一个让农民生活好起来的办法"。改革开放后,党领导广大农民逐步实现富起来,而富起来后怎么办成为费孝通晚年思考的重心。2002年费孝通最后一次踏访江村,勉励师生热爱家乡,做一名现代化建设的有用人才。他强调社会学研究最终是要关注人的发展问题,并鼓励民众加强文化自知、自觉与自信,掌握自主引导文化转型的能力。他特别强调,当代中国应深入挖掘古老文明中"各美其美,美人之美,美美与共,天下大同"的智慧,以此推动国际关系中的平等、包容与合作共赢。

费孝通雕像

🔹 研学足迹

费孝通江村纪念馆:苏州市吴江区七都镇内。

柳亚子纪念馆：为民主呐喊的斗士

时光苏记

柳亚子纪念馆坐落于苏州市吴江区黎里古镇，是为纪念柳亚子先生而建的专馆。柳亚子是我国著名爱国诗人、南社发起人及民革中央的创始人，代表作有《磨剑室诗词集》《磨剑室文录》《柳亚子诗词选》等。同时，柳亚子也是光复会和同盟会的会员，意志坚定，"能持主义融科学，独拜弥天马克思"是他的人生写照，他与毛泽东的诗词唱和一度传为佳话。

柳亚子出身于书香门第，12岁随家人迁居到黎里镇，一直到41岁，他的大部分时间都生活和战斗在这里。柳亚子纪念馆系清代乾隆时期直隶总督、工部尚书周元理的故宅"赐福堂"，建筑群坐北朝南，临河而建，前后六进，占地面积2 603平方米，有101个单间，备弄深达92.9米，纪念馆内陈列着书台、书柜等300多件弥足珍贵的实物照片资料。纪念馆茶厅大门正中，悬挂着全国人大常委会原副委员长廖承志题写的匾额"柳亚子先生故居"，1922—1927年，爱国诗人柳亚子先生租住于此，从事革命文学活动。

1958年6月，柳亚子在北京病逝，首都各界人士前来祭拜。1983年6月，全国政协隆重举行柳亚子逝世25周年纪念大会，时任中共中央政治局委员的胡乔木发表重要讲话，高度评价了柳亚子的一生："柳亚子先生是一位忠贞的爱国主义者，坚定的民主主义革命者，杰出的革命诗人，是中国国民党革命委员会的创始人之一,中国共产党的忠实的朋友。"1994年,《柳亚子文集》全部出齐,共计7集9册,300余万字。2006年5月,柳亚子纪念馆被国务院公布为全国重点文物保护单位,现为江苏省爱国主义教育基地和苏州市统一战线传统教育基地。

柳亚子先生故居

◆ 薪火传承

柳亚子先生的一生,体现了其对反清革命及民主事业的坚定信念与无私贡献。从吴江到上海,再到延安和北京,他的足迹遍布祖国大地,每一步都见证了历史的变迁和民族的复兴。柳亚子先生的

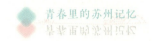

坚定信念、卓越贡献和崇高精神，激励着一代又一代人继续前行。

志同道合，创建南社。 柳亚子出身于耕读世家，少年时迁居黎里。1902年，他在吴江县城应试时结识了陈去病和金松岑，三人后来被誉为清末民初的"吴江三杰"。次年，经二人介绍，柳亚子加入中国教育会并前往上海就读爱国学社。其间，柳亚子结识了一大批革命者，这位年仅17岁的少年从自命维新党迅速成长为坚定的反清革命者，自觉地肩挑起国家和民族的命运，坚定地站到了反清革命的潮头。1909年，他在苏州虎丘参与创立南社并任书记员。会后，柳亚子有诗记之，以为三百年无此盛会。南社社员也由最初召集时的17人，发展到辛亥革命前的200多人，与同盟会紧密合作，共同推进反清斗争。

辗转腾挪，勿忘革命。 1940年，柳亚子因时局变迁定居香港，并以神话中后羿射日典故，将寓所取名为羿楼，以示抗日决心。1941年，他在中共地下党组织的护送下，安全抵达桂林。3年后，桂林告急，周恩来通过秘密电台指示当地地下党同志设法将柳亚子救出险境，他因此搭乘最后一班飞机成功撤离至重庆。1945年，毛泽东偕周恩来、王若飞自延安抵达重庆进行谈判，其间柳亚子应毛泽东之邀，前往曾家岩桂园拜访。同年，柳亚子在《新华日报》创刊7周年纪念会上慷慨激昂地表示："世界的光明在莫斯科，中国的光明在延安！"以此表达他对中国共产党的坚定信念与支持。

投身伟业，鞠躬尽瘁。 1949年10月1日，随着中华人民共和国的庄严宣告，盛大的国庆典礼在北京隆重举行。柳亚子登上了天安门检阅台，见证了这一历史性的时刻。在此之前，他作为杰出的民主革命先驱，出席了中国人民政治协商会议第一届全体大会,并被推选为中央人民政协委员。中央人民政府政务院成立后,柳亚子又担任文化教育委员会委员。他的卓越贡献和坚定信念,赢得了毛泽东主席的高度赞赏,被誉为"人中麟凤"。柳亚子先生一生致力于民主革命的伟大事业,他深厚的爱国情怀和为民请命的崇高精神,永远值得人们缅怀和传承。

◆ 研学足迹

柳亚子纪念馆:苏州市吴江区黎里古镇内。

后 记

《青春里的苏州记忆》如期出版了,在此向所有为此书编撰、出版做出贡献的单位和个人致以诚挚的敬意和深深的感谢!

为深入贯彻落实习近平总书记关于思政课建设的重要论述,特别是关于"大思政课"的重要指示批示精神,苏州城市学院自转设以来一直着力挖掘和利用苏州特有的思政教育资源,探索创建"融城思政"教育品牌,构建全面育人新格局。组织校内优秀教师编写《青春里的苏州记忆》教材,正是学校"融城思政"工程的一项重要内容。本教材旨在创新思政课实践教学方式,推动思政小课堂和社会大课堂密切融合,力求把道理讲深讲透讲活,守正创新推动思政课建设内涵式发展,不断提高思政课的针对性和吸引力。

本教材由校党委书记芮国强任主编,校党委副书记周玉玲、马克思主义学院教授杨晶、校党委宣传部副部长徐汝华任副主编。芮国强提出编写立意、方向并审定书稿;周玉玲在和编写组成员广泛讨论并吸取校内外专家意见的基础上,确定了写作大纲和具体100个点位,并负责书稿编写推进和修改、统稿工作;杨晶、徐汝华分别对书稿的思政特色和概况部分进行了修改和统稿。各章的分工编写情况如下：

第一章"红色印记"，吉顺权；第二章"辉煌成就"，王者愚；第三章"科技创新"，刘晋如；第四章"乡村振兴"，郑权；第五章"文脉传承"，朱琳（城市文化与传播学院）；第六章"历史街巷"、第七章"园林精粹"，邱缙；第八章"璀璨非遗"，杨晶；第九章"基层治理"，徐汝华；第十章"名人殿堂"，郑权。邵杰负责照片拍摄，崔苏妍、侯依青、张智程负责手绘地图制作。

为深入探索新形态思政教材建设，以数字技术赋能思政教学改革创新，学校还联合喜马拉雅公司对教材进行数字化开发，开展了"苏城行走的思政课：百名学子讲百点"活动。在全校遴选100名优秀学生，以教材中的100个点位书稿为基础，创造性拍摄微视频、录制音频，在喜马拉雅平台发布。首批20个微视频、100个音频作品的二维码链接同步印制在教材中，读者可以扫码收听、观看。

本教材在编写过程中得到了苏州市委宣传部、市人大常委会、市委党史工办等相关职能部门领导和同仁的关心支持，得到了校内外专家的鼓励和肯定，市委宣传部将其列为2024年度"在苏州高校马院扶持项目"，市人大常委会将其列为2023—2024年度重点课题资助项目，学校将其列为2023年教材立项建设项目。苏州大学东吴智库首席专家方世南教授欣然为教材写序；苏州市委宣传部原副部长、苏州市中共党史学会会长高志罡，苏州大学出版社原总编陈少英，苏州市委党史工办副主任、机关党委书记诸晓春，苏州市科技局机关纪委副书记、资源配置与管理处副处长张彬，本校非遗传承与保护研究院院长龚平，陈国安教授、殷虹刚副教授等专家参与了书稿审阅，书中涉及的相关单位也给予了大力支持。此外，本教材在编写过程中参考了大量资料和研究成果，在此一并致谢！

  编写数字化思政课实践教学教材是一项探索性的工作，由于时间仓促，本教材尚存在许多不完善甚至疏漏之处，真诚希望得到各位专家和同行的批评指正，也热切期盼广大青年学子提出宝贵意见，以期进一步完善，使之在高校思政课教学中发挥更大作用。

编者

2024 年 8 月

港市
- 张家港城市展示馆
- 沙洲县抗日民主政府纪念馆
- 长江村
- 永联村

常熟市
- 康博村
- 沙家浜革命历史纪念馆
- 王淦昌故居
- 蒋巷村
- 中共常熟党史馆

太仓市
- 太仓革命历史陈列馆

苏州工业园区
- 苏州文化艺术中心
- 金鸡湖景区
- 新东苑社区
- 苏州协鑫未来能源馆
- 姑苏实验室
- 娄葑街道基层社会治理实训基地
- 苏州工业园区展示中心
- 苏州生物医药产业园党群服务中心
- 思必驰对话式人工智能科普展示馆

昆山市
- "与时俱进的昆山之路"成果展馆
- 武神潭村
- 顾炎武故居

吴江区
- 苏州湾文化中心
- 吴江区社会矛盾纠纷调处化解中心
- 退思园
- 柳亚子纪念馆
- 费孝通江村纪念馆
- 江苏亨通光纤科技有限公司
- 苏州湾数字艺术馆
- 吴江区七都镇"渔你相伴"人大代表工作室

- 苏州"轧神仙"庙会
- 苏州端午习俗
- 苏州评弹
- 桃花坞木版年画
- 昆曲
- 吴门医派
- 苏绣

"红色印记" "历史街巷"
"辉煌成就" "园林精粹"
"科技创新" "非物质文化遗产"
"乡村振兴" "基层治理"
"文脉传承" "名人殿堂"

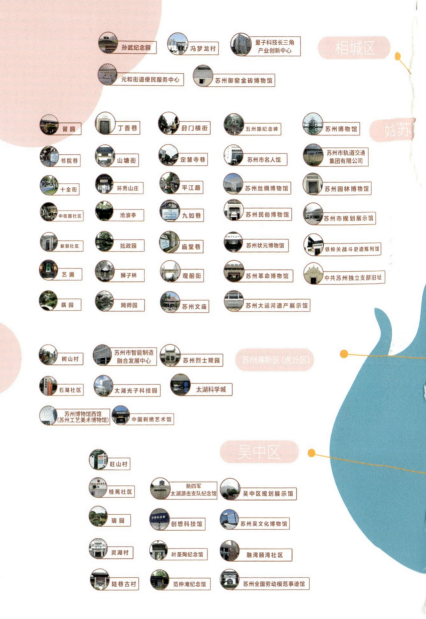